HANDBUCH

MEDIENDIDAKTIK

FREMDSPRACHEN

JÖRG ROCHE

Hueber Verlag

4. 3. 2. | Die letzten Ziffern
2018   17   16   15   14 | bezeichnen Zahl und Jahr des Druckes.
Alle Drucke dieser Auflage können, da unverändert,
nebeneinander benutzt werden.
1. Auflage
© 2008 Hueber Verlag GmbH & Co. KG, 85737 Ismaning, Deutschland
Umschlaggestaltung: Cihan Kursuner, Hueber Verlag, Ismaning
Layout und Satz: Cihan Kursuner, Hueber Verlag, Ismaning
Druck und Bindung: Kessler Druck + Medien GmbH & Co. KG, Bobingen
Printed in Germany
ISBN 978–3–19–021751–9

Art. 530_12024_001_02

Inhalt

Vorwort

Auch die neuen Medien gehören zunehmend zum Standardinventar des All-
tags moderner Menschen. Mit ihrer massenhaften Verbreitung haben sie eigentlich an Auffälligkeit verloren. Die Welt hat sich in dieser Hinsicht in
kürzester Zeit ins Gegensätzliche gewandelt. Etwas Besonderes ist es heute,
wenn man die ‚neuen' Medien nicht nutzt. Manche entschuldigen ihre Medien-
unmündigkeit, andere machen aus dieser Verweigerung gar einen Kult, mit
dem sie sich realistischerweise aber den Zwängen der modernen Kommuni-
kationsgesellschaft nicht entziehen können. In den Sphären des Lehrens und
Lernens scheint die Akzeptanz moderner Kommunikations- und Arbeitsmittel
hinter den übrigen alltäglichen Bedürfnissen nach Information und Schnellig-
keit besonders zurückzubleiben. Offensichtlich bieten traditionelle Formen
des Unterrichts mehr Halt und Sicherheit. Allerdings gibt es dabei auch große
Unterschiede in Bezug auf fachliche Disziplinen sowie soziale und kulturelle
Gruppierungen, wenn man den Angeboten von virtuellen Schulen und Hochschulen in den verschiedenen Regionen der Welt vertrauen kann. Im Bereich
der Sprachvermittlung und des Spracherwerbs scheinen die Wertschätzung
und der Experimentierwille der betroffenen Lehrer und Lerner in besonderer
Weise polarisiert. Sachliche Information und Aufklärung sind hier von besonderer Wichtigkeit, um das Potenzial des Medieneinsatzes realistisch einschät-
zen und zu einer Verbesserung und Erleichterung des Lehrens und Lernens
von Sprachen beitragen zu können.

Genau das ist das Anliegen dieses Buches: Es will mit sachlicher Information
über den derzeitigen Entwicklungsstand der Medien und ihre Nutzbarkeit für
das Lehren und Lernen von Sprachen zu einer differenzierteren Diskussion
beitragen. Es will darüber hinaus Lehrerinnen und Lehrern sowie Lernerinnen
und Lernern aufzeigen, was sie in welchen Bereichen für welche Zwecke von
den elektronischen Medien für ihre eigene Arbeit und ihre eigenen Aufgaben
erwarten können. Dabei versucht es, die grundlegenden Kriterien wissenschaftlicher Erkenntnisse gut verständlich zu erläutern und anhand von er-
probten und bewährten Programmen exemplarisch zu illustrieren. Natürlich
muss für diesen Zweck eine Auswahl getroffen werden, nicht zuletzt, weil der
Entwicklungsstand in den verschiedenen Sprachen und Lernbereichen sehr
unterschiedlich ist. Hinweise auf Materialien, Webseiten und interaktive De-
moprogramme sowie eine exemplarische Liste von verfügbaren Ressourcen in
verschiedenen Sprachen in Abschnitt 1.2.4. und am Ende des Buches erleichtern jedoch die Übertragbarkeit auf eigene Bedürfnisse. Die meisten der hier
illustrierten Programme entstammen den Entwicklungen der *Deutsch-Uni Online* (DUO), einer der weltweit größten virtuellen Sprachschulen mit dem brei-
testen und modernsten Lehr- und Lernangebot in verschiedenen Sprachen.
Sie stellt auch eine Reihe von Demomaterialien und interaktiven Schnupper-
modulen online zur Verfügung. All ihre Programme sind grundsätzlich für die
weite Nutzung, also über enge lokale Gegebenheiten hinaus (wie sonst oft
üblich), konzipiert. Damit ist für die Leserinnen und Leser am ehesten eine
Übertragbarkeit auf die eigenen Verhältnisse gewährleistet. Leserinnen und
Leser dieses Handbuches können daher unter www.deutsch-uni.com verschie-

dene interaktive Demomodule ausprobieren und sich auch mittels verschiedener Animationen über das Funktionieren von Lernplattformen informieren. In den folgenden Darstellungen finden sich aber auch immer wieder inspirierende Beispiele, denen der nötige Erfolg für das Überleben am Markt bisher aus verschiedenen Gründen verwehrt blieb. Sie können immerhin als Muster für weitere Entwicklungen und zur Illustration besonderer Funktionsweisen sehr dienlich sein.

Noch ein quasi-obligatorisches Wort zur Reichweite des grammatischen Genus: Selbstverständlich bezeichnen alle femininen, maskulinen und Neutrum-Markierungen von Personen immer alle natürlichen Geschlechter ohne jegliche politische Intention. Im Fachdiskurs, namentlich dem an den englischen Gebrauch angelehnten, haben sich bestimmte Präferenzen etabliert, wie etwa die Begriffe ‚learner' oder ‚reader', die hier entsprechend übernommen werden. In der Regel, das heißt wenn sich nicht eine spezifische Referenz ergibt, werden die Bezeichnungen jedoch in arbiträrer Genusmischung verwendet.

Für die Mitarbeit an der Erstellung des Manuskriptes dieses Buches bin ich einer Reihe von Personen zu großem Dank verpflichtet. Dieser Dank gebührt in erster Linie Erika Wegele für die Aufbereitung der Übungstypen aus den DUO-Programmen und dem gesamten DUO-Team für die Mitarbeit an Konzeption, Entwicklung und Erprobung der Lernprogramme. Besonders danken möchte ich darüber hinaus Petra Plieger und Iva Karlecová für die große Hilfe bei der Manuskriptbearbeitung, Ferran Sunyer und Juliane Wolpert für die Erstellung von Grafiken und Screenshots sowie Stefan Wuchterl und Angela Spindler für die Vorlage zum Kapitel über die Autorenwerkzeuge für die Erstellung eigener Lernprogramme. Ein ganz besonderer Dank gilt jedoch Wolfgang Bauer (Deggendorf) für die stets konstruktive Zusammenarbeit, das didaktische Gespür und Engagement und die technologische Weitsicht bei der Konzeption und Erstellung all der Lernplattformen, die trotz knapper Ressourcen wesentlich dazu beigetragen haben, dass sich unsere Vision von vielseitigen elektronischen Instrumenten für den Spracherwerb viel umfangreicher und in kürzerer Zeit als gedacht durchsetzen konnte. Ohne seinen Idealismus, seine Gewissenhaftigkeit, Offenheit und Bodenhaftung hätte das, was zunächst unmöglich erschien, nicht möglich werden können.
Dass sich dieses Vorhaben schließlich auch angemessen umsetzen ließ und weiterentwickeln lässt, ist nicht zuletzt dem Verständnis einer Reihe von Förderinstitutionen zu verdanken, dem *Bundesministerium für Bildung und Forschung* (BMBF), dem *Bayerischen Staatsministerium für Wissenschaft und Kunst*, dem *Deutschen Akademischen Austauschdienst* (DAAD), dem *Europäischen Sozialfonds* (ESF), der *Ludwig-Maximilian-Universität München* (LMU) und der *Gesellschaft für akademische Studienvorbereitung und Testentwicklung* (GAST e.V.).
Den vielen Lehrkräften und Lernern, die an der Erstellung und Erprobung der Programme konstruktiv mitgewirkt haben, sei an dieser Stelle ebenfalls gedankt.

Jörg Roche

1. Neue Medien im Fremdsprachenunterricht –
   Eine Einführung in Theorie und Praxis

Die Medien üben schon seit Langem eine besondere Faszination auf den Fremdsprachenunterricht aus. Spätestens seit Comenius' Orbis sensualium pictus (Die sichtbare Welt; Nürnberg 1658) beschäftigen sich die Fremdsprachenlehrer explizit mit der Nutzung von Medien zur nachhaltigen Vermittlung fremdsprachlicher Kenntnisse.

Auszüge aus Johann Comenius (1658): Orbis sensualium pictus.
Faksimile der Ausgabe Nürnberg 1658 (Leipzig: Julius Klinkhardt 1910).

Während bei Comenius die Visualisierungen von Begriffen im Mittelpunkt des Interesses standen, begannen andere nur knapp ein Jahrhundert später, auch mit der Lautproduktion zu experimentieren. So entwickelte bereits um 1773 Wolfgang von Kempelen eine sprechende Maschine, wenn auch nicht für Sprachlehrzwecke, sondern weil ihn die menschliche Sprachproduktion an sich sowie therapeutische Anwendungen interessierten. Damit gilt er als der erste Experimentalphonetiker (vgl. sein Buch von 1791 *Mechanismus der menschlichen Sprache nebst Beschreibung einer sprechenden Maschine*). Die heute teilweise noch funktionsfähige Maschine ist im Deutschen Museum in München zu bewundern.

Sicht von oben auf die geöffnete Lautproduktionsmaschine von
Wolfgang von Kempelen im Deutschen Museum München.

Auch die Realienkunde früherer pädagogischer Ansätze betraf, wenn auch ohne nachhaltige Wirkung, in gewissem Rahmen den fremdsprachlichen Unterricht (Viëtor 1882). Schließlich lösten ab der Mitte des 20. Jahrhunderts für kurze Zeit audiovisuelle Medien einen intensiven Aufbruch in ein neues Medienzeitalter aus, der jedoch ebenso schnell wieder versanden und verstauben sollte, wie er begonnen hatte. Die meist unreflektierten Verfahren dieses Zeitalters leben jedoch bis heute in der Sprachvermittlung weiter, ohne je den Beweis der Effizienz erbracht zu haben. Seit geraumer Zeit spricht man nun von den ‚neuen Medien' und hat selbst in diesem Bereich bereits verschiedene Höhen und Tiefen erlebt.

Jenseits der blanken Medieneuphorie bestimmen bisher vor allem folgende Hypothesen die Diskussion über den Einsatz der neuen Medien im Fremdsprachenunterricht und beim Lernen:

• Durch die neuen Medien lässt sich die Motivation der Lerner erhöhen. Sie bieten Unterhaltung und Abwechslung.

• Die neuen Medien sind unabhängig von Zeit und Raum.

• Medien schaffen einen leichteren, schnelleren und kostengünstigeren Zugang zu Informationen. Mit ihnen lassen sich Informationsquellen besser nutzen.

• Sie erleichtern die Kommunikation mit der Zielkultur, zum Beispiel durch E-Mail-Projekte und Chaträume.

• Mit den neuen Medien können Lerner eine weitere Schlüsselkompetenz und eine elektronische Methodenkompetenz erwerben.

• Durch die neuen Medien wird der Lerner zum Manager seines eigenen Lernens.

Auch wenn sich in diesen Aussagen plausible Beobachtungen und relevante Gründe für eine Mediennutzung finden, treffen sie in kontextloser Form doch nur teilweise den Kern des eigentlichen Potenzials der Medien für den Spracherwerb und den Sprachunterricht. Sinnvoller ist daher die Frage nach dem Mehrwert der Mediennutzung: Was können bestimmte Medien in einer bestimmten Situation besser als andere? Die Antworten auf diese Frage sind von den jeweiligen Lehr- und Lernzielen, dem Lernkontext und den Inhalten sowie den Interessen der Lerner abhängig.

1.1 Skepsis gegenüber den Medien?

Der uneingeschränkten Euphorie über die Gebrauchsmöglichkeiten der Medien steht oft eine ebenso ausgeprägte Skepsis gegenüber. Sie nährt sich vor allem aus

- der Angst der Lehrerinnen und Lehrer vor der Technik und einer möglichen Blamage durch mangelnde Kompetenz im Umgang damit,
- einer Angst vor Arbeitsplatzverlust,
- einem mangelnden Nachweis des Erfolgs der Medien,
- dem Einwand, keine Lust zu haben,
- dem Fehlen einer angemessenen technischen Ausstattung.

Dieser Skepsis liegt jedoch oft eine pauschalisierte Einstellung zum Einsatz der Medien zugrunde, die eine differenzierte Perspektive auf den möglichen Mehrwert verbaut. Gleichzeitig fehlt es bisher tatsächlich an verlässlichen und systematischen Evaluationen des Nutzens der Medien beim Spracherwerb. Bewertungen, wie sie gelegentlich in Computerzeitschriften verwendet werden, gehen meist weit an der Messung der Leistungsfähigkeit von Programmen vorbei. Ihre Urteile beruhen eher auf subjektiven Einschätzungen als auf belastbaren Kriterien.

Die Skepsis gegenüber den Sprachlehr- und -lernmedien wird zudem aus einem oft stark abnehmenden Interesse der Lerner an wenig ansprechenden Programmen genährt. Übungsmaterial und Nutzungsmöglichkeiten werden schnell zur Routine und damit langweilig, rein grafische Oberflächeneffekte werden von den Lernern meist schnell durchschaut. Bei genauerem Hinsehen kann man feststellen, dass gerade die am besten vermarktete Software in Wirklichkeit sehr alte, überholt geglaubte behavioristische Methoden propagiert und aus dieser Motivation heraus technische Effekte enthält, die weit mehr versprechen, als sie zu halten in der Lage sind. Das Nutzungsmodell dieser Programme kann man mit Issing (1997:199) etwa folgendermaßen skizzieren:

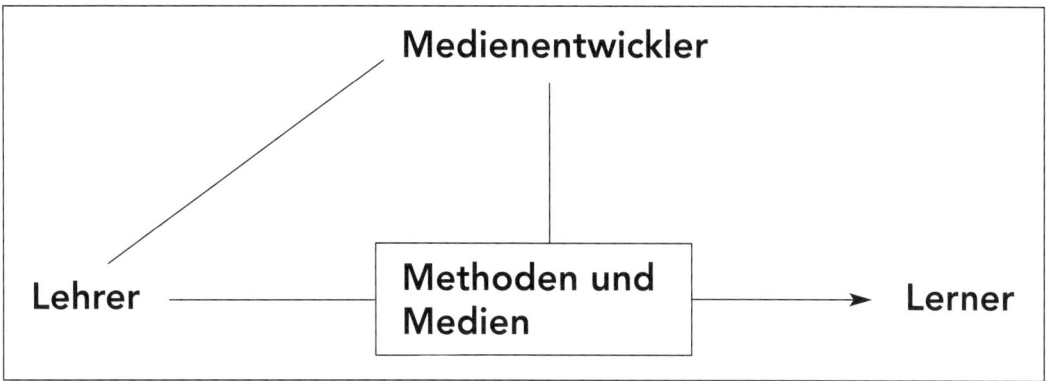

Behavioristisches Modell der Medienentwicklung und Nutzung
(nach Issing 1997:199; siehe auch Roche 2005:16).

Der Lerner bleibt in solchen Programmen ein zu konditionierendes Wesen, das im Wesentlichen Übungen ausführt, die kaum einen authentischen Handlungsbezug besitzen.

Auch Programme, die nach den Prämissen konstruktivistischen Lernens entwickelt sind, erfüllen oft längst nicht die in sie gesetzten Erwartungen. Gerade beginnende und nicht an autonomes Lernen gewöhnte Lerner sind durch die Fülle der Möglichkeiten offener Lernumgebungen stark überfordert und scheitern an den versprochenen Vorteilen der gewonnenen Selbstständigkeit. Autonomes Lernen setzt gute Kenntnisse und Fertigkeiten sowie die Disziplin der Lerner voraus.

Als funktionierende Zwischenlösung haben sich daher Programme herausgestellt, die die Vorteile der Instruktion mit denen des autonomen Lernens kombinieren. Zu diesen Programmen des **moderaten Konstruktivismus** (oder Instruktionismus der zweiten Generation) gehört unter anderem das moderierte *Jetzt.de* der *Süddeutschen Zeitung* mit den Bearbeitungshinweisen im Portal des *Goethe-Instituts*.

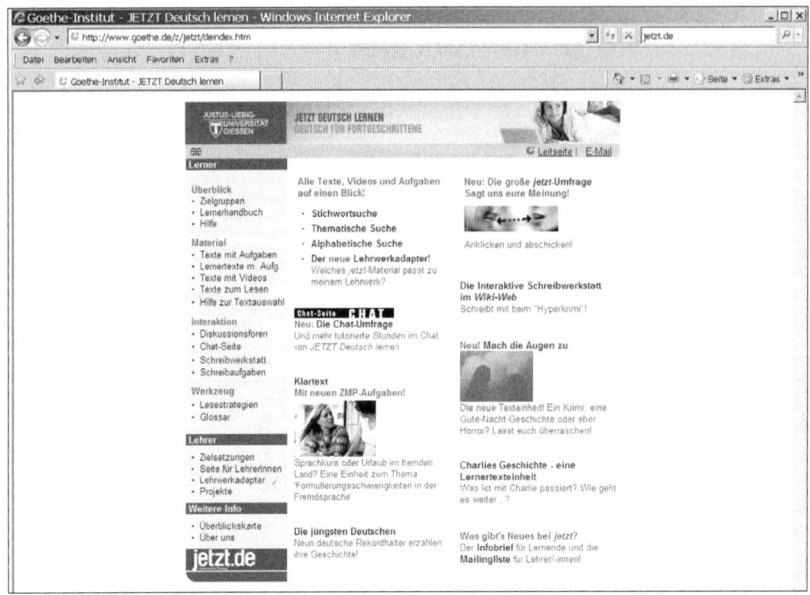

JETZT Deutsch lernen ist ein Gemeinschaftsprojekt des Goethe-Instituts, der Justus-Liebig-Universität Gießen und der Süddeutschen Zeitung. Als Textbasis dienen Artikel aus dem Online-Jugendmagazin jetzt.de (http://www.goethe.de/z/jetzt/deindex.htm).

Vor einer blinden Euphorie, die allein auf dem Mythos technischen Fortschrittes aufbaut, ist also zu warnen. Gerade in der Lehre gilt es, kritisch zu prüfen, inwiefern neue Technologien inhaltlichen und didaktischen Erfordernissen gerecht werden und tatsächlich zu einer funktionalen Verbesserung, das heißt einem Mehrwert, beitragen. Kurzum, nach der euphorischen Anfangsphase in der Nutzung der neuen Medien geht es mittlerweile eigentlich längst um eine eher aufgeklärte Evaluation von deren Leistungen und um eine Intensivierung der Bemühungen um eine Lehre und einen Erwerb, die das Potenzial der neuen Medien mediengerecht nutzen und dabei das Klicken der Hand in ein Klicken im Kopf umsetzen.

1.2 Funktionaler Mehrwert

Im Folgenden sollen die Möglichkeiten der Mehrwerterzielung unter dem Aspekt des funktionalen Mehrwerts der neuen Medien betrachtet werden. Dazu gehören:

1. Logistisch-administrative Aspekte
2. Der Wissenstransfer
3. Der Einsatz von Arbeitswerkzeugen
4. Der Einsatz von Lernwerkzeugen
5. Kognitive Aspekte
6. Die Koordinierung von Bild und Text zur Sicherung der Behaltenssteigerung

7. Die Sicherung der Nachhaltigkeit
8. Aspekte der Lernforschung

1.2.1 Logistisch-administrative Aspekte

Wenn man sich den möglichen Mehrwert der Mediennutzung in der Sprachvermittlung aus der Perspektive des Klassen- und Stoffmanagements ansieht,
dann ergeben sich gegenüber traditionellen Verfahren und Medien folgende
Möglichkeiten der Mehrwerterzielung:

- **Distanzüberbrückung.** Die Vorstellung, elektronisches Lernen sei unabhängig von Raum und Zeit, ist nicht nur naiv (denn es findet immer im Kontext
bestimmter Raum- und Zeitkonzepte statt), sondern beschreibt an sich noch
keinen funktionalen Lernmehrwert. Für das Lernen entscheidend ist dagegen der Aspekt der Distanzüberbrückung. Für das Sprachenlernen ist dabei
vor allem interessant, dass sich durch die Überbrückung von Distanzen im-
mersionsartige Bedingungen besonders günstig herstellen lassen. Die Zielkultur kann mit den Medien, zumindest bedingt, in den Unterricht und das
Lernumfeld des Lerners integriert werden. Mit der Fernlehre können ‚ferne'
Lehrangebote zum Lerner gebracht werden, auch wenn die räumliche Distanz bestehen bleibt und sich diese auch in verschiedener Weise konzeptu-
ell weiterhin bemerkbar macht.
- **Portabilität.** Die überbrückten Distanzen sind zudem variabel, weil Programme portabel und damit mobil sind. Transportable Lernprogramme sind
‚auf Bestellung' verfügbar, sofern die technischen Probleme des Zugangs
(Zugang zu fremden Servern und Netzen, Verfügbarkeit von elektrischer Be-
triebsenergie trotz unterschiedlicher Netzspannungen und technischer Nor-
men) und die zeitlichen Probleme (Zeitzonen) gelöst sind. Die erhöhte
Portabilität ermöglicht prinzipiell quantitative und qualitative Effekte, durch
die die Erhaltung oder Steigerung der Lernbereitschaft, die Schaffung von
Kontinuität und eine effizientere Nutzung beschränkter Ressourcen erzielt
werden können.
- **Flexibilität.** Neuere Programme basieren auf flexiblen Lernplattformen, die
(im Gegensatz zu medialisierten Konserven) ständige Aktualisierung und Erweiterung ermöglichen. In Hinsicht auf die Erschließung wachsender Ressourcen und die Aktualisierung landeskundlicher Kenntnisse lassen sich die
Lernumgebungen erweitern. Damit kann die Anbindung an die Zielkultur
verbessert werden.
- **Diversifizierung des Lernens.** Es lassen sich medial Möglichkeiten verschiedener Lernwege für verschiedene Lernertypen, Interessen und Anlagen realisieren, die aus logistischen und administrativen Gründen im traditionellen
Sprachunterricht so nicht zu realisieren sind, zumindest nicht in großen Klas-
senverbänden, weil Zeit, Materialien und Lehrerkapazitäten nicht ausreichen. Allerdings verlangt die Diversifizierung meist eine erhebliche
Investition in die Ausarbeitung der Materialien.

- **Einfache Lerner- und Hausaufgabenverwaltung.** Neuere Lernprogramme wie etwa *uni-deutsch.de* und zahlreiche weitere Programme für Englisch, Französisch, Portugiesisch und Japanisch der *Deutsch-Uni Online* (www.deutsch-uni.com) bieten einfach zu steuernde Möglichkeiten der Klassenverwaltung wie die Individualisierung von Lernplänen, die Automatisierung von Korrekturen, die automatische Archivierung von Hausaufgaben und -korrekturen und ähnliches und setzen dadurch Kapazitäten für wirksamere Tätigkeiten der Lehrkräfte frei. Das gilt auch bedingt für Lernmanagementsysteme, die keine spezifischen Sprachlehrkomponenten enthalten und nicht auf die didaktischen Anforderungen des Spracherwerbs abgestimmt sind, wie etwa *WebCT, Blackboard, Moodle* und andere.

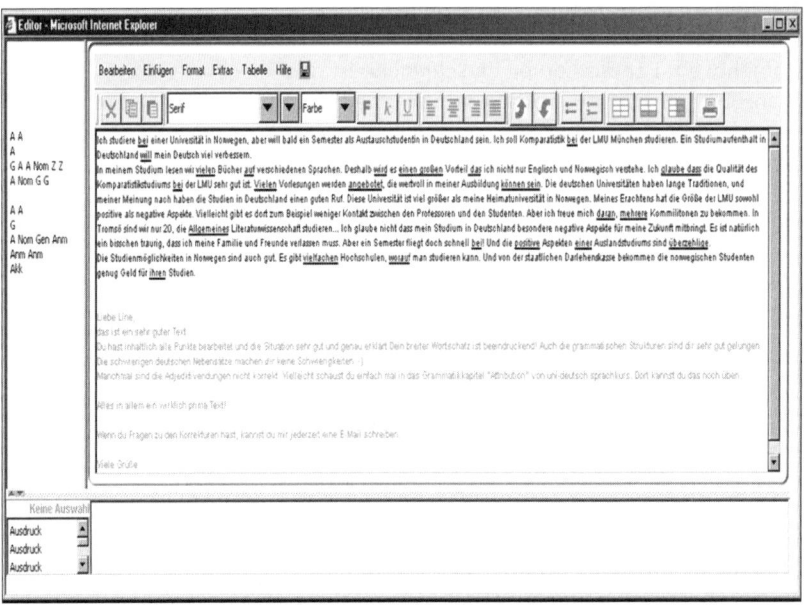

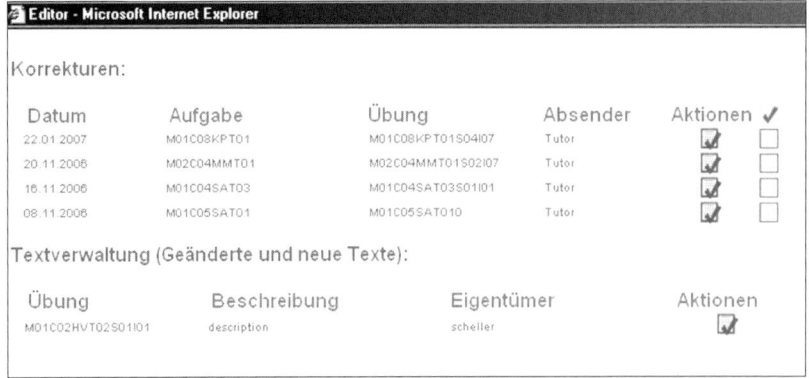

Beispiele für Aufgabenkorrektur, -verwaltung und -archivierung in uni-deutsch.de (www.uni-deutsch.de): Markierungs-, Klassifizierungs-, Erklärungs- und Verwaltungsfunktionen

- **Kommunikationserleichterung und -differenzierung.** Über E-Mail, Chats, ICQs (synchrone Chats, die die Anwesenheit einer definierten Nutzergruppe anzeigen), Foren, webbasierte interaktive Tagebücher (BLOGs), Tandemprogramme und neuerdings auch interaktive Tafeln (virtuelle Klassenzimmer) lassen sich Lerner technisch leicht und kostengünstig vernetzen und im Prinzip alle Kommunikationsmöglichkeiten der Präsenzkommunikation realisieren (net-meeting, ,virtual classrooms'). Mit virtuellen Klassenzimmern sind die technischen und administrativen Grundlagen für offene Lernplattformen geschaffen, die durch selbstständiges und interaktives Lernen eine höhere Nachhaltigkeit bewirken wollen. Elektronische Partnerschaften vermitteln unter anderem das *eTandem*-Projekt der *Ruhr-Universität Bochum* (www.slf.ruhr-uni-bochum.de) oder das *eTwinning-Portal* für europäische Schulen (http://www.etwinning.net/ww/de/pub/etwin-ning/index.htm). Das Französisch-Programm *cultura* des *Massachussets Institute of Technology* (MIT) (http://web.mit.edu/french/culturaNEH/cultura/indexfrench.html) wendet sich zwar gezielt an französisch-amerikanische Lerngruppen, ist aber wegen seines grundsätzlichen interkulturellen Konzeptes auch für andere Lerngruppen von Interesse und bietet damit prinzipiell auch eine Plattform für andere Sprachkonstellationen.

*Eingangsseite der Tandemvermittlung an der Ruhr-Universität Bochum
für Lerner aller Sprachen und Stufen.*

Gegenüber Chats und Foren bieten ICQs den Vorteil der selektiven und privaten Kommunikation mit definierten Partnern oder Partnergruppen. Außerdem lassen sich mit diesen Programmen Dateien austauschen, Spiele spielen, Termine organisieren und einiges mehr. Bisher sind die angebotenen Programme jedoch nicht kompatibel. Ein Einsatz für Lehr- und Lernzwecke setzt also die entsprechende Abstimmung der technischen Installationen voraus.

1.2.2 Wissenstransfer

Mittels der neuen Medien lassen sich (bei entsprechenden Vorbereitungsarbeiten) komplexe Inhalte darstellen. So lassen sich für bestimmte Lernergruppen interessante Inhalte bereithalten, ohne dass die Lehrkraft in allen Bereichen kompetent sein muss. Für viele Lerner (die mit Fachwissen) wird dadurch die Einstiegsschwelle in die Fachsprachen erheblich reduziert und der Fremdsprachenerwerb beschleunigt. Bereits vorhandenes Wissen lässt sich in jeder Form besonders produktiv für das Sprachenlernen nutzen. Die Vertrautheit mit dem Fachwissen und seiner häufig international standardisierten Terminologie hat sich grundsätzlich als lernförderlich herausgestellt (vgl. hierzu Meißner/Burk 2001 und Buhlmann/Fearns 2000). Dabei kann das Vorwissen sowohl fachlich und fachsprachlich komplex (Berufssprache, Wissenschaftssprache, Immersionsprogramme in Schulen) als auch kindgerecht und spielerisch sein (zum Beispiel in der Szenariendidaktik). Wie wissenschaftliche Forschung und ihre digitalen Werkzeuge in einem offenen Sprachlernprogramm fach- und fachsprachendidaktisch aufbereitet werden können, zeigen anschaulich die deutsch- und fremdsprachigen Fach- und Berufssprachenmodule der *Deutsch-Uni Online (DUO)*, die in enger Zusammenarbeit von Mediendidaktikern und renommierten Fachwissenschaftlern entwickelt wurden.

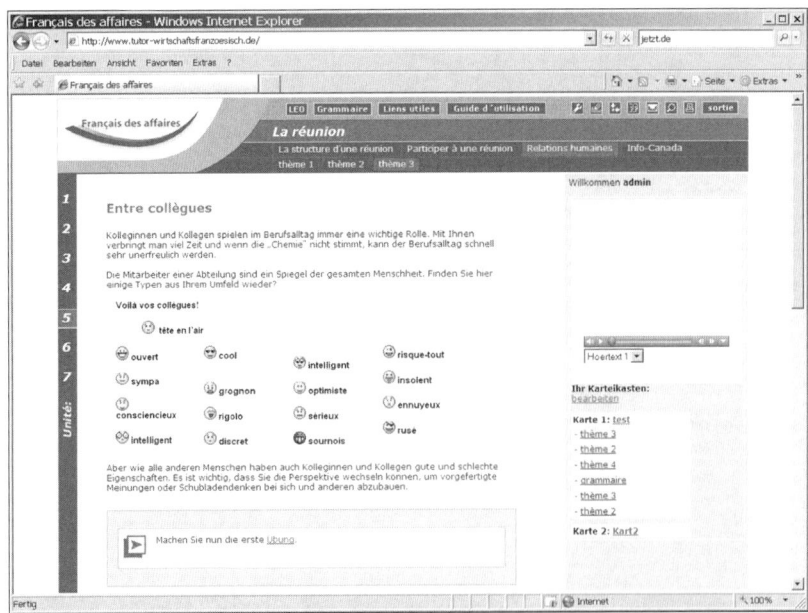

Français des affaires (http://www.tutor-wirtschaftsfranzoesisch.de)

Português comercial (http://www.tutor-geschaeftsportugiesisch.de)

Japanisch multimedial – Für Alltag und Beruf (http://www.wirtschaftsjapanisch.de)

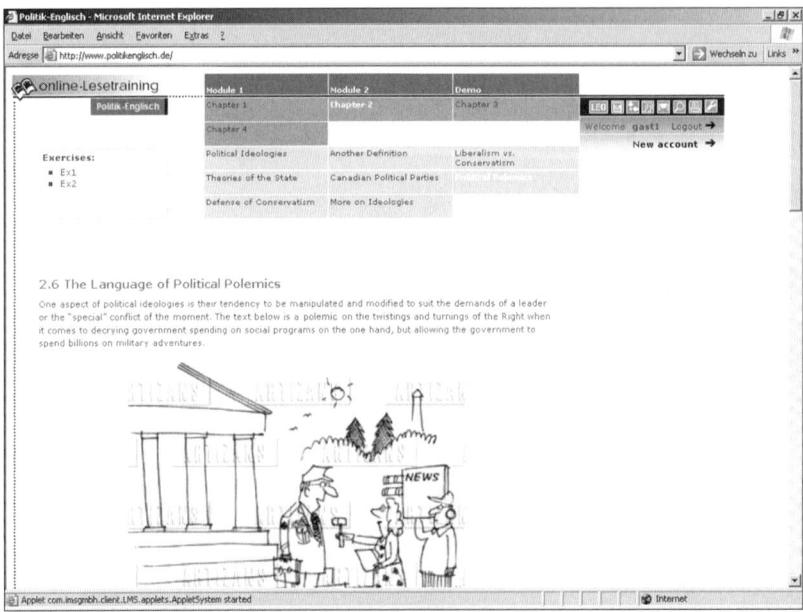

Online-Lesetraining: Englisch Politik (http://www.politikenglisch.de)

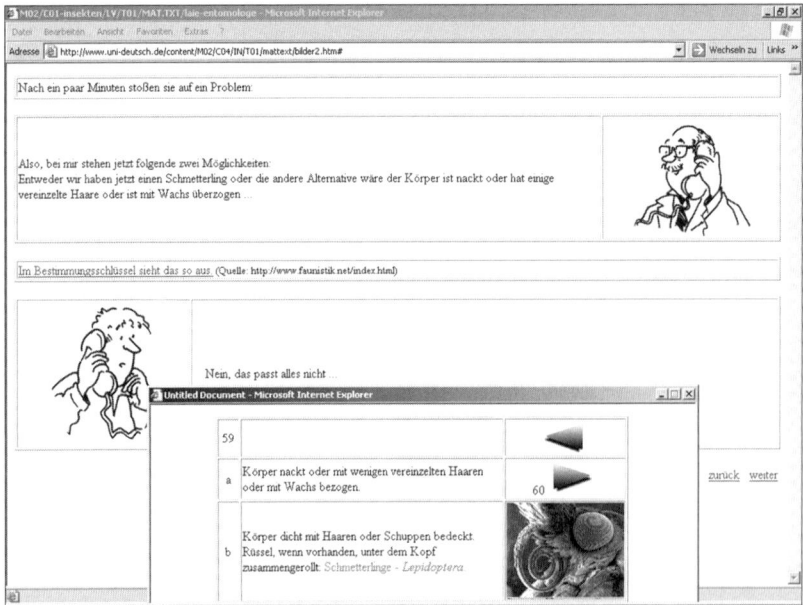

In eine Aufgabe eingebettetes digitales Werkzeug zur Bestimmung von Insekten von Prof. Heitland (TU München) aus dem Modul fach-deutsch bio (www.uni-deutsch.de)

Weitere studienbegleitende und berufsvorbereitende Module gibt es unter anderem zu den Themen Betriebswirtschaft, Jura, Politik, Medizin, Bio-Wissenschaften, Nano-Wissenschaften, Psycholinguistik, Kulturwissenschaften und Ingenieurwissenschaften (vgl. auch das Programm von Mehlhorn et al. 2005).

Wie umfangreichere Inhalte für Kinder nach einem ähnlichen Konzept spielerisch aufbereitet werden können, illustriert das aufwändig produzierte, allerdings geschlossene Lernprogramm *Grenzenlos* (Deutsch als Zweit- und Fremdsprache). Die drei CD-ROMs können kostenlos von der BMW-Group über www.grenzenlos-life.de bezogen werden. Unter dieser Adresse befinden sich auch deutsch- und englischsprachige Demos sowie ein betreutes Forum für Lehrkräfte und Schüler.

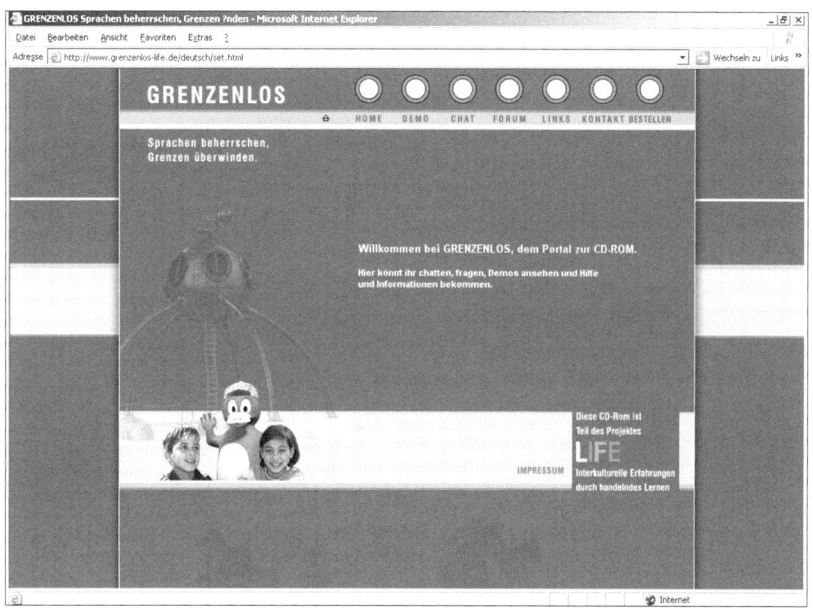

Abbildungen aus der CD-ROM Grenzenlos für den spielerischen Erwerb von Wortschatz und Strukturen des Deutschen. Zielgruppe: Kinder zwischen 6-13 Jahren.

1.2.3 Handlungskompetenzen und Arbeitswerkzeuge

Im modernen, handlungsorientierten Sprachunterricht geht man davon aus, dass nicht nur die Inhalte selbst den Spracherwerb fördern, sondern vor allem die Auseinandersetzung (Zielsetzung, Interaktion, Handeln) mit den Inhalten schnellen und nachhaltigen Spracherwerb bewirkt. Zur Vermittlung und Bearbeitung komplexer Inhalte, und gerade solcher, die einer medialen Realisierung bedürfen, also medienadäquat sind, gehören daher zunehmend auch digitale Werkzeuge. Im Sinne handlungsorientierten Lernens eignen sich die elektronischen Medien daher besonders als Arbeitswerkzeuge und zur Erreichung einer allgemeinen Medienkompetenz als eine wesentliche Schlüsselqualifikation für Lehre und Beruf.

Medienadäquate Texte sind Texte und Materialien, die an ein bestimmtes (authentisches) Medium gebunden sind, beziehungsweise sich für dieses Medium besonders gut eignen. Längere Schrifttexte eignen sich zum Beispiel besser für Druckmedien als in eingescannter Form für elektronische. Die elektronische Netzliteraturgattung **Hyperfiction** dagegen bedarf der gestalterischen Möglichkeiten offener elektronischer Plattformen (vgl. Abschnitt 1.2.7.4). Sie lässt sich mittels gedruckter Texte nur beschränkt realisieren. Es gibt eine Fülle elektronischer Textgattungen: von der E-Mail über elektronische Auskunfts- und Buchungssysteme, webbasierte Tagebücher und Enzyklopädien, die interaktiv gestaltet werden und sich daher ständig verändern (BLOGs und WIKIs), bis hin zur Hyperfiction. Sie bestimmen den modernen Kommunikationsalltag und bedürfen zur angemessenen Nutzung einer grundsätzlichen Medienkompetenz. Sie können auch in möglichst authentischer Form für die Sprachvermittlung genutzt werden und die in Lehrprogrammen noch verbreiteten künstlichen Übungen in aufgesetzter E-Medialität ersetzen oder zumindest ergänzen.

Den Ansatz **konstruktivistischen** Mediendesigns, aus dem sich der Einsatz von digitalen Arbeitswerkzeugen schlüssig begründen lässt, kann man etwa folgendermaßen beschreiben: Der Lerner befindet sich im Mittelpunkt des Lernprozesses und steuert ihn. Für die Erschließung der Lernumgebung benötigt er geeignete Werkzeuge, die er selbst zu finden und zu nutzen hat. Medienentwickler können bestimmte Werkzeuge zur Verfügung stellen. Die Lehrkräfte sind in erster Linie Mentoren, Trainer oder Lernberater (vgl. Reinfried 1999, Wolff 1996 und 1994 sowie Wendt 1996). Eine Weiterentwicklung des Modells **konstruktivistischen Lernens** stellt nach Seymour Papert (1980) das konstruktionistische Lernen dar. In diesem Lernmodell kommt dem konkreten Handeln und dem Produzieren im öffentlichen Raum eine besondere Bedeutung zu. Das heißt, das Lernen ist ergebnisorientiert, wenn auch ergebnisoffen, es geschieht handelnd, seine Ergebnisse stellen sich den Reaktionen (der Rückmeldung) der Umwelt. Da all diese Prozesse auch sprachhandelnd verlaufen, entsteht eine intensive und vielfältige Beschäftigung mit authentischer Sprache. Das **fallbasierte Lernen** und die **Szenariendidaktik** bauen auf konstruktionistischen Prinzipien auf (vgl. Hölscher/Piepho/Roche 2006, Hölscher et al. 2003 ff., Piepho 2003, Fischhaber 2002, Beers 2001, Goldman-Seagall 1998).

An einem für Spielzwecke konzipierten Programm, das ursprünglich mit Sprachunterricht nichts zu tun haben sollte, kann man das gut illustrieren. Es handelt sich dabei um ein Programm für Teenager, mit dessen digitalen Werkzeugen man eigene Drehbücher schreiben und in Cartoons animieren kann.

Die Nutzer können verschiedene Szenen und Figuren wählen und bei deren Definition auf eine Reihe von Hilfen zurückgreifen, die auch sehr gut für das Sprachenlernen nutzbar gemacht werden können: Rollenbeschreibungen, Charaktereigenschaften, Skriptvorgaben und Regieanweisungen. Die für den Spracherwerb so eminent wichtige bildliche und lautliche Parallelinformation wird gleich mitgeliefert.

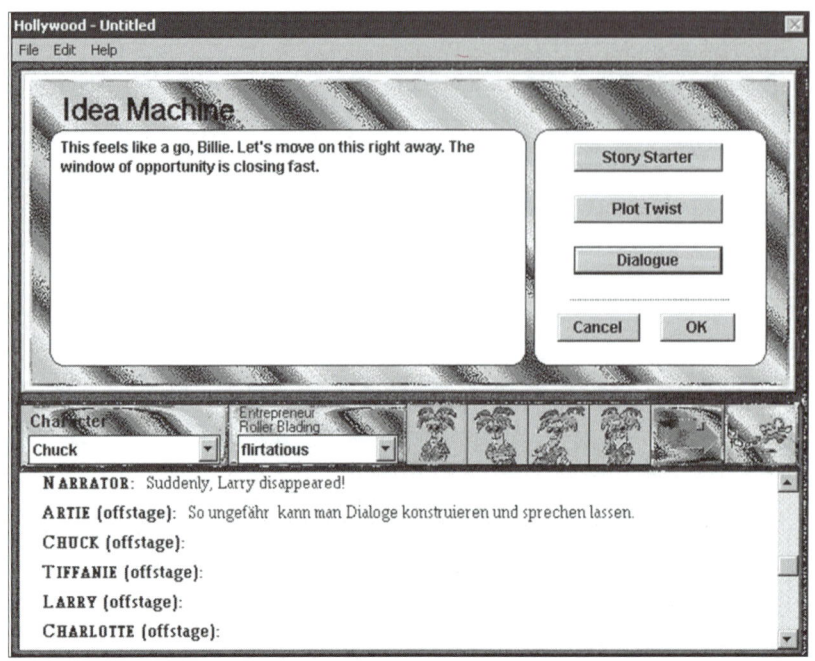

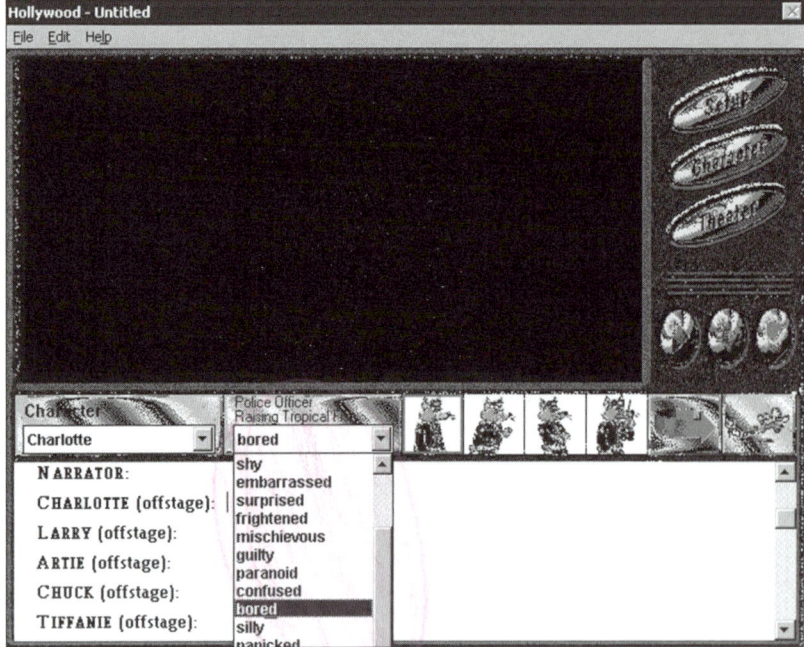

Verschiedene Hilfsmittel zur Erstellung eines eigenen Drehbuchs und seiner cartoonartigen Verfilmung mit lautlich synthetisierter Umsetzung in Hollywood Theatrix.

Obwohl es sich auch hierbei um ein geschlossenes Medium (CD-ROM) handelt, erlaubt das werkzeugartige Design des Programms vielfältige kreative Produktionen der Lerner. Für Lerner des Englischen bietet sich so eine Fülle authentischer Werkzeuge im Sinne der konstruktionistischen (schaffenden) Theorie entdeckenden Lernens. Durch die Hilfsmittel wird gleichzeitig Orientierung geboten und die Navigation erleichtert.

Auch das Programm *WebConstellations* (Goldman-Segall 1998) verfolgt eine ähnliche authentische (konstruktionistische) Produktionsorientierung, allerdings in einem offenen Programm für Wissenstransfer und Kommunikation, das für das offene Internet-Medium geschaffen wurde. Dabei sollen die Nutzer das Programm als Werkzeug verwenden, um damit bereits existierende Wissensplaneten, Satelliten oder Galaxien beliebig auf ihren eigenen Wissenshorizont auszurichten und zu modifizieren. Daraus ist ein dynamischer Wissenskosmos entstanden, der jedem weiteren Nutzer zur Weiterbearbeitung offensteht. Leider ist dieses Universum wegen technisch-administrativer Probleme heute nur bedingt zugänglich.

Dafür treten immer mehr Online-Instrumente in den Alltag der Menschen, mit denen virtuelle Realität erzeugt werden kann. **Multi-User Domains** (MUDs) bieten vergleichsweise bescheidene, schrifttextbasierte Kommunikationsumgebungen für synchrone Interaktion mit Objekten und Personen. Aktionen und Reaktionen werden von den Teilnehmern sprachlich beschrieben. **Multi-User Domains Object-Oriented** (MOOs) bieten hierfür zusätzlich grafisch realisierte Erlebnisräume zu bestimmten Kontexten, Themen oder Situationen, die die Teilnehmer erkunden und gestalten können. Mit aufwendigen, kostenpflichtigen Programmen lassen sich mittlerweile auch komplette virtuelle Lebenswelten für ein ‚zweites Leben' (*Second Life*, http://secondlife.com/) von Nutzern individuell und interaktiv gestalten. Hier kann man sich eine zweite Identität mit Wunscheigenschaften schaffen und entsprechend in einer zunehmenden Anzahl von Umgebungen virtuell handeln (und mit einer eigenen Währung einkaufen). Gemeinsam ist diesen Programmen das authentische, aber virtuelle Handeln, das eine Simulation der Prinzipien realen Lebens und Kommunizierens bietet. Damit eignen sie sich prinzipiell sehr gut auch für das Sprachenlernen. Aber Faktoren wie Beschränkungen in der Ausstattung, hohe Betriebs- oder Anschaffungskosten und die Beschränkung der Interaktivität, der Navigationsmöglichkeiten und der Nutzbarkeit limitieren (noch) den Einsatz im realen Sprachunterricht.

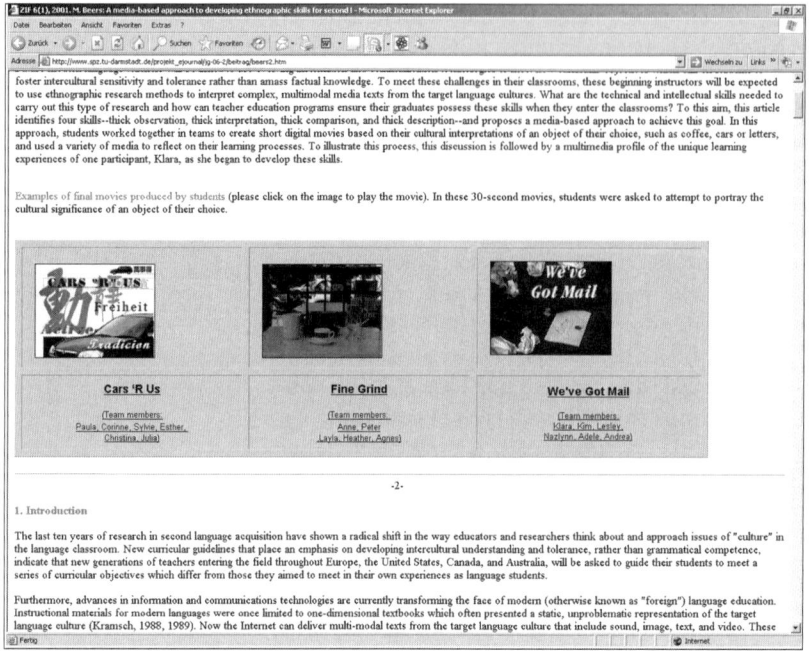

Beispiele für konstruktionistische Projekte aus Beers 2001 (Zeitschrift für Interkulturellen Fremdsprachenunterricht:
http://www.spz.tu-darmstadt.de/projekt_ejournal/jg_06_2/beitrag/beers2.htm)

1.2.4 Lernkompetenzen und Lernwerkzeuge

Ganz ähnlich wie die Arbeitswerkzeuge fördern auch Lernwerkzeuge die Möglichkeiten des Lerners, sich authentische Quellen selbstständig zu erschließen. Lernwerkzeuge sind Arbeitswerkzeuge, die primär dem Erlernen der Sprache dienen. In Berufsfeldern wie dem Journalismus, in denen die Verarbeitung von Sprache eine große Rolle spielt, erfüllen sie eine Doppelfunktion als authentische Arbeits- und Lernwerkzeuge. Dies qualifiziert die Lernwerkzeuge als Arbeitswerkzeuge in entsprechenden Situationen und Aufgaben der Szenariendidaktik, etwa wenn ein Lerner in der Rolle eines Volontärs oder Reporters bei einer Zeitung oder für Rundfunk und Fernsehen Berichte zu verfassen hat (vgl. *Edubba* oder *Redaktion D*). Zu den bekanntesten Lernwerkzeugen, die Hilfsmittel für selbstständiges (Weiter-) Lernen sein können, gehören:

• **Digitale Wörterbücher** wie das *Digitale Wörterbuch der deutschen Sprache* der *Berlin-Brandenburgischen Akademie der Wissenschaften* mit 130.000 Einträgen (www.dwds.de), das mit einem verbesserten Suchmechanismus für flektierte Verben in den Programmen von *uni-deutsch.de* integriert ist, *Leo* für Englisch, Französisch und Spanisch mit mehreren hunderttausend Einträgen und Vokabeltrainer *(Lion)* (http://dict.leo.org).

- **Online-Grammatiken.** Im Internet findet man zahlreiche Grammatikhilfen und andere Ressourcen zum Sprachenlernen. Einige kann man kostenlos nutzen, für andere ist eine Kursregistrierung erforderlich und wieder andere sind nach kommerziellen Verfahren kostenpflichtig. Qualität, Anspruch und Umfang der Programme variieren in höchstem Maße. Die folgenden Programme enthalten Demos oder sind kostenfrei zu nutzen, wenn nicht anders angegeben. Sie gehören zu den umfangreicheren, professionell gemachten und leichter zugänglichen Angeboten.

  Französisch:
  - *Le Point Grammatik* (http://www.lepointdufle.net/index.html)
  - *Grammaire française* (http://www.etudes-litteraires.com/grammaire.php)
  - *French Online Grammar Quiz* (http://fog.ccsf.cc.ca.us/~creitan/grammar.htm#1)
  - *Manuels de grammaire française en ligne* (http://www.synapse-fr.com/grammaire/GTM_0.htm) *(kostenpflichtige Grammatik)*
  - *Suchgrammatik zu Fragen der Orthografie und Grammatik* (http://www.orthogram.com/)
  - *Aussprachetraining: Exercices de phonétique* (http://phonetique.free.fr/)

  Englisch:
  - *The Internet Grammar of English* (http://www.ucl.ac.uk/internet-grammar/)
  - *Guide to Grammar and Writing* (http://grammar.ccc.commnet.edu/grammar/)
  - weitere kostenpflichtige oder zulassungsbeschränkte Quellen für den Unterricht: *Englische Grammatik Online* (http://www.ego4u.de/), siehe auch www.sprachlernmedien.de zu Englisch-Kursangeboten und Vokabel- und Testquellen

  Für das Deutsche gibt es vorwiegend kostenpflichtige Programme, aber kostenlose Demos sind verfügbar für:
  - *grammis* (http://hypermedia.ids-mannheim.de/grammis/)
  - die propädeutische Grammatik *ProGr@mm* (http://hypermedia.ids-mannheim.de/programm)
  - *Deutsch-Uni Online* (http://www.deutsch-uni.com/)
  - *Goethe-Institut-Fernunterricht* (http://www.goethe.de/lrn/prj/fnu/dln/deindex.htm)
  - die einschlägigen Lehrbuchverlage

- **Schreibtrainingsprogramme**, die online angeboten werden, inklusive sogenannter **Online Training Labs** (OWL). Eines der bekanntesten OWLs für die Vermittlung von fremdsprachigen Kenntnissen in Deutschland ist das Online-Angebot an der TU Darmstadt (www.spz.tu-darmstadt.de/owl), das jedoch nur mit Passwort benutzt werden kann. Vorrangiges Ziel dieses Programms ist es, den Studierenden das Schreiben als Prozess zu vermitteln und ihnen dafür die nötigen Strategien und Hilfen an die Hand zu geben. Insbesondere werden folgende Ziele verfolgt:

- Informationen, Texte und Aufgaben werden von den Studierenden selbst erstellt.
- Ausschließlich die fremdsprachliche Schreibkompetenz soll gestärkt und trainiert und entsprechende weitergehende Tipps sollen bereitgehalten werden.
- Der Schwerpunkt liegt nicht auf den Textprodukten, sondern auf der Textproduktion und ihrer Prozesshaftigkeit.
- Neue Zugangswege sollen für unterschiedliche Schreibtypen eröffnet werden.
- Die Entwicklung des OWLs wird wissenschaftlich begleitet.
- Die Studierenden werden als Tutoren eingesetzt und erhalten dadurch zusätzlich ein berufsqualifizierendes Training.

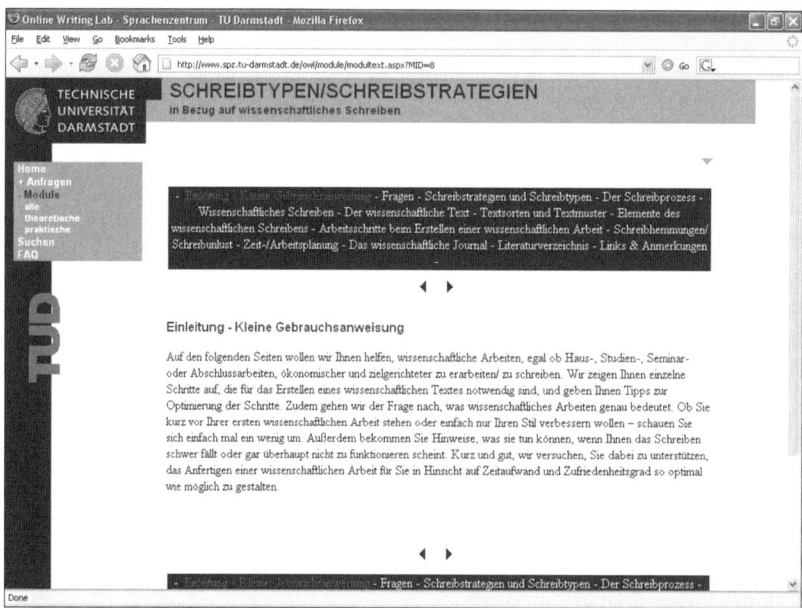

Modul Schreibtypen / Schreibstrategien, dritte Ebene: 1. Inhaltsseite des OWLs der TU Darmstadt

- **Textkorrekturprogramme** und Thesauri und ähnliches in Textverarbeitungsprogrammen wie Word
- **Elektronische Korrekturprogramme** wie etwa der Duden-Korrektor, oder Sprachlernassistenten wie die elektronischen Assistenten für Deutsch, Französisch, Englisch und Brasilianisch / Portugiesisch (*www.uni-deutsch.de,*

www.tutor-wirtschaftsfranzoesisch.de, www.tutor.wirtschaftsenglisch.de, www.tutor-geschaeftsportugiesisch.de) mit hinterlegter intelligenter Lernergrammatik und didaktisierten Rückmeldungsoptionen

- **Übungsprogramme** für Hausaufgaben (von den meisten Schulbuchverlagen als Begleitmaterial für ihre Bücher angeboten)
- Die **elektronische Modulation** mehrsprachiger semantischer Netze, wie sie im englischsprachigen *Visual Thesaurus* vorliegt und im Rahmen des EuroWordNet (http://www.illc.uva.nl/EuroWordNet/) auch für andere Sprachen erarbeitet wird (vgl. Plieger 2006).

1.2.5 Intelligente tutorielle Systeme, Natural Language Processing und Spracherkennung

Elektronische Tutoren können helfen, grammatische Strukturen und die Rechtschreibung in schriftlichen Lernertexten zu korrigieren. Sie geben individuelles Feedback und können dadurch genauer Rückmeldungen liefern als allgemeine Aufgaben und Korrekturen; sie bewahren damit einen Lerner auch vor den falschen Lösungen seiner Mitlerner, die möglicherweise fehlerhafte Strukturen verstärken könnten. Elektronische Tutoren sind jedoch nicht geeignet, um komplexere Lernabläufe zu steuern oder komplexere kommunikative Kompetenzen zu vermitteln. Empfehlenswerte Systeme gibt es wenige. Die verfügbaren Programme arbeiten meist mit geschlossenen Übungen beschränkter Schwierigkeit (Einsetzübungen, Verschiebungen von Satzelementen) und gleichen zuvor eingegebene Musterlösungen mit den Lernerlösungen ab. Damit erreichen sie eine relativ hohe Treffgenauigkeit. Anspruchsvollere Programme, sogenannte **intelligente tutorielle Systeme**, haben einen wesentlich komplexeren Aufbau, weil sie die eingegebene Sprache, nach einem ersten Abgleich der Oberfläche, tatsächlich linguistisch verarbeiten (**Natural Language Processing, NLP**). Der eingehende Text wird mithilfe einer hinterlegten Grammatik in Einzelteile zerlegt (**Parsing**) und anschließend einer lexikalischen Datenbank mit grammatischen Regeln (Morphemen) zugeordnet. Wo diese Zuordnung gelingt, erfolgt keine Reaktion des Programmes. Wo sie nicht gelingt, reagiert das Programm mit Rückmeldungen unterschiedlicher Spezifik. Das können farbige Unterstreichungen sein, die mögliche Fehler markieren, oder eindeutige Fehlerkorrekturen, die keinerlei Zweifel übrig lassen. Intelligente Systeme haben den Vorteil, dass sie offene Übungen verarbeiten können, das heißt, dass das Wortmaterial, die Strukturen und die Textlänge nicht begrenzt sein müssen. Sie haben damit aber den Nachteil, dass die möglichen Lösungen in bestimmten sprachlichen Kontexten richtig oder falsch sein können. Das gilt zum Beispiel bei elliptischen Konstruktionen wie ‚Hilfe', die als Aufforderung korrekt, als Verb in einem Satz ‚ich hilfe' inkorrekt, aber als Nachfrage ‚Der und Hilfe?' (‚Was, du erwartest von dem Hilfe?') wieder korrekt wären. Auch Eigennamen und Fremdwörter sind in dieser Hinsicht problematisch. Die Vielfalt der Rückmeldungen zum richtigen Kontext kann einen Lerner überwältigen. Lässt das Programm dagegen viele Variationen des sprachlichen Systems ohne Erklärungen und Einschränkungen zu, können wesentliche Fehler eines Lerners übersehen werden. Eine eingehende Kritik gängiger Programme und eine Darstellung der Funktionsweise der genannten Systeme findet sich in Haller 2007. Wenn man jedoch nicht immer auch völlig eindeutiges Feedback erwarten muss, so lassen sich die Systeme gewinnbringend einsetzen, so wie man auch automatische Rechtschreibprüfungen und ähnliche Programme im täglichen Umgang in Maßen verwendet. Zudem lässt sich eine höhere Trefferquote erzielen, wenn die hinterlegte Grammatik nicht nur mit den korrekten Regeln der Zielsprache gespeist wird, sondern gleichzeitig auf Datenbanken typischer Lernerfehler zugreifen kann. So kann das Programm schneller und genauer entscheiden, ob es sich um eine möglicherweise akzeptable oder mit höherer Wahrscheinlichkeit fehlerhafte Konstruktion handelt. In dem Entwicklungsprojekt *Pro-Gram-IK* der Universitäten Heidelberg und Saarbrücken ist ein modellhaftes Analyseinstrument mit einer Bewertung von Fehlerwahrscheinlichkeiten für das Deutsche entwickelt und erfolgreich erprobt worden. Ein weiterführendes Projekt für die Sprachen Englisch, Spanisch, Katalanisch und Deutsch *Advanced Long-distance Learning Education System (ALLES)* wird im Auftrag der Europäischen Union durchgeführt (vgl. Haller 2007). Die weiter unten vorgestellten e-Assistenten für Deutsch, Englisch, Französisch und Brasilianisch/Portugiesisch verfügen außer dem Zugriff auf Fehlerdatenbanken über mehrere didaktische Korrekturschleifen. In mehreren Schritten, bei denen der Lerner bestimmte Entscheidungen treffen muss und gegebenenfalls neue Korrekturversuche starten kann, wird er zur Korrektur eines möglichen Fehlers geführt. Durch die aktive Beschäftigung mit den Strukturen und verschiedenen Varianten der Sprache soll er nicht nur korrigieren, sondern Sprache lernen. Die globale Kritik verschiedener Autoren an den derzeitigen Möglichkeiten des intelligenten Tutorierens (vgl. etwa die Diskussion bei Schulmeister 2002:177ff. oder Rösler 2004:188ff.) gilt für die hier dargestellten Systeme daher nicht. Die Intelligenz betrifft in diesen Systemen vor allem die hinterlegte Grammatik und die Adaptivität an den Lerner, weniger die Abbildung komplexer Lehrmodelle.

Die **automatische Sprachanalyse**, das heißt die Erkennung von gesprochener Sprache durch Computer, ist nach wie vor auf stark standardisierte Gesprächsroutinen beschränkt und wird dies auch auf absehbare Zeit bleiben. Die natürliche Sprache ist mit ihrem Variantenreichtum, ihrem Kontextbezug, ihrer Semantik und Pragmatik zu komplex, als dass sie leicht fassbar wäre (siehe hierzu unter anderem die Darstellungen in Harrington i.V.). Bei der Analyse schriftlicher Texte ist die Entwicklung dagegen viel weiter fortgeschritten, wie bereits die Beschreibung der e-Tutoren gezeigt hat. Die auf dem Markt verfügbaren Programme zur Analyse gesprochener Sprache erwecken durch ihre technisch und grafisch aufwendige Realisierung in der Regel den Eindruck, akkurate Einschätzungen und Bewertungen von Lerneräußerungen liefern zu können, arbeiten in Wirklichkeit aber mit wenig zuverlässigen Instrumenten. Darüber hinaus können ungeübte Sprecher Aussprachemodulationen nur schwer anhand von Darstellungen von Schallwellen selbst steuern.

1.2.6 Individualisierung und Intensivierung des Lernens

Unter ,Lernformaten' versteht man die Einsatzmöglichkeiten der neuen Medien mit unterschiedlichen Anteilen von eigener Steuerung und Gestaltung durch die Lerner und Betreuung durch Lehrer und Tutoren. Die Bandbreite reicht dabei vom reinen ,e-learning', das heißt dem unbetreuten Lernen mit elektronisch vermittelten Lernprogrammen, bis hin zum medienassistierten Präsenzunterricht. Dementsprechend unterscheidet man auch zwischen Formaten des Selbstlernens, Formaten des betreuten Lernens im Medienmix (**Blended Learning**) und der **mediengestützten Präsenzlehre** (etwa im Medienlabor oder in besonders ausgestatteten Räumen). In welchem Verhältnis welche Medien zu welchem Zeitpunkt für welche Zwecke gemischt werden, hängt von verschiedenen Parametern ab. Klare Definitionen gibt es hierfür nicht. Das Standardformat von Blended Learning-Programmen besteht aus einem Treffen der Gruppe am Anfang eines Kurses, einer e-Lernphase, gegebenenfalls einem weiteren Gruppentreffen, weiteren e-Lernphasen und einem Abschlusstreffen. Zwischen den Treffen kommunizieren die Kursteilnehmer untereinander und mit ihrem Tutor über die vorhandenen Kommunikationskanäle und gegebenenfalls auch durch Einsendung schriftlicher Hausaufgaben.

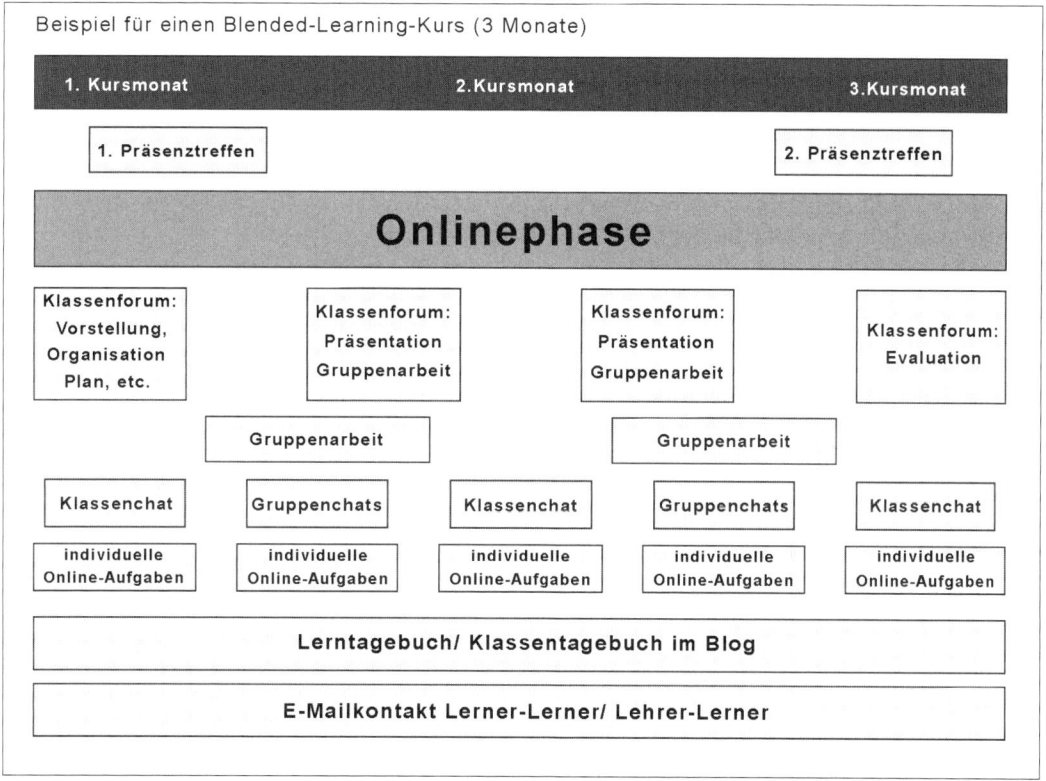

Im Folgenden werden die wichtigsten Parameter für die Individualisierung und Intensivierung des Lernens durch Medien dargestellt. Denn durch verschiedene Angebote (Lernwege) kann man mit den Medien geschickter auf individuelle Interessen und Anlagen der Lerner eingehen und ihnen die Möglichkeit geben, intensiv, selbstständig und wo nötig in Verbindung mit ihren Tutorinnen am Lernmaterial zu arbeiten und zu üben. Durch die neuen Medien entsteht darüber hinaus auch die Möglichkeit der **Interaktivitätssteigerung**. Dafür genügen im Grunde schon ein neuerer Standardcomputer, Mikrofon, Webkamera und eine gute Internetverbindung. Mit diesen Mitteln kann man in der Regel moderne e-Kommunikationswerkzeuge und Lernplattformen installieren. Über verschiedene Kommunikationskanäle lässt sich Kommunikation dann ohne großen technischen Aufwand mehrdirektional herstellen und durchführen. So lassen sich im Grunde alle Sozialformen des kommunikativen Unterrichts elektronisch verwirklichen.

Welche Unterstützung brauchen Lerner besonders beim Lernen mit elektronisch vermittelten Lernprogrammen? Im Folgenden werden die wichtigsten Faktoren aufgeführt, die den Lerner unmittelbar, das heißt, als lernendes Individuum, betreffen.

- **Einstufung:** Ein wesentlicher Vorteil beim Einsatz elektronischer Medien im Spracherwerb ist die Möglichkeit der Individualisierung des Lernprozesses. Zur Umsetzung dieser Möglichkeit müssen Lerner in der Lage sein, Lernmenge, Lerntempo, Fertigkeiten und Themen selbst beziehungsweise mithilfe eines Lehrers festzulegen. Deshalb ist es wichtig, dass die Lernziele und Schwerpunkte bereits zu Beginn des Kurses identifiziert und die eigenen Stärken und Schwächen sowie die individuellen Interessen bestimmt werden. Für Lernende ist es oft sehr schwer, alleine herauszufinden, wo ihre Stärken und Schwächen liegen. Sie brauchen die Hilfe und in den Anfangsphasen eines Kurses besonders viel Anleitung durch eine Tutorin. Diese Anleitung kann später reduziert werden, sobald ein Lerner im Umgang mit dem Programm sicherer geworden ist. Verschiedene elektronische Einstufungsmöglichkeiten, wie etwa der *ondaf* (www.ondaf.de) oder Selbsteinschätzungsverfahren erleichtern diese Aufgabe (vgl. auch die Programme von *dialang* für verschiedene europäische Sprachen (www.dialang.org).

- **Festlegung der Lernwege:** Je nach Unterrichtsniveau und Lernertyp sollten verschiedene Lernwege möglich sein. Sie sollten gemeinsam mit den Tutorinnen oder von den Lernern selbst je nach Interesse auswählbar sein. Neuere Plattformen enthalten Hilfsmittel, die die Organisation von Lernwegen technisch erleichtern.

- **Beratung:** Die Erfahrung mit elektronisch vermittelten Lernprogrammen zeigt, wie wichtig die gute Information und eine gute und zeitnahe technische Beratung für Lerner sind. Die Frustrationstoleranz bei mangelnder Information und Beratung ist allgemein sehr gering. Technische Fragen sollten deshalb von den Tutorinnen und Tutoren immer so schnell wie möglich beantwortet werden. Auch sollte regelmäßig überprüft werden, ob es bei den Lernern Fragen oder technische Probleme gibt.

- **Tutorielle Betreuung und verbindliche Kommunikation:** Die tutorielle Betreuung im Lernprozess hat sich auch beim Lernen mit den neuen Medien immer wieder als äußerst wichtig für den Lernerfolg herausgestellt, da dieser vor allem durch qualifiziertes Feedback gesichert wird.

  Auch die Kommunikation in Online-Programmen ist besonders dann effizient, wenn sie betreut wird beziehungsweise Verbindlichkeit der Nutzung gewährleistet ist. Unverbindlich vereinbarte e-Kommunikation versandet schnell. Es ist daher wichtig, dass die Kommunikationsinstrumente regelmäßig genutzt und dafür feste Termine vereinbart werden. Damit alle Lerner zeitgleich kommunizieren können, sollten internationale Klassen möglichst mit Lernern aus den gleichen Zeitzonen zusammengestellt werden. Verbindliche Termine für den regelmäßigen Kontakt in gemeinsamen Unterrichtstreffen, in Foren, beim Chat oder in Sprechstunden sind wesentliche Mittel für ein motivierendes Weiterlernen.

- **Identifikation der Teilnehmer und Wahrung der Anonymität:** In virtuellen Lernangeboten zeigt sich immer wieder, dass die Anonymität von Lerngruppen ein Hindernis für den Lernerfolg ist. Fotos von Teilnehmern einer Lerngruppe und andere visuelle und textuelle Informationen über die anderen Teilnehmer erhöhen den persönlichen Bezug untereinander und damit die Verbindlichkeit des Lernverbundes. Auf der anderen Seite kann der Öffentlichkeitsgrad in klassenöffentlichen Foren zum Problem werden, wenn die Lerner einen bestimmten Bedarf an vertraulicher Kommunikation haben und/oder ihr kulturspezifisches Verständnis von Lehrer- und Schülerrollen auf Vertraulichkeit aufbaut. Beide Aspekte sind je nach Lernergruppe ausgewogen zu berücksichtigen.

1.2.7 Mediale Dynamik und Kognition

Mit Bildern wird oft versucht, die Aufmerksamkeit der Nutzer oder Lerner zu gewinnen. Meist lenken die dafür eingesetzten Effekte aber von der eigentlichen Lernaufgabe ab. Aus der kognitiven Sprach- und Bildverarbeitung ist bekannt, dass diese in dynamischen Prozessen erfolgt. Daher bietet es sich grundsätzlich an, die Möglichkeiten der Dynamisierung in den Medien zur Entlastung kognitiver Verarbeitungsprozesse zu nutzen. Dieser Ansatz der Mehrwerterzielung findet bisher vor allem in den folgenden Bereichen Anwendung:

- der Entwicklung dynamischer Wörterbücher,
- der Visualisierung grammatischer Regeln,
- der Behandlung von Textualität als Prozess.

1.2.7.1 Entwicklung dynamischer Wörterbücher

Das mentale Lexikon besteht aus einem mehrdimensionalen Netz semantischer Verbindungen, die je nach Kontext unterschiedlich stark und in unterschiedlich weiten Feldern aktiviert werden. Die neueste Gehirnforschung geht davon aus, dass diese Verbindungen je nach Bedarf aktiviert werden, also nicht fest vernetzt sind. Das mentale Lexikon ist damit als dynamisches Konstrukt zu verstehen. Im Fremdsprachenerwerb wird das Lexikon um die Begriffe der neuen Sprache ständig erweitert. Zunächst geschieht dies durch direkte Zu- oder Unterordnung. Bei fortgeschrittenem Spracherwerb entstehen daraus koordinierte (parallele) Einträge, die selbstständig aktiviert werden können. Bei sehr guter Beherrschung von zwei Sprachen gelingt es Sprechern darüber hinaus, die beiden Systeme, ihre Gemeinsamkeiten und Unterschiede, aufeinander zu beziehen, sie zu vergleichen und zwischen ihnen hin- und herzuwechseln, auch wenn sich Begriffe und Wortfelder voneinander unterscheiden. Das mentale Lexikon hat also grundsätzlich eine **dynamische Organisationsstruktur** und es kann im Fremdsprachenerwerb dynamisch erworben und erweitert werden (**Entwicklungshypothese**). Der visuelle Thesaurus, ein Werkzeug zur Organisation und zum Zugang von lexikalischen Einträgen, versucht, die kognitive Dynamik der Organisation des mentalen Lexikons medial nachzuempfinden. In verschiedenen linguistischen Pilotprojekten wird daran gearbeitet, auch bilinguale Systeme medial zu koordinieren. Hieraus könnten sich zu einem späteren Zeitpunkt auch Lernprogramme ergeben.

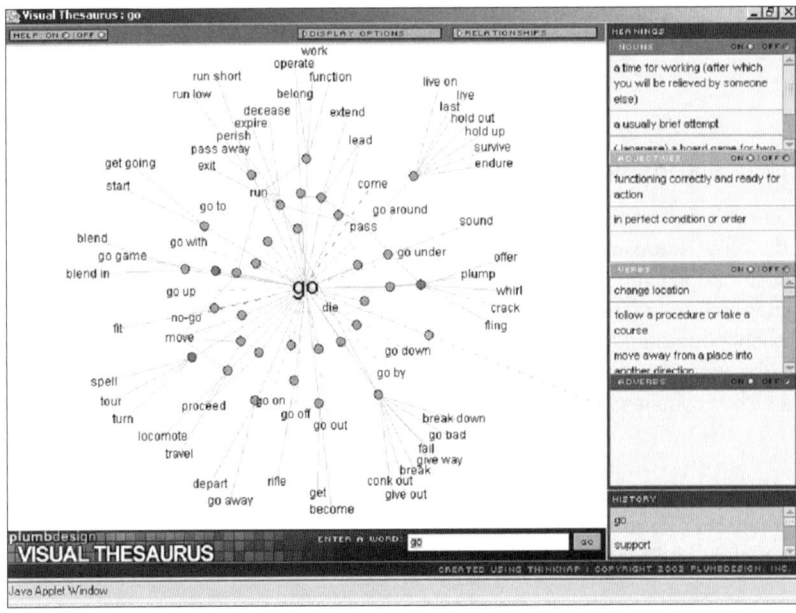

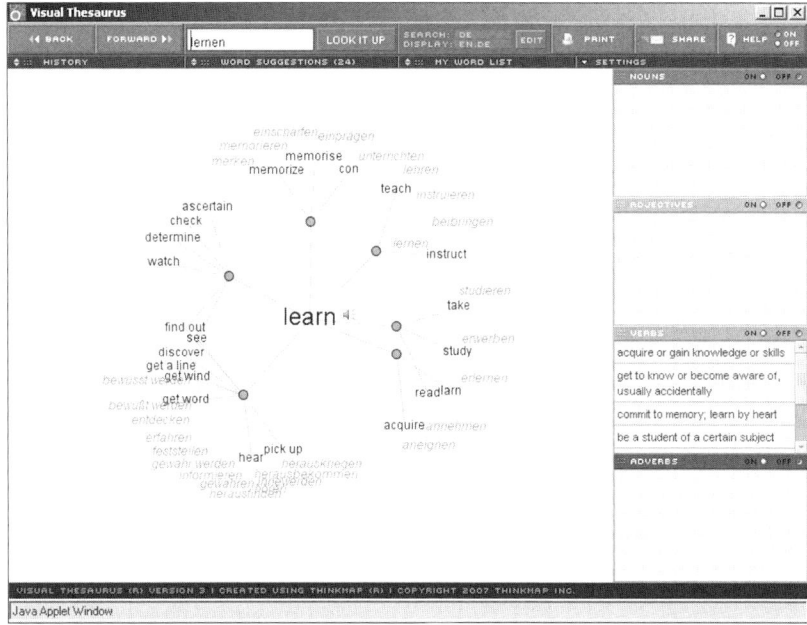

Das dynamische Wortfeld von ,go' im Visual Thesaurus und eine Pilotstudie zur Koordination des Wortfeldes von ,learn' mit deutschen Äquivalenten. Durch Ansteuern der dargestellten Knoten öffnen sich jeweils neue Felder. Durch farbliche Markierung der Knoten erfolgt eine grammatische Kategorisierung von Nomen, Adjektiven und Verben.

1.2.7.2 Bild- und Textverarbeitung

Mit den neuen Medien lassen sich verschiedene Präsentationsmodi aus Text, Bild und Ton kombinieren. Daher ist auch die Bezeichnung ,multimodal' statt ,multimedial' für digitale Programme vorgeschlagen worden (vgl. Sauer 2004). Aus dieser prinzipiellen Darstellbarkeit ergibt sich unmittelbar die Frage, wie man einen Mehrwert in der Mediennutzung durch optimale Abstimmung der Modi erzielen kann. Nach der **Dual Coding Theory** von Paivio (1986) ist davon auszugehen, dass Bildinformation und Sprachinformation getrennt voneinander verarbeitet werden und daher die passgenaue Koordination der Verarbeitungsprozesse für eine Erleichterung der Verarbeitung essenziell ist. Zu viel, zu früh, zu schnell, zu spät oder verwirrend präsentierte visuelle Information ist der Verarbeitungsaufgabe eher abträglich. Im Bereich der Visualisierung stellt sich daher im Unterricht oder bei der Erstellung von Lehrmaterial die Alternative, ob mit Animationen oder statischen Illustrationen gearbeitet oder komplett auf Illustrationen verzichtet werden soll.

Eine didaktische Funktion von **statischen Bildern** ergibt sich vor allem unter den folgenden Aspekten:

- als **Orientierungshilfe** (Überblick), zur Verständlichmachung komplexer Inhalte, zum Beispiel als schematische Darstellung von Sachverhalten,
- bei der **Aufmerksamkeitsfokussierung** (zum Beispiel Vergrößerungen) und zur Behaltensförderung (zum Beispiel durch zusammenfassende Diagramme).

In diesen Funktionen können statische Bilder helfen, Vorwissen zu aktivieren und durch übersichtliche Darstellungen zur Entlastung des Arbeitsspeichers beizutragen. Prozessinformationen lassen sich dagegen nur bedingt abbilden, zum Beispiel durch Pfeile und andere statische Symbole oder durch ‚Momentaufnahmen' von Abläufen. Hier könnte also die paradox erscheinende Situation entstehen, dass Bilder das Verstehen erschweren.

Dynamische Bilder eignen sich dagegen zur Darstellung sequenzieller oder kausaler Sachverhalte, aber nur solange dies nicht zu einer Reizüberflutung oder Ablenkung führt. Eine scheinbar problemlose Verständlichkeit der Lerninhalte mit Animationen führt nicht notwendigerweise zu einer intensiveren Auseinandersetzung mit den Inhalten. Der menschliche Wahrnehmungsapparat ist so ausgelegt, dass Bewegungen, Farbänderungen und Ähnliches automatisch die Aufmerksamkeit auf sich lenken. An der falschen Stelle oder mit der falschen Intensität eingesetzt, nehmen sie daher wichtige Aufmerksamkeitsressourcen von anderen essenziellen Verarbeitungsaufgaben weg. Eine schnelle Abfolge von Informationseinheiten verlangt zusätzliche Ressourcen und kann die Verarbeitung der eigentlichen Aufgabe sogar erschweren, zum Beispiel wenn sich der Lerner gerade auf eine andere Aufgabe konzentrieren muss. Daher muss die Präsentationsgeschwindigkeit von Bildinformationen der Verarbeitungsgeschwindigkeit angepasst sein. Diese Abstimmung kann durch Steuerungsmechanismen gewährleistet werden, mit denen ein Lerner auf die individuellen Lernbedürfnisse flexibel reagieren kann. Animationen sind auch dort eher effizient, wo die Lerner über das nötige Vorwissen zur Verankerung der neuen Information verfügen. Wo dies nicht der Fall ist, wird die präsentierte Information dagegen eher oberflächlich interpretiert und verhindert damit eine intensivere Auseinandersetzung. Die scheinbar leichte Verständlichkeit, die durch multimediale Animationen häufig suggeriert wird, behindert somit den Verstehensprozess. Relativ ungeeignet sind Animationen auch, wenn es um die Verarbeitung von Detailinformationen geht. Hier eignen sich eher statische Bilder oder gegebenenfalls auch bildlose Präsentationen.

Die Koordination von Bild und Text ist essenziell für eine Verarbeitungserleichterung. Ein zu früher, zu später oder zu intensiver Einsatz von Animationen kann von der eigentlichen Aufgabe stark ablenken und dem Lernen abträglich sein. Diese Effekte kann man leicht in Internetprogrammen erkennen, die mit Bannerwerbung und anderen Aufmerksamkeitsmitteln arbeiten und vom eigentlichen Fokus der Webseite ablenken (sollen). Die folgenden Illustrationen stammen dagegen aus einer Animation zur Erklärung der indirekten Rede im Deutschen. Sie ist bewusst schlicht und funktional gehalten und die Farbmuster und Bewegungen sind konsistent und kohärent aufeinander abgestimmt: zum Beispiel durch gleiche Farbgebung für das grammatische Phänomen und seine Begriffe (direkte Rede – grün, indirekte – rot, blau für unveränderte Sprache), dynamische Verschiebungen des Verbs an das Satzende und anderes (siehe auch Langacker 1999 zur Konzeptualisierung von Sprache).

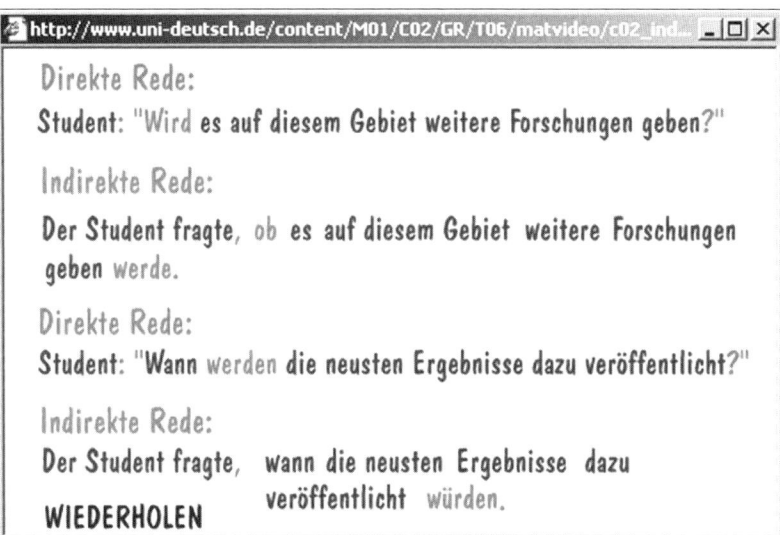

Direkte Rede:
Student: "Wird es auf diesem Gebiet weitere Forschungen geben?"

Indirekte Rede:
Wird   geben.
Der Student fragte, ob es auf diesem Gebiet weitere Forschungen

---

http://www.uni-deutsch.de/content/M01/C02/GR/T06/matvideo/c02_ind...

Direkte Rede:
Student: "Wird es auf diesem Gebiet weitere Forschungen geben?"

Indirekte Rede:
Der Student fragte, ob es auf diesem Gebiet weitere Forschungen geben werde.

Direkte Rede:
Student: "Wann werden die neusten Ergebnisse dazu veröffentlicht?"

Indirekte Rede:
Der Student fragte, wann die neusten Ergebnisse dazu veröffentlicht würden.

WIEDERHOLEN

Ausschnitte aus einer farbigen Grammatikanimation, die von Julja Scheller und einem Team für uni.deutsch.de entwickelt wurde.

Die folgenden Abbildungen illustrieren den Aufbau von Merkhilfen für japanische Schriftzeichen im Programm *Japanisch multimedial*. Sprache, grafische Mittel und Präsentationsgeschwindigkeit sind aufeinander abgestellt. Die Darstellung ist bewusst schlicht gehalten.

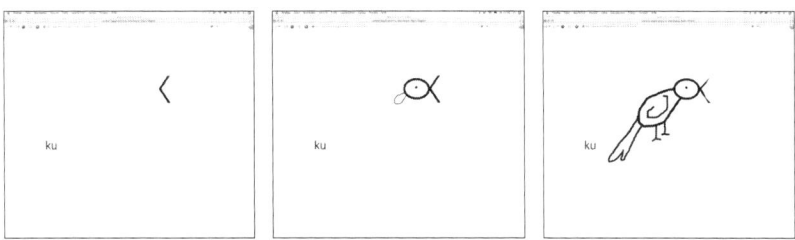

Dynamische Merkhilfe (,Eselsbrücke') bei der Vermittlung japanischer Schriftzeichen, hier am Beispiel des Hiragana für ,ku' aus dem Programm Japanisch multimedial – Für Alltag und Beruf (http://www.wirtschaftsjapanisch.de, siehe auch Rieder 2007 zu weiteren Erklärungen des japanischen Schriftsystems und zur Konzeption von Animationen).

Bei der Produktion japanischer Schriftzeichen spielt die Reihenfolge und Richtung, in der die Striche produziert werden, eine wichtige Rolle. Diese zeitlichen und räumlichen Dimensionen lassen sich in Animationen gut darstellen: Der Punkt in der folgenden Darstellung markiert die Bewegungen auf der darunterliegenden Folie des Zeichens und zeigt so Strichfolge und -richtung.

Schriftzeichenanimation zur Illustration von Schreibweise und Strichreihenfolge am Beispiel eines Kanji in Japanisch mutlimedial.

Autoren und Lehrwerksproduzenten gehen oft von der Annahme aus, dass Bilder an sich eine verständliche Sprache sprechen, so wie Musik eine internationale Sprache sei, und dass es besonders in der Landeskunde genügt, Zeichnungen oder Fotos von den Gegenständen der fremden Kultur abzubilden, um deren Bedeutung zu vermitteln. So werden Bilder, Grafiken, Karikaturen und andere Arten der Visualisierung bisher meist zu illustrativen Zwecken eingesetzt, die wenig Rücksicht auf die Wahrnehmungsgewohnheiten der Nutzer nehmen. In Wirklichkeit kann es aber durch leichtfertig verwendete Illustrationen aufgrund unvermittelter kulturspezifischer visueller Codes zu Kommunikationsproblemen kommen (hierzu ausführlicher Roche/MacFadyen 2004). Als Zeichensysteme werden Texte und Bilder nämlich vor dem Hintergrund kultureller Wahrnehmungsmuster interpretiert. Auch die Wahrnehmung von Bildern ist somit keinesfalls kulturfrei. Die umfangreichen Materialien der LIFE-Reihe (Hölscher/Hunfeld 2001) vertiefen das Thema für den interkulturellen Fremdsprachenunterricht in vielen Unterrichtsformaten und für verschiedene Altersstufen.

1.2.7.3 Interkulturalität und Medien

Die Nutzung der elektronischen Medien ist in kultureller Hinsicht auch technisch nicht indifferent, wie es die internationale Uniformität der Hard- und Software leicht vorspiegelt. In Wirklichkeit ist die Mediennutzung vom Design von Geräten bis hin zur Entwicklung bestimmter Lernsoftware stark von kulturell geprägten Annahmen zur Informationsverarbeitung und zum Wissenserwerb abhängig.

Wie alle anderen Technologien ist das Internet an erster Stelle ein soziales Produkt, und alle sozialen Produkte stehen unter dem Einfluss kultureller Werte ihrer Produzenten (Castells 2001 in Reeder et al. 2002). Die Entwickler des Internets waren zum größten Teil angloamerikanische Ingenieure und Wissenschaftler, die „schnellen und unbeschränkten Zugang zu gleich gesinnten Menschen suchten" (Anderson 1995:13) und deren Wertesystem und Berufskultur individualistisches und offensives Wettbewerbsverhalten fördern.

Darüber hinaus spielen in ihren Kulturen Geschwindigkeit, Reichweite, Offenheit, schnelle Reaktion und Informalität in der Kommunikation eine ausschlaggebende Rolle. Auch in einer Untersuchung eines kanadischen Online-Programms (Reeder et al. 2004 und Chase et al. 2002) stellen die Autoren und Autorinnen ähnliche Einflüsse im Design fest. Sie bemerken ferner, dass auch weitverbreitete Lernplattformen wie WebCT auf gleichen kulturspezifischen Annahmen aufbauen. Es existiere also eine unsichtbare Internetkultur, die jedoch bei genauem Hinsehen deutlich die kulturellen Werte ihrer Entwickler erkennen lasse.

Die genannte Untersuchung umfasst ferner eine eingehende Analyse der Kommunikation in einem interkulturellen Online-Kurs. Sie zeigt, wie innerhalb dieses Kurses kommunikative kulturelle Werte explizit sowie implizit durchgesetzt werden. Die implizite Umsetzung dieser Werte geschieht unter anderem mittels der technischen Infrastruktur des Kurses, beispielsweise durch ein Diskussionsforum, das öffentliche Beiträge und Antworten zur Voraussetzung macht und damit bestimmte Kommunikationsformen unreflektiert übernimmt. Die Kommunikationskultur des Internets im Allgemeinen und die des Online-Kurses im Spezifischen werden gleichzeitig explizit durch direkte Anweisungen, Aussagen und Forderungen von Kursleiterinnen und einigen Lernenden eingefordert. Insofern ist es nicht verwunderlich, dass Teilnehmerinnen und Teilnehmer aus anderen Lernkulturen große Schwierigkeiten mit dem beobachteten Kurs und mit Lernplattformen dieser anglo-amerikanischen Prägung haben.

Kulturelle Differenzen im Kommunikationsverhalten machen sich also nicht nur im Kursdesign und seiner Umsetzung bemerkbar, sondern zeigen sich auch in der Art und Weise, wie individuelle Teilnehmer Online-Kurse nutzen. So stellt die genannte kanadische Studie fest, dass bezüglich der Präsentation der eigenen Person, das heißt in den Beiträgen der Teilnehmer zur Selbstvorstellung, und in ihren Vorstellungen über Identitätskonstitution große strategische Unterschiede innerhalb der multikulturellen Gruppe bestehen. Hierzu schreibt eine kanadische Lernerin südasiatischer Herkunft:

This is Sara Nitzan from Montréal, Quebec. I have lived here since 1971, but was born and raised in Bombay, India. My family comes from the former Portuguese colony of Goa in India. I am married with 2 children who are now young adults …

Diese Teilnehmerin identifiziert sich primär über die Zugehörigkeit zu einer nationalen/kulturellen Gruppe und in Bezug auf ihre Familie. Die gleiche Aufgabe löst eine englischsprachige, in Kanada geborene Kanadierin durch eine eher individuell fokussierte Einleitung:

… My name is Batsheva Carmela … My job is Program Coordinator of the International programs Office in the Faculty of commerce at [a Canadian university]. We run training programs for government officials, managers, administrative personnel, etc. from (mostly) China, take care of visiting scho-

lars who come to study for shorter periods of time, help organize summer programs to other countries for undergraduate students … On a personal side, I have a degree in History (Business minor) from Wilfred Laurier University …

Diese Teilnehmerin identifiziert sich in erster Linie anhand ihrer beruflichen Rolle und Laufbahn sowie ihrer akademischen Qualifikationen und Leistungen. Die Ursachen für das unterschiedliche Verhalten der Teilnehmerinnen liegen möglicherweise in der Angespanntheit und Angst als Sprecher, die sich nicht gut kennen oder unsicher sind (vgl. Gudykunsts Anxiety/Uncertainty Management Theory 1995). Diese Angst oder Unsicherheit muss aber auch in den elektronischen Medien in irgendeiner Form behandelt und darf nicht übergangen werden.

Schlickau (2007 und 2001) stellen aufschlussreiche Studien zu der Problematik interkultureller Kommunikation über die elektronischen Medien im Fremdsprachenunterricht dar. Mit den Aspekten der interkulturellen Sprachdidaktik setzen sich unter anderem Roche (2001), Reeg (2006), Bredella (2002) und Hunfeld (2004) intensiv auseinander. Hufeisen (2002) und Eßer (1997) befassen sich exemplarisch mit kontrastiven Textsortenanalysen, Kühn (2006) besonders mit Aspekten der interkulturellen Semantik.

1.2.7.4 Textualität als Verarbeitungsprozess

Unter ‚Texten' versteht man in der Regel (satzübergreifende) Strukturen, die eine bestimmte Kohärenz aufweisen, bestimmten Kriterien der Intentionalität, Akzeptabilität, Informativität, Situativität und Intertextualität entsprechen und durch Kohäsionsmittel mehr oder weniger deutlich verbunden sind. Die Textlinguistik beschäftigt sich eingehend mit den Aspekten der Textualität und liefert die nötigen Analyseinstrumente (vgl. Fix 2001 et al., Adamzik 2004, Weinrich 2005). Die sprachlichen Mittel alleine konstituieren jedoch keinen Text: Texte entstehen beim Leser oder Hörer. Er hat die Aufgabe, Kohärenz zu schaffen, das heißt, aktiv Sinn zu generieren. Dazu muss er auf zwei Ebenen aktiv sein: Er muss zunächst sich wiederholende Elemente durch deren textuelle, sprachliche und metasprachliche Signale (wie sie etwa in Synonymen, Pronomen und expliziten Anweisungen vorliegen) analysieren und sinnstiftend zusammenfügen. Dies geschieht vor allem durch vorwärts und rückwärts gerichtete Signale. In einer ähnlichen Weise muss der Leser/Hörer eine hierarchische Integration von Konzepten und Referenzen leisten. Dazu muss er auch auf nicht-versprachlichte Referenzen der Kommunikationssituation achten (etwa Ellipsen und deiktische Ausdrücke) und Strukturvorgaben von Textsorten berücksichtigen.

Verstehen ist also ein aktiver Prozess, der in mehreren Dimensionen stattfindet und damit an die offenen Textstrukturen von Hypertexten erinnert. Hypertexte und Verstehensprozesse ähneln sich so stark, dass man versuchen kann, sie für bestimmte Aufgaben und didaktische Ziele nutzbar zu machen. Das ist mit dem **Prinzip der kognitiven Plausibilität** versucht worden (vgl. Hendrich 2003, Bromme/Stahl 2002, McClelland/Rumelhart 1996, Kuhlen 1991, Nelson 1987).

Hypertexte zeigen, dass Texte keine linearen Konstrukte sind, sondern in Wirklichkeit aus vielfältigen Verzweigungen bestehen. Wörterbücher, Enzyklopädien, Konferenzprogramme, Fahrpläne und Kochbücher und andere Referenzmaterialien sind Hypertexte. Elektronische Hypertexte illustrieren aber in besonders deutlicher Weise den Prozesscharakter von Texten: Ohne die aktive, sinnstiftende Intervention des Lesers durch Klicken, gezieltes Suchen und bewusstes Hinzuschalten von Quellen entsteht kein Text. Damit modellieren sie, was unser Gehirn im Prozess des Verstehens intern leisten muss, um Textualität zu generieren.

Am Beispiel des Hyperfiction-Kapitels in *uni-deutsch.de* lassen sich die Prozesse der Entstehung von Textualität besonders gut illustrieren, weil Literatur immer auf den Leser als den eigentlichen Textschöpfer baut (Rezeptionsästhetik, vgl. Ahrens 2006, Sauer 2004, Nolden/Kramsch 1996). Das Kapitel ist von Marika Schwaiger und einem ganzen Team von Autoren, Webdesignern und Programmierern entwickelt worden. Es enthält insgesamt drei Unterkapitel, von denen hier nur das zentrale zum Text von Romana Brunnauer ‚Zwei Tote?' zur Illustration behandelt werden soll. Dieses Unterkapitel ist in fünf Teile unterteilt und besitzt darüber hinaus eine historische Einheit zum Thema ‚Leben in der Stadt'. Die weiteren Einheiten heißen ‚Nacht in der Stadt', ‚Miete', ‚Das Rätsel', ‚Des Rätsels Lösung' und ‚Die Mieter'.

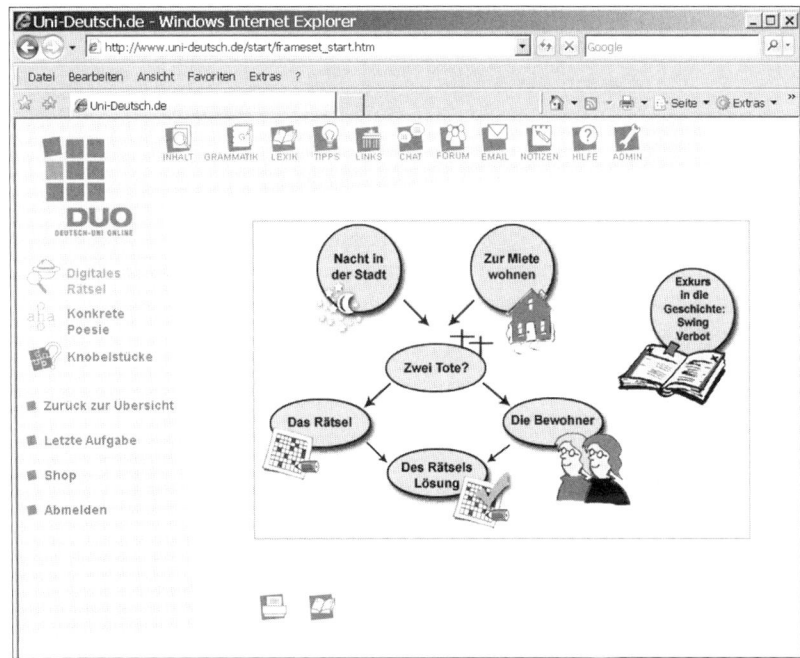

Die Eingangsseite zum Hyperfiction-Kapitel 2 ‚Tote?' in uni-deutsch.de

‚Nacht in der Stadt' nimmt das Thema aus einer Sicht auf, die den Lesern gut vertraut sein müsste: Man liegt früh morgens oder spät abends bei offenem Fenster im Bett, hört verschiedene Geräusche der noch schlafenden Stadt, darunter auch welche, die einem seltsam vorkommen. Diese Geräusche aktivieren nun die Fantasie, vielleicht auch die Angst des Lesers.

Der Tag beginnt: Startseite des Rätsels im Hyperfiction-Kapitel von uni-deutsch.de

Je nach Interesse oder Absprache kann der Leser aber auch bei jedem anderen Einstieg beginnen, zum Beispiel bei dem Thema ‚Zur Miete wohnen'. Hierüber bekommt er einen alltagsbezogenen, nicht-fiktionalen Anknüpfungspunkt für sein Wissen geboten. Dabei werden wichtige Aspekte aufgegriffen (Mietrecht, Mietordnung, Schilder, Verträge und so weiter), die im Rätsel selbst später wieder eine Rolle spielen werden.

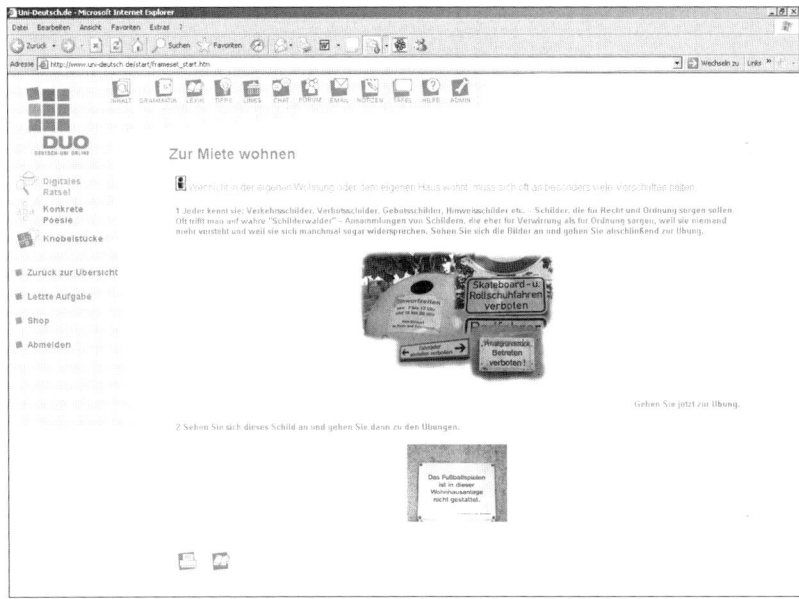

Zur Miete wohnen: Eingangsseite zum Thema 'Miete' des Hyperfiction-Kapitels von uni-deutsch.de

Im Kapitel ,Mieter' werden weitere, konkrete Informationen zu den vier Parteien des Hauses gegeben. Dazu gehören Hinweise zum Zustand des Mietshauses, zu den Plänen für eine Renovierung und den damit verbundenen Problemen für die Mieter, eine neue Wohnung zu finden. Auch das Thema des Besitzerwechsels spielt dabei eine zentrale Rolle.

Im Rätsel schließlich tauchen viele der in den anderen Teilen vorhandenen Informationen in verschiedenen Mosaikteilen wieder auf, aber man muss nicht alle Informationen zum Verständnis des Textes haben, um das Rätsel lösen zu können. Die Leseaufgabe, die detektivische Arbeit der Rekonstruktion der Ereignisse, die zum vermeintlichen Tode von zwei Bewohnern führen werden, wird dadurch aber viel spannender, denn manche Hinweise ergeben erst Sinn durch ihren Bezug auf andere Elemente des Textes. Diese Aufgabe der Sinngenerierung ist vom Leser explorativ selbst zu leisten. Hierfür hat er verschiedene Hilfen, wie zum Beispiel eine eingeblendete Uhr, Übungen und lexikalische, grammatische und landeskundliche Ressourcen online. Er kann sich gegebenenfalls auch der anderen bildlichen, literarischen oder alltagsbezogenen Zugänge zum Thema nachträglich bedienen oder sich von Spuren und Vermutungen leiten lassen und entsprechend in den verschriftlichten Gesprächen gezielt nach weiteren Hinweisen für seine Hypothesen suchen. Erst dadurch entstehen aus einer scheinbar unverbundenen Sammlung von Informationen Sinn und Text.

Rätselkombination: Spurensuche über verschriftlichte Dialoge im Hyperfiction-Kapitel von uni-deutsch.de. Die Gespräche können in beliebiger Reihenfolge und unter Nutzung weiterer Ressourcen kombiniert und ausgewertet werden.

1.2.7.5 Konsequenzen für den Unterricht

Zu den Vorteilen von elektronischen Hypertext-Programmen wie dem genannten Hyperfiction-Kapitel gehört also, dass sie Verstehensprozesse transparent und besser akzeptierbar machen und daher grundlegende Möglichkeiten für die Vermittlung von Strategien zur Erschließung von Informationsquellen schaffen. Dem Fremdsprachenlerner bieten sich dabei indirekte Hilfen der Text- oder Sinnerschließung. Hyperfiction-Texte wie der gezeigte bestehen aus Modulen unterschiedlicher Komplexität. Sie können wegen dieser unterschiedlichen Komplexität und wegen des unterschiedlichen Wissensstandes und der unterschiedlichen Interessen flexibler an die Vorkenntnisse der jeweiligen Lerner anschließen. So können Lerner im Prinzip leichter als bei anderen Textsorten ihren Zugang zum Text finden. Sie können hier zum Beispiel eher vom Spezifischen zum Allgemeinen oder umgekehrt vorgehen, oder sie können sich eher vorstrukturiert und geleitet oder explorativ-offen Zugang verschaffen. Dabei haben sie schon im Programm eine Reihe von Ressourcen, die ihnen dabei helfen und sie darüber hinaus anleiten und ermuntern, selbstständig weiter zu lernen. Außerdem weisen diese Texte auch eine Reihe authentischer vertikaler und horizontaler Redundanzen auf, die man im traditionellen Unterricht mit viel Aufwand generieren müsste. Aufgaben und Übungen sowie andere didaktische Strukturen und Navigationsangebote liefern wichtige Hilfestellungen, die der Lerner nach individuellem Bedarf nutzen kann. Die hiermit vermittelten Techniken und Strategien lassen sich auf andere Texte und Lerninhalte erst rezeptiv und später auch produktiv übertragen. Die visuellen und auditiven Parallelinformationen können bei guter Koordinierung der Inputkanäle verständnisfördernd eingesetzt werden. Ihre Verarbeitung wird aber nicht in jedem Falle die Aufgaben erleichtern, sondern in einigen Fällen auch neue Verarbeitungsaufgaben verlangen (vgl. auch Hallet 2002 und Müller-Hartmann 1999).

Interaktive Hypertexte wie die genannten Hyperfiction-Texte können im Fremdsprachenunterricht also folgende Funktionen erfüllen:

- **Bedeutungskonstruktion** ist kein linearer Vorgang von links nach rechts. Sie geschieht zum einen durch die Wahrnehmung äußerer Stimuli, zum anderen, und vor allem aber, durch kognitive Konstruktionsprozesse (Assoziationen, Inferenzen etc.). Demnach ist auch der physiologische Prozess der Informationsaufnahme, also des Lesens (und Hörens), kein einfacher Ablauf von links nach rechts. Hypertexte legen diese natürlichen Prozesse des Lesens und der Sinnkonstitution offen. Sie sind damit ein exzellentes didaktisches Mittel.
- Hypertexte verweisen auf grundsätzliche Elemente der **Textualität** unabhängig von der Medialität der Textsorte. Auch damit machen sie Textproduktionsprozesse für Leser und Lerner transparent.
- Hypertexte erlauben und erfordern die Vermittlung neuer **Schlüsselkompetenzen** im Umgang mit den elektronischen Medien, wie sie in Lehrplänen zunehmend gefordert werden (Bedienung, Ressourcenerschließung, Werkzeugcharakter).
- Hypertexte sind **authentisch** im Sinne der modernen kommunikativen Sprachdidaktik.
- Elektronische Hypertexte werden am besten in Online-Lernprogrammen **medienadäquat** verwendet, weil es hier technisch am einfachsten möglich ist, eine entsprechend reiche, authentische und offene Leseumgebung zu schaffen.
- Bild und Sprache lassen sich in elektronischen Hypertexten ideal **verstehensfördernd** einsetzen und koordinieren. Sie beinhalten damit natürliche didaktische Elemente.
- Als interaktive Gattung kommen Hypertexte den Forderungen der Sprachdidaktik und der Lernpsychologie insofern entgegen, als sie sprachlich einfacher verwertbare Strukturen bereitstellen können und dennoch gleichzeitig das natürliche Interesse der Lerner an Entdeckung und kreativen Strukturen explizit einfordern und üben. Dies kann auch zum **selbstständigen** Weiterarbeiten wie dem Verfassen eigener Texte führen.
- Mit Hypertexten lassen sich verschiedene **Lernertypen** und sprachliche **Lernniveaus** ansprechen, da mit ihnen mit methodischer Leichtigkeit zwischen gesteuerten Unterrichtselementen und Verfahren offenen Lernens vermittelt werden kann. Sie sind also lerneradaptiv.
- Die Offenheit von Hyperfiction-Texten ermöglicht **kreative Interpretationen** durch den Leser gerade vor ihrem kulturspezifischen Hintergrund. Daher eignen sie sich besonders für einen interkulturell ausgerichteten Sprachunterricht.

- Sie geben Lernern eine **starke Autonomie** über ihren Lernprozess und motivieren durch ihre (vordergründige) Unvollständigkeit.

- Hyperfiction stellt eine neue Gattung dar, möglicherweise auch eine literarische Gattung, die jüngeren Lesergenerationen leichter zugänglich ist als die traditionelle Unterrichtsliteratur, weil sie ihren **Rezeptionsbedingungen** entgegenkommt (Kleinschrittigkeit, Bild- und Textanimationen, ‚Klickability‘). Hierdurch wird unter Umständen Interesse für andere Textsorten geweckt: höhere Akzeptanz von neuen Textsorten, leichterer Einstieg auch in literarische Texte, frühere Produktion eigener Texte.

- Der Umgang mit Hypertext-Strukturen verlangt gewisse Vorkenntnisse und die Fähigkeit zum selbstständigen Arbeiten. Spiro/Jehng (1990) argumentieren daher, dass sich Hypertextsysteme besonders für das Arbeiten in **wenig organisierten Bereichen der Wissensvermittlung** eignen, nicht so sehr in der Vermittlung von grundlegenden Kenntnissen und Fertigkeiten. Für die Bearbeitung von Hypertexten wird eine gewisse kognitive Flexibilität vorausgesetzt.

1.3 Lernplattformen

Lernen im Internet erfolgt heute über mehr oder weniger umfangreiche elektronische Lernplattformen, die sich historisch aus **Content Management Systemen** (CMS) oder **Learning Management Systemen** (LMS) entwickelt haben. Während bei den CMS die Erstellung, Verwaltung und Bearbeitung von Lerninhalten im Mittelpunkt stehen, geht es LMS primär darum, die elektronisch unterstützten Lernprozesse zu fördern und zu verwalten, zum Beispiel durch das Strukturieren eines Lernplans, das Nachzeichnen von Lernaktivitäten, Erfolgskontrollen und dergleichen. Die Entwicklung der Lernplattformen kann man mit Hampel (2007) in vier Phasen nachzeichnen: eine Phase 0, in der das rezipierende Lernen weitestgehend passiver Inhalte über statische Webseiten oder geschlossene CD-ROMs im Mittelpunkt stand; eine Phase 1, die durch eingeschränkte Formen der Selbstorganisation von Inhalten und Nutzerstrukturen gekennzeichnet ist (beschränkte Auswahl von Kurskomponenten und Möglichkeiten der Annotation mit zentraler Administration); einer Phase 2, in der eine moderne Kompatibilität mit anderen Lernplattformen und Systemen angestrebt wird (offene Standards); und einer Phase 3, in der sich nun die auch in Phase 2 noch geschlossenen oder vorstrukturierten Plattformen zu serviceorientierten Dienste-Infrastrukturen entwickeln. In dieser sich derzeit entwickelnden Plattformgeneration stehen Interoperabilität, Vernetzbarkeit, Selbstorganisierbarkeit und Kontextualisierbarkeit als Ziele im Vordergrund, lassen sich aber nicht leicht realisieren. Angesichts der Vielfalt von Generationen und Lösungen wird der Begriff ‚Lernplattform‘ mittlerweile weit gefasst verwendet. Über die didaktische Qualität des Materials, des Programmes oder der Plattform sagt er nichts aus. Lernplattformen bieten in Bezug auf Inhalte und elektronische Kommunikationskanäle mittlerweile fast alles, was sich auch im oder für den Präsenzunterricht einsetzen lässt: Präsentationssysteme wie *Power Point,* Textverarbeitungssysteme, Autorenwerkzeuge zur Erstellung von Lehrmaterialien, Archive und Tafeln. Einige Funktionen können über e-Plattformen einfacher realisiert werden als im Präsenzunterricht: zum Beispiel die Archivierung von Lernerarbeiten und Korrekturen, die Lernerverwaltung sowie die Inhaltsverwaltung und -aufbereitung. Nur wenige e-Plattformen bieten Autorenwerkzeuge zur Erstellung aller kommunikativen Aufgaben für den handlungsbezogenen Fremdsprachenunterricht und elektronisch vermittelte Kommunikationsmöglichkeiten für die Interaktionsanforderungen des kommunikativen Unterrichts. Da Plattformen auch im Präsenzunterricht verwendet werden können, ist räumliche Distanz nur ein sekundäres Merkmal für die Nutzung solcher Plattformen.

Zu den wichtigsten Komponenten von Lernplattformen gehören:
- **Autorenwerkzeuge** zur einfachen Erstellung von Inhalten (Authoring Tools)
- **Inhaltsverwaltungssysteme** (Content Management Systems)
- **Interaktive Tafeln** mit Ton und Bild (Virtuelles Klassenzimmer, Whiteboard)
- **Kommunikationskanäle** (Mail, Chat, Foren, BLOGs, ICQs, MUDs, MOOs)
- **Lernerverwaltungen** (Learner Management Systems)
- **Präsentationssysteme** zur Verwaltung von virtuellen Lehrveranstaltungen wie Vorträgen, Vorlesungen (Presentations Systems)
- **Textverarbeitung** (Texteditoren, Text Processing)
- **Ressourcen, Werkzeuge** und **Links** (Resources, Tools, Links)
- **Werkzeuge für natürliche Sprachverarbeitung** (Spracherkennung, tutorielle Systeme, Natural Language Processing)
- **Administrationwerkzeuge** (Zugangsrechteverwaltung, Klasseneinrichtung)

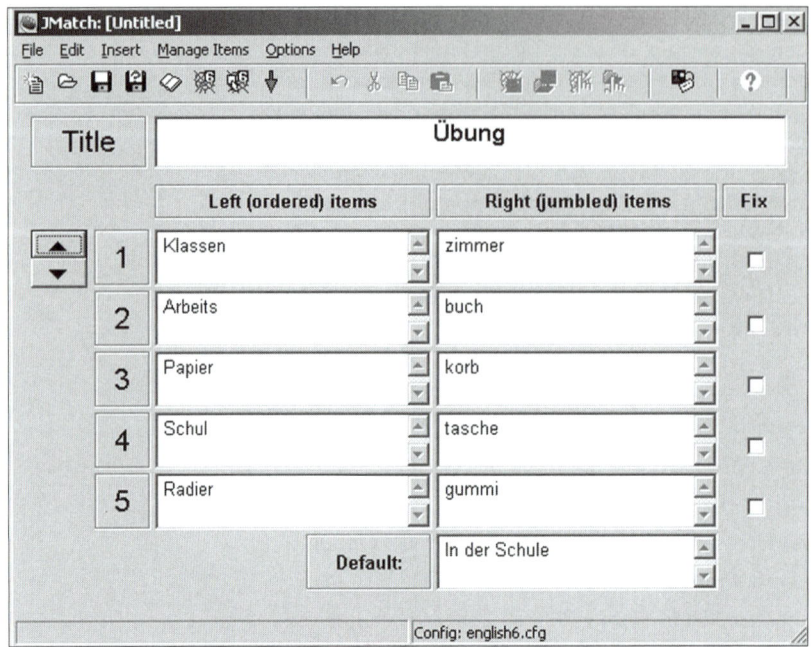

Das kanadische Autorenwerkzeug hot potatoes ist eine frei verfügbare Autorensoftware zur Erstellung webbasierter, interaktiver Übungen (http://www.hotpotatoes.de).

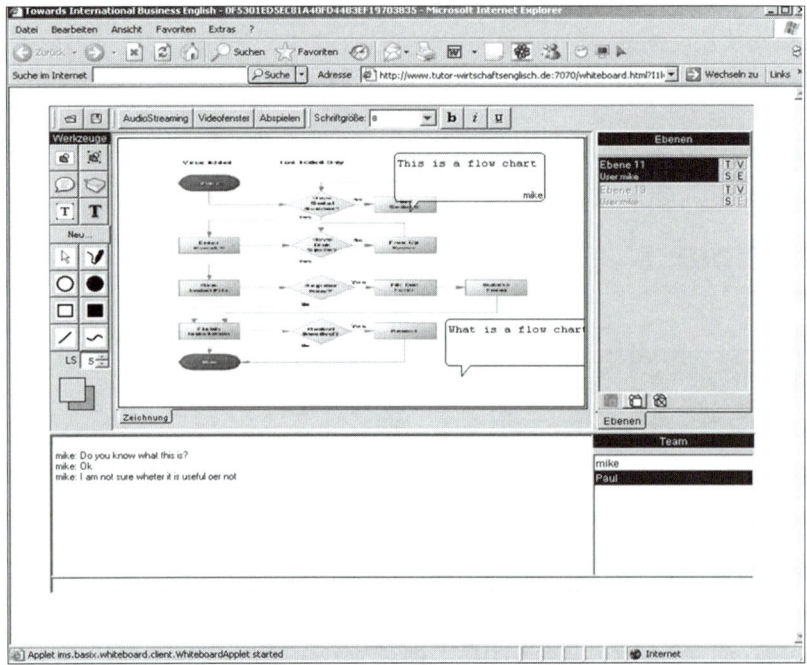

Interaktive Tafel aus dem Programm Towards International Business English mit vorbereiteten Folien mit weiteren Bearbeitungsfunktionen, Editor, Ebenenverwaltung, Chat und Klassenanzeige (Team)

Virtuelle Klassenverbände können mit einer interaktiven Tafel wie der aus *Towards International Business English* die wesentlichen Kommunikationsformen des Präsenzunterrichts elektronisch darstellen: Teilnehmer können an die Tafel gerufen werden oder in Gruppenarbeit Aufgaben bearbeiten. Dafür stehen Bedienungsfunktionen, Chat, Archive mit abgespeicherten Materialien und Unterrichtssequenzen, Textverarbeitungsfunktionen und weitere Instrumente zur Verfügung. Bild- und Tonübertragungen ergänzen dieses virtuelle Klassenzimmer.

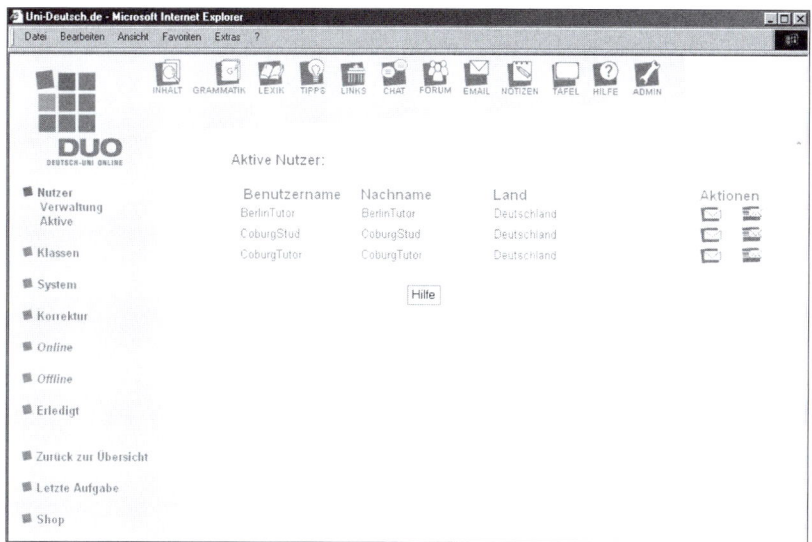

Komplexe Lerner- und Aufgabenverwaltung in uni-deutsch.de mit verschiedenen Administrationsrechten (linke Spalte)

Je nach Bedarf können Lehrerinnen und Lehrern Administrationsebenen zugewiesen werden. Das schließt die Verwaltung ihrer Klassen, die Möglichkeit der Einrichtung von eigenen Chats und Foren, das Durchführen von virtuellen Beratungsstunden und die Aufgabenkorrektur und -archivierung ein.

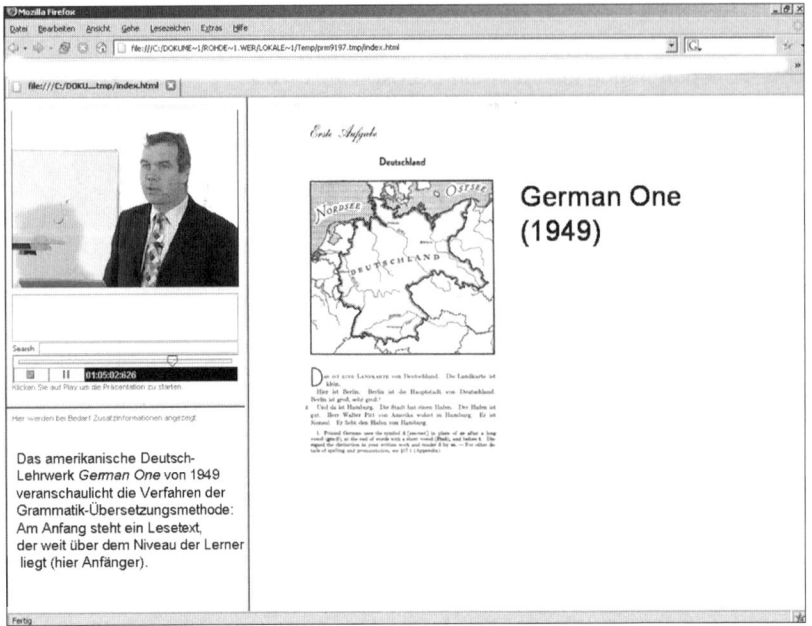

Abbildung einer virtuellen Vorlesung zum Thema Spracherwerb mit Vorlesungsmitschnitt, transkribiertem Text mit integrierter Suchfunktion und zusätzlichem Ressourcenfeld für Folien und Ähnliches aus dem Weiterbildungsprogramm ‚Grundlagen und Konzepte des DaF-Unterrichts'
(Fernlehrgang der Ludwig-Maximilians-Universität München in Verbindung mit dem Goethe-Institut)

Wie man diese Funktionen in Programmen einsetzen und nutzen kann, wird weiter unten genauer dargestellt. Zu weiteren Merkmalen von Plattformen und Darstellungen verschiedener Lösungen siehe unter anderem Bauer (2007), Schulmeister (2005 und 2002), Rösler (2004), Baumgartner/Häfele/Maier-Häfele (2004 und 2002), Kerres (2001), Strittmatter/Mauel (1997) und Baumgartner (1997).

1.4 Nachhaltigkeit der Entwicklung von Lernprogrammen – Ein Exkurs aus der Entwicklerperspektive

1.4.1 Konzeptuelle Nachhaltigkeit

Medienentwicklungen sind in der Regel aufwendig, langwierig und kostenintensiv und sie verlangen intensive Pflege und Weiterentwicklung, wenn sie nicht zu kurzlebigen Konserven verkümmern sollen. Arnold et al. (2004: 253ff.) beziffern die Entwicklungskosten für ein Studienmodul der Virtuellen Fachhochschule für Technik, Informatik und Wirtschaft (VFH) im Umfang von 4 Semesterwochenstunden (SWS) auf circa € 200.000 und die Wartung und Pflege auf jährliche Kosten von etwa € 50.000. Hinzu kommen noch Kosten für die

Kursabwicklung, die tutorielle Betreuung und die Weiterentwicklung des Kursmaterials. Organisationen, wie etwa die Hochschulrektorenkonferenz (HRK 2003), setzen noch größere Investitionssummen an. Allein für die De-ckung der laufenden Kosten müssten demnach 7000 bis 8000 Studierende pro Studienmodul eingeschrieben sein, damit ein Kostenvorteil der virtuellen Lehre gegenüber der Präsenzlehre eintreten könne – die Entwicklungskosten und die nötigen Differenzierungen der Studieninhalte noch nicht eingeschlossen (Uhl 2003:169, vgl. auch Schulmeister 2001). Förderorganisationen verstehen zwar die Notwendigkeit von Investitionen, aber nicht unbedingt auch das Ausmaß an Mitteln für Wartung und Weiterentwicklung. Die Förderungspraxis bei Forschungs- und Entwicklungsprojekten will es daher meist so, dass die Entwicklungsphasen und Grundlagen von Projekten zwar detailliert zu rechtfertigen sind, aber vergleichsweise wenig Aufmerksamkeit auf die Nachhaltigkeit der Entwicklungsarbeit verwendet wird. Das führt unter anderem dazu, dass aufwendige und gelegentlich auch gut konzipierte Entwicklungsprojekte entweder nicht fertiggestellt werden können, weil die Mittel doch nicht ausreichen oder aber bei Projektende über keine Möglichkeiten der Verstetigung verfügen.

Nachhaltigkeit lässt sich in zwei Dimensionen fassen: Zeit und Reichweite. Dementsprechend kann man verschiedene Arten von Verstetigungsstrategien und -interessen definieren: Sie können kurzfristig sein (dann spielt Nachhaltigkeit eigentlich keine Rolle), mittelfristig oder langfristig. Zudem haben sie lokale (unmittelbare), regionale (etwa auf zwei Partner oder einen Verbund ausgerichtete) und transregionale Reichweiten, die vielfältige Aspekte und Partner betreffen.

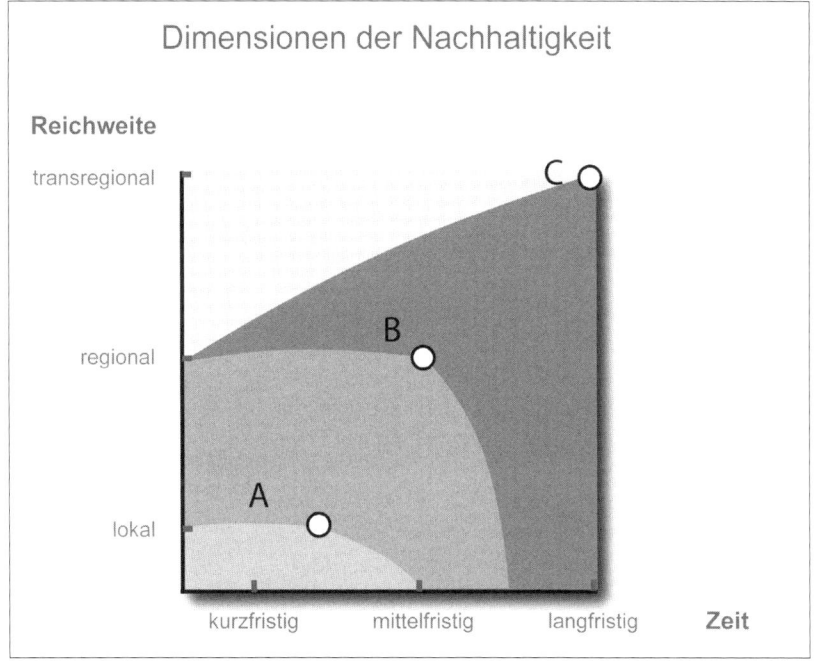

Dimensionen der Nachhaltigkeit

Reichweite

transregional

regional

lokal

kurzfristig   mittelfristig   langfristig   **Zeit**

Die zwei Dimensionen von Nachhaltigkeit, mit denen die Verstetigung von Softwareentwicklungen erfasst werden kann: Zeit und Reichweite. A symbolisiert ein lokales Projekt für einen spezifischen Kurs, B einen regionalen (landesweiten) Verbund, C ein international angelegtes Projekt, das gleichzeitig regionale und lokale Interessen bedienen kann.

Eine Erweiterung der Reichweite auf die Erreichung der kritischen Masse lässt sich nur durch eine Differenzierung des Angebots und eine Ausweitung auf andere (soziale) Nutzergruppen erzielen, etwa über die Fort- und Weiterbildung oder über die Überschreitung institutioneller Grenzen. Meist lassen sich lokale Interessen sehr gut über regionale und transregionale Verstetigungsziele gut bedienen, weil diese in der Lage sind, die ausreichenden Mittel und Ressourcen (kritische Masse) zu generieren, von denen die lokale und unmittelbare Nutzung profitieren kann.

Mittel- und langfristige Nachhaltigkeitsperspektiven entwickeln sich am besten, wenn die Zeit- und Reichweitendimensionen von Anfang an in die Projektkonzeption einfließen (**Konzeptionsphase**). Langfristigkeit in der Konzeption bedeutet dabei:

- eine klare Vorstellung von der Mehrwerterzielung durch das entwickelte Programm,
- professionelle Qualität der Entwicklung,
- Transferierbarkeit der Ergebnisse in andere Kontexte,
- technische, fachliche und mediendidaktische Offenheit und Lebendigkeit des Programmes (Stichwort ‚lebendes Programm'),
- Flexibilität für Einsatz und Adaptierbarkeit des Programmes,
- Wartungsfreundlichkeit und Stabilität,
- Nutzerfreundlichkeit,
- (weitestgehende) technische Kompatibilität mit gängigen und zukünftigen Lösungen,
- Rechtesicherung für einen dauerhaften Regelbetrieb,
- adäquate Lehrerbildungskonzepte inklusive der Weiter- und Fortbildung,
- Beachtung potenzieller Kunden und Geschäftsmodelle und spätere Differenzierungsmöglichkeiten nach den Interessen möglicher Nutzer,
- Entwicklung der Infrastruktur zum Betrieb des Programms,
- systematisches Qualitätsmanagement und Forschung.

In einer zweiten Phase, der **Entwicklungsphase**, geht es darum, die Kriterien zielstrebig umzusetzen, etwa bei der Begutachtung verfügbarer technischer Lösungen, bei der Auswahl von Mitarbeitern und Partnern, bei der Strukturierung von Evaluationsphasen und der Beteiligung adäquater Versuchsgruppen, bei der Terminplanung und der Budgetierung. Daraus ergibt sich, dass bereits frühzeitig die dritte Projektphase einsetzen muss, nämlich die **formative Evaluation**. Hier geht es darum, bereits vor der Fertigstellung der Projekte die Nutzbarkeit durch die Zielgruppen zu überprüfen und wo nötig Anpassungen vorzunehmen. Eine vierte Phase schließt sich an, die Ausarbeitung und Erprobung von **Geschäftsmodellen** mit verschiedenen Kundenkreisen, und schließlich, in einer fünften Phase, der **Regelbetrieb**. Auch dieser Regelbetrieb setzt ein ständiges und solides Qualitätsmanagement voraus, dessen Ergebnisse kontinuierlich in die Programmentwicklung zurückzuführen sind. In der Phase des Regelbetriebs muss sich ein Programm in Bezug auf die Nachhaltigkeit bewähren. Beide Ebenen, die Entwicklungs- und die Verstetigungsebene, sind in folgendem Diagramm abgebildet.

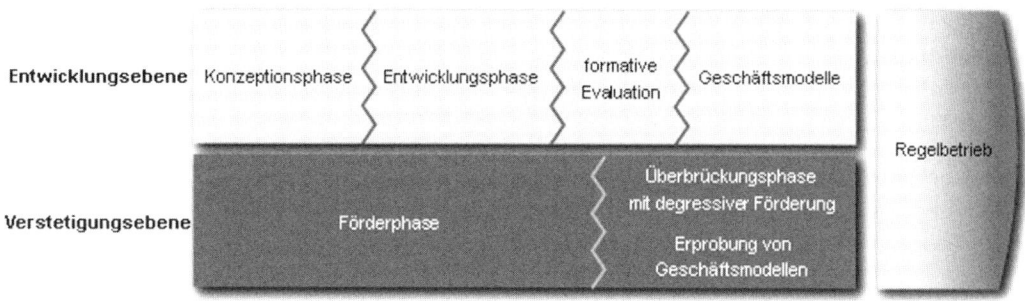

Übersicht über die verschiedenen Phasen der Entwicklung und Verstetigung von Sprachlernprogrammen

Der Evaluationsprozess kann dabei nach Hartwig et al. (2002) folgendermaßen abgebildet werden (zitiert nach Arnold et al. 2004:210).

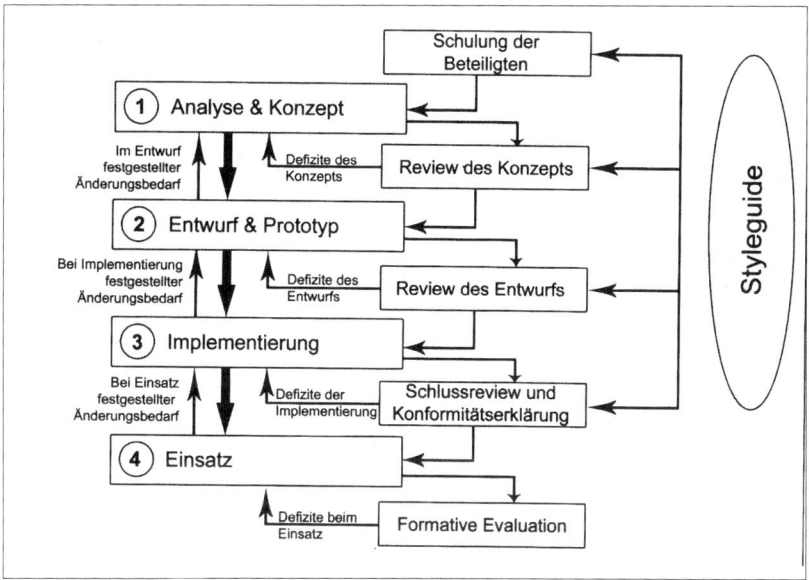

Der Reviewprozess bei der Produktion virtueller Studienmodule nach Hartwig et al. 2002

1.4.2 Mehrwerterzielung und Nachhaltigkeit

Gute Medienentwicklungen sind in vielerlei Hinsicht aufwendig, nicht zuletzt in Bezug auf finanzielle Investitionen und die nötige Arbeitszeit. Außerdem bedarf es oft eines nicht zu unterschätzenden Aufwandes in der Lehrerfortbildung, um neue Verfahren, Materialien und Instrumente in den Unterricht einzuführen. Um derartige Investitionen zu rechtfertigen, bedarf es belastbarer Argumente, in denen die Erzielung von Mehrwerten gefunden werden kann.

Wo immer der erwartete Mehrwert liegt, ohne eine klare Vorstellung von der Mehrwerterzielung durch das entwickelte Programm kann keine auf Nachhaltigkeit ausgelegte Konzeption der Programminhalte, ihrer Mediendidaktik und ihrer Realisierbarkeit über die Projektförderdauer erfolgen. Die Professionalität des Produktes ist dabei von den Einsatzzielen abhängig: Selbstverständlich gibt es dafür auch mehr oder weniger fertige digitale Werkzeuge, die sich mit wenig Aufwand für eine Reihe von Zwecken einsetzen oder adaptieren lassen. Auch gibt es mit viel oder wenig Aufwand hergestellte Eigenentwicklungen, die etwa als Shareware großen Nutzen erzielen können. Umgekehrt gibt es aber auch Produkte, die mit viel technischem Aufwand nur wenig Lernmehrwert bewirken können. Professionelle Qualität ist also keine rein budgetäre oder technologische Kategorie. Eine dem Zweck angemessene professionelle Qualität erhöht aber die Akzeptanz der Entwicklung und seine Verwertbarkeit. Das heißt, Entwickler von Sprachlern- oder Sprachlehrprogrammen sollten darauf achten, solche Programme zu entwickeln, die nach Möglichkeit nicht nur den eigenen Bedürfnissen entsprechen (lokale Interessen), sondern darüber hinaus eingesetzt werden können. Flexibilität, Transferierbarkeit, Erweiterbarkeit und Erneuerbarkeit sind grundsätzliche Kategorien für Softwareentwicklungen. Wo ein Entwickler nicht über die nötigen Ressourcen verfügt, können über kooperativ arbeitende Entwicklerteams Redundanz vermieden und wichtige Aufgaben angegangen werden, die alleine nicht umgesetzt werden könnten.

1.4.3 Technologie

Jeder Computernutzer kennt das Problem: Kaum hat man sich an eine neue Software, an ein neues Programm oder Betriebssystem gewöhnt, gibt es Änderungen, mit denen man zuerst schwer zurechtkommt. Die Liste der Programme, die nicht oder nicht mehr mit anderen kompatibel sind, weil sich die Systeme geändert haben (oder von Anfang an unterschiedlich waren), ist endlos. Dies bedeutet oft Nutzerfrust, Nicht-Akzeptanz eines Programms, hohen technischen Wartungs- und Betreuungsaufwand und nicht selten komplette Neuentwicklung.

1.4.4 Rechtesicherung

Wer Lern- und Lehrangebote über seinen eigenen Unterricht hinaus anderen anbieten will, ob gegen Gebühren oder nicht, benötigt die entsprechenden Nutzungsrechte von allen daran Beteiligten, seien es die Rechte von Autorinnen und Autoren oder die Rechte für Text- und Bildmaterialien. Diese Nutzungsrechte, meistens die einfachen und nicht-exklusiven, kosten Lizenzgebühren und gelten in der Regel nur für begrenzte Zeiträume. Bei der Auswahl des Materials und der Verpflichtung von Autorinnen und Autoren ist daher frühzeitig darauf zu achten, dass es bei der späteren Nutzung zu keinen Komplikationen kommen kann, weil Rechte nicht eingeräumt werden oder die finanziellen Mittel zum Erwerb nicht ausreichen. Manche Firmen, deren authentische Materialien in Lernprogrammen verwendet werden, gewähren darüber hinaus keine Rechte für ältere Materialien oder erlauben nicht die Konservierung von Webseiten, weil sie nur am Marketing der neuesten Produkte interessiert sind. Bei wieder anderen Materialien, besonders bei Bild- und Filmmaterialien, kann auch die Qualität des Materials für die weitere Verarbeitung ungenügend sein. All dies kann später zu umfangreichen Um- oder Neubearbeitungen führen oder gar ganze Programme für die weitere Benutzung unbrauchbar machen. Größere Projekte benötigen eigenes Personal, das die Rechte einholt und verwaltet, also stets aktualisiert. Auf die komplizierte Situation der Rechte im Bereich der virtuellen Lehre, und was dabei zu berücksichtigen ist, geht unter anderem Veddern (2004) detailliert ein.

1.4.5 Personalentwicklung

Mittelfristige, langfristige und transregionale Verstetigungsperspektiven verlangen in der Regel nach besonders qualifiziertem Personal für differenzierte und vielfältige Aufgaben. Für die meisten Projekte bedeutet dies:

• komplexe Teamarbeit in verschiedenen Netzen (Entwickler-, Autoren-, Anbieterteams),

• Kooperation mit anderen Partnern außerhalb der eigenen Institution (zum Beispiel professionelle Autorinnen und Autoren, Redakteure, IT-Personal, Verlage, Kunden),

• hohe Lernfähigkeit des eigenen Personals und gegenseitige Übernahme von Teamaufgaben (Komplementierung, dynamische Substitution),

• einen größeren Bedarf an ausreichenden Personalmitteln.

Dieser Aufwand, der sich zunächst als Problem der Ressourcenbeschaffung darstellt, lohnt sich jedoch in dreifacher Hinsicht in Bezug auf Verstetigungseffekte: Zum einen lässt sich professionelle Qualität effizienter und differenzierter verwerten, zum zweiten entsteht ein vorteilhafter Know-How-Transfer von der entwickelnden Institution nach außen und von außen nach innen; und zum dritten können sich daraus interessante Forschungs- und Entwicklungsperspektiven für die Zukunft ergeben. Der Know-How-Transfer von professionellen Autorinnen und Autoren, IT-Firmen sowie vonseiten verschiedener Verlage und anderer externer Partner kann so zum Beispiel für Studierende an Universitäten zu einem nahtlosen Übergang von Studium und Beruf führen. In einem solchen Nachhaltigkeitsmodell lassen sich auf vergleichsweise breiter Basis differenzierte Schlüsselqualifikationen der Mitarbeiterinnen und Mitarbeiter für eine Reihe von Berufsfeldern vermitteln, deren innovativer Charakter von der Wirtschaft sehr geschätzt und honoriert wird. Aber auch im engeren wissenschaftlichen Bereich ergeben sich aus einer auf Langfristigkeit angelegten Verstetigungsperspektive eine Fülle von wissenschaftlichen Qualifikationsmöglichkeiten, etwa im Rahmen von Magister-, Diplom-, Zulassungs- und Abschlussarbeiten oder Dissertationen und Habilitationen.

Im Folgenden werden die wichtigsten für eine langfristige Verstetigungsperspektive notwendigen Personalfunktionen (außerhalb der Leitungs- und Koordinationsfunktionen) etwas genauer beschrieben:

Aufgabe der **Autoren** ist es, die Kursinhalte zu erstellen und dabei die im Kurskonzept festgelegten Grundparameter (wie zum Beispiel Niveaustufen, Umfang, Schwerpunkt auf eine bestimmte Fertigkeit oder Fachsprache, Anteile tutorieller Betreuung beziehungsweise Präsenzphasen) umzusetzen. Zu den Rahmenbedingungen, die für die Arbeit der Autoren entscheidend sind, gehören von Beginn an auch die Funktionalitäten der Lernplattform, die für die technische Umsetzung der Inhalte eingesetzt wird. Kommen eigene Softwarelösungen zum Einsatz, können in enger Kooperation der Autoren mit den IT-Entwicklern technische Lösungen gefunden werden, die sich nicht in erster Linie am technisch Machbaren, sondern am didaktisch Sinnvollen orientieren. Flexible Kursstrukturen, differenzierte Übungstypen, vielfältiger und variierbarer Medieneinsatz, integrierte Ressourcen und Zusatzwerkzeuge als Komponenten einer Lernplattform bieten den Autorinnen und Autoren die Rahmenbedingungen, um einen qualitativ hochwertigen Sprachkurs mit medienadäquaten Inhalten umzusetzen.

Die Herausforderung für die **IT-Entwickler** liegt darin, für die didaktischen Anforderungen technische Lösungen zu finden, die internationalen Standards entsprechen, leicht erweiterbar und veränderbar sind und ein hohes Maß an Kompatibilität aufweisen. Zugleich muss für die IT-Entwickler sowie Webdesigner die Nutzerfreundlichkeit, Funktionalität und Stabilität der Lernplattform im Vordergrund stehen. Dies gilt auch für das Autorenwerkzeug, das für die elektronische Erfassung der Lerninhalte zum Einsatz kommt. Den Prozess der Ausarbeitung und Umsetzung der Inhalte begleiten kontinuierlich Mitarbeiter, die für das verwendete Material Dritter die Anfragen für die Nutzungsrechte übernehmen und den Autoren gegebenenfalls Rückmeldung geben, wenn

Rechte nicht erteilt werden, sodass Ersatzmaterial gefunden werden kann. Vor der Eingabe der Inhalte ins Autorenwerkzeug durch die Autoren selbst oder durch ein eigenes **Eingeberteam** erfolgt die erste Phase der **redaktionellen Bearbeitung** der Manuskripte, in der die erstellten Lerneinheiten unter anderem in Hinblick auf das Kurskonzept überprüft werden. Die zweite Phase der Arbeit der Redakteure erfolgt dann bereits als **Online-Redaktion**, sobald die Inhalte auf der Lernplattform online sind. In dieser Phase der Redaktion werden Aspekte der medialen Umsetzung und Funktionstüchtigkeit mitberücksichtigt. Parallel dazu werden technische Funktionalitätstests der Beta-Version eines Kurses auf Entwicklungsplattformen durchgeführt und die Testergebnisse an die IT-Mitarbeiter zur Einarbeitung weitergeleitet.

1.4.6 Neue Lehrerrollen

Auch wenn die digitalen Medien mittlerweile zum Alltag vieler Menschen gehören, ist deren Nutzung oft auf wenige elementare Funktionen wie die Beschaffung von Informationen im Internet, auf das Verfassen eines Dokuments oder auf Spiele beschränkt. Die Nutzung von Lernplattformen durch Lehrkräfte verlangt dagegen noch Eingewöhnungsphasen, auch wenn die essenziellen Funktionen von Lernplattformen meist nicht schwer zu bedienen sind (siehe hierzu auch Schulmeister 2005). Die Erfahrung der letzten Jahre hat gezeigt, dass gerade Sprachlehrerinnen und -lehrer verbreitet dem Einsatz von Medien kritisch gegenüberstehen, sie aber bei kurzen Hands-On-Einführungen in die konkrete Arbeit damit schnell jegliche Angst verlieren und Vorteile für ihre Arbeit erkennen. Erforderlich sind daher adäquate Lehrerbildungskonzepte inklusive von Programmen für die Weiter- und Fortbildung. Die verfügbaren Angebote der Aus-, Weiter- und Fortbildung greifen bisher noch nicht flächendeckend. Programmentwickler sind daher bis auf Weiteres darauf angewiesen, einen großen Teil der Lehrerweiter- und -fortbildung mit der Einführung der eigenen Programme zu leisten, zum Beispiel über Präsentationen, Demofilme, interaktive Schnuppermodule, Hands-On-Workshops und Tutorenschulungen, Tutorenbetreuung, Handbücher, Muster-Lernpläne, Übungstypologien und andere Materialien. Fort- und Weiterbildung für Lehrer des Deutschen als Zweit- und Fremdsprache bieten verschiedene Module in den Fort- und Weiterbildungsprogrammen des *Goethe-Instituts – Fernlehre* (http://www.goethe.de/lrn/prj/fnu/deindex.htm). Mediendidaktische Studiengänge gibt es unter anderen an den Universitäten Gießen (Masterstudiengang Sprachtechnologie und Fremdsprachendidaktik, http://www.uni-giessen.de/msf/) und Duisburg-Essen (Master of Arts in Educational Media, http://mediendidaktik.uni-duisburg-essen.de/onlinecampus). Weitere Literatur und Materialien zur Mediendidaktik im Bereich Fremdsprachen finden sich auch auf den Seiten der Universität Tübingen (http://www.e-teaching.org/materialien/) und dem Multimedia Forschungs- und Entwicklungslabor der Universität München (http://werkstadt.daf.uni-muenchen.de) (vgl. auch Kohn 2007, Rösler/Tschirner 2002, Roche 2003 und 2000, Rüschoff 1999, Murray 1999, Tschirner 1997).

1.4.7 Kundenorientierung

Jedes betriebliche Marketing stellt den Kunden in den Mittelpunkt seiner Strategien, Planungen und Recherchen. Im universitären Bereich ist diese lebensnotwendige Routine jedoch bisher weniger verbreitet, weil man meist von einem bekannten und limitierten Kundenkreis ausgeht, der zudem die Anforderungen der Institution zu erfüllen hat. Doch auch bei den Studierenden und Beschäftigten von Hochschulen handelt es sich längst nicht mehr um eine homogene Interessensgruppe. Verlangt wird die stärkere Orientierung auf Marktprinzipien etwa in Weiterbildungsangeboten auch an Hochschulen sowie größere Flexibilität und Differenzierbarkeit in Hinsicht auf wechselnde und wachsende Kundengruppen und in Hinsicht auf die Rechtfertigung von Nutzungs- und Studiengebühren. Das heißt, dass bereits bei der Konzeption von neuen Angeboten auf Marketingaspekte zu achten ist und dass diese bei der Mischfinanzierung verstetigter Angebote eine tragende Rolle spielen.

1.4.8 Infrastruktur

Für die Entwicklung und den Betrieb von Sprachlernprogrammen über die lokale Nutzung eines Sprachlernzentrums hinaus bedarf es einer besonderen Infrastruktur, die den oben aufgeführten Personalfunktionen gerecht wird. Das betrifft zum einen Verwaltungs- und Betreuungsfunktionen, Arbeitsplätze für IT-Personal und Eingeber sowie Präsentations- und Schulungsmöglichkeiten. Hierbei ist jedoch zu berücksichtigen, dass in einem Bereich, der mit elektronischen Medien Distanzen überbrückt, auch selbst viele der Aufgaben virtuell vermittelt werden können und zunehmend werden. Viele Aufgabenfunktionen können oder müssen dezentral wahrgenommen werden, weil Autorinnen, Redaktion oder tutorielle Betreuung besser in eigener Umgebung arbeiten können als in einem Großraumbüro oder Callcenter. Für andere Tätigkeiten, wie etwa die Eingabe oder die Supervision von Praktikanten, Studierenden und neuen Mitarbeiterinnen und Mitarbeitern sowie die Verwaltung und das Marketing ist dagegen ständiger Austausch und daher eine enge Verzahnung der Tätigkeiten notwendig. Dies gilt auch für die technische Betreuung und IT-Entwicklung in den frühen Entwicklungsphasen, nicht aber gleichermaßen für den Regelbetrieb. Für die unverzichtbare Schulung von Tutorinnen und Tutoren haben sich Präsenz- und Blended-Learning-Verfahren als effizient erwiesen. Beim weltweiten Einsatz von Tutorinnen und Tutoren kann mit Online-Angeboten dezentral in verschiedenen Regionen der Welt gearbeitet werden. Wo dies möglich ist, sollen Tutorinnen und Tutoren jedoch so platziert werden, dass eine spätere Anschlussmöglichkeit an Präsenzphasen im Zielland herstellbar ist (etwa im Rahmen von Austauschprogrammen).

1.5 Evaluation, Qualitätsmanagement und Forschung

Langfristige Nutzbarkeit von Lern- und Lehrmaterialien setzt kontinuierliche Evaluation und systematisches Qualitätsmanagement voraus. Über Verfahren der kontinuierlichen Erprobung schon während der Entwicklungsphasen kann sichergestellt werden, dass bereits im Entwicklungsprozess wichtige Qualitätsparameter eingehalten werden (formative Evaluation). Darüber hinaus ist es aber nötig, auch nach der Fertigstellung eines Programms systematisch seine Nutzbarkeit, Aktualität und Effizienz zu bewerten und wo nötig Nachbesserungen zu veranlassen (summative Evaluation). Zu einem Qualitätsmanagement und der Sicherung von Innovation gehören daher regelmäßige Befragungen der Nutzergruppen, vor allem der Lerner, der Betreuerinnen und Betreuer und der Anbieter-/Lizenznehmer-Institutionen sowie der technischen Betreuung, des Marketings und des Vertriebs. Mit Forschungsprojekten kann zudem die Effizienz der Nachhaltigkeit des Lernens empirisch gemessen werden: Wie nehmen Lerner und Betreuer das Programm an, wie lernen sie mit dem Programm, wie lässt sich die Nachhaltigkeit des Lernens erhöhen, welche Fehler machen Lerner und in welchen Sequenzen verläuft der Grammatikerwerb, wie reagieren Lerner auf Korrekturen, wie nutzen sie die frei verfügbaren Lern- und Arbeitsressourcen? Es ist die Hauptaufgabe der Sprachlehr- und -lernforschung und eine dringende Notwendigkeit angesichts der vielen offenen Fragen, mehr empirische Lern- und Lehrforschung zu betreiben. Diese scheitert meist jedoch an dem enormen Aufwand und der Schwierigkeit der Beobachtung authentischen Lern- und Lehrverhaltens sowie der Komplexität der Einflussfaktoren. Die offenen Medien bieten hier neue Möglichkeiten als unauffällige, aber effiziente und sehr ergiebige Forschungswerkzeuge, weil mit ihnen ohne Einflussnahme auf den Lernprozess Forschung betrieben werden kann (siehe unter anderem Zhang/Barber (im Druck), die Fokusnummer der e-Zeitschrift für den Interkulturellen Fremdsprachenunterricht 9.1/2004 die Ausführungen in Rösler 2004, Loewen/Erlam 2006, Simpson 2005, Thoms et al. 2005, Absalam/Marden 2004 und Schwienhorst 2004). Durch direkte Eingriffsmöglichkeiten in Online-Programmen lassen sich zudem regelrechte Lernexperimente auch im Regelbetrieb arrangieren und durchführen (vgl. die empirischen Forschungen in Hof 2008, Launer 2007, Reeder/Shapiro et al. 2007, Scheller 2007, Todorova 2007, Roche/Scheller 2004, Leaky 2004, Würffel 2004, Caplan 2002).

Zum kontinuierlichen Qualitätsmanagement gehört auch der ständige Kontakt der Entwickler mit Tutorinnen und Tutoren. Durch die Betreuung und Supervision der Lerner gewinnen diese unmittelbare Einsichten in den Betrieb der Programme und mögliche Schwierigkeiten der Lerner. Diese können sie an die Entwickler weitergeben. Zusätzlich besteht in einem funktionierenden

Regelbetrieb ein ständiger Kontakt der Programmkoordination mit den Tutorinnen und Tutoren, durch den ebenfalls aktives Qualitätsmanagement ermöglicht wird. Dieser Kontakt besteht vor allem durch:

• regelmäßige Tutorinnen-Chats,

• aktive Tutorinnen-Foren,

• Tutorinnentreffen zu thematischen Schwerpunkten,

• Fortbildungsveranstaltungen,

• Stichproben bei Korrekturen und Forumsgestaltung mit Feedback,

• regelmäßige Informationen zu neuen Entwicklungen,

• Nachschulungen zu neuen Angeboten und Kursformen.

Während des laufenden Kursbetriebs können zudem die Lerner selbst Bearbeitungsstatus, Bearbeitungszeit und die Häufigkeit der Bearbeitung einer Übung einsehen. Tutorin und Tutor haben ebenso die Möglichkeit, Benutzerlösungen der Teilnehmer einzusehen und so den Lernfortschritt zu überprüfen. Im Hintergrund zeichnet das System die Lerneraktionen auf und speichert die Lernerlösungen ab. Diese Lernerdaten geben ebenfalls Aufschluss über den ordnungsgemäßen Betrieb der Programme. Auf diese Lernerdaten kann ferner auch für langfristige Forschungszwecke zugegriffen werden.

1.6 Kriterien für die Nutzung von Medien in Spracherwerb und Sprachvermittlung

Aus den dargestellten Aspekten der Entwicklung und Nutzung von Sprachlernprogrammen ergibt sich eine Reihe von handlungsleitenden Kriterien:

• Medien tragen in vielfacher Hinsicht zur **Qualitätssteigerung** und **Mehrwerterzielung** des Fremdsprachenunterrichts bei.

• Es kann daher nicht die Frage sein, ob, sondern **wie** Medien genutzt werden.

• Das hängt im Einzelnen von den Lernzielen ab. Es sollte das Prinzip gelten, elektronische Medien dort einzusetzen, wo sie **tatsächlich Vorteile** gegenüber traditionellen Medien bringen. **Modulare Verfahren** aus einem Medienmix haben oft die größte Reichweite.

• Mediennutzung hat es schon lange beim Fremdsprachenlernen gegeben. Mediennutzung ist aber **kein** **Selbstzweck** oder Wert an sich. Wenn es neue Medien gibt, sollten diese auch selbstverständlich genutzt werden, soweit sie sinnvolle Aufgaben erfüllen können.

- Lernen ergibt sich nicht einfach dadurch, dass man die Lerner massiven Datenmengen oder verschriftlichten Vorlesungen aussetzt. Viel stärker als bisher müsste die Technologie **interaktiv** und **nicht-linear** eingesetzt werden, das heißt, die Mediennutzung soll Lernern nicht nur erlauben zu rezipieren, sondern muss sie auch befähigen, kreativ und intelligent zu produzieren.

- Besonders bei der Unterstützung **kognitiver Verarbeitungsprozesse** zeichnen sich bisher wenig genutzte Anwendungsmöglichkeiten der Medien ab.

- In die medialen Module des Unterrichts einzuschließen sind vor allem solche Inhalte, **Textsorten** und Quellen, die bereits in elektronischer Form vorliegen. Es sollte nicht so sehr darum gehen, traditionelle Kommunikations- und Unterrichtsformen elektronisch zu ersetzen, sondern die zunehmend die Alltagskommunikation bestimmenden **e-Medien** und **e-Werkzeuge** auch authentisch im Unterricht abzubilden und einzusetzen. Das schließt die modernen e-Kommunikationsformen ein.

- Bei der Entwicklung von neuer Software ist nicht nur auf Eleganz und leichte Bedienbarkeit zu achten (und das schließt unterhaltende und spielerische Charakteristika durchaus ein). Im Mittelpunkt der Verwendung von Medien und der Entwicklung von Applikationen muss der **Lernerfolg** stehen. Die Möglichkeiten der Technologie, durch **Diversifikation** auf individuelle Bedürfnisse der Lerner, zum Beispiel geschlechtsspezifische oder kulturspezifische **Lernpräferenzen**, einzugehen, sollten dabei stärker als bisher ausgenutzt werden.

- Darüber hinaus sollten auch die Medien selbst und die in ihnen vermittelten Inhalte nicht als universell gegeben vorausgesetzt, sondern in die **interkulturelle** Vermittlung miteinbezogen werden. Das könnte zum Beispiel auch dadurch geschehen, dass man Lerner die Medien und ihre Nutzungsmöglichkeiten selbst mitgestalten lässt.

- Ein wichtiger Faktor ist die **Lehreraus- und -fortbildung**. Die beste Technologie und Software nützt im Unterricht wenig, wenn Lehrerinnen und Lehrer nicht damit umgehen können oder gar Angst davor haben. Das ist aber heute noch verbreitet der Fall.

- Zu einem mediendidaktischen Konzept gehört auch die **laufende technische Betreuung und Beratung** der Lehrkräfte sowie der Auf- und Ausbau der nötigen Infrastruktur. Das gilt besonders für die Hochschulen, die den Auftrag haben, neue Entwicklungen vorzubereiten und zu erforschen, anstatt ihnen hinterherzulaufen. Eine stärkere Gewichtung von Nachhaltigkeitsperspektiven scheint angemessen.

- Eine stärker medienorientierte Didaktik muss Auswirkungen haben auf die **Infrastruktur** von Unterrichtsräumen. Auch bei vielseitigem Einsatz der Technologie sollte sie der menschlichen Interaktion nicht im Wege stehen, Sie muss, soweit das geht, transparent sein und die Lerner nicht der Maschine ausliefern, sondern ihnen Kommunikation in verschiedenen Sozialformen und Konstellationen ermöglichen.

1.7 Zur Klassifikation von Sprachlernsoftware

Sprachlernsoftware kann nach verschiedenen Kriterien klassifiziert werden, zum Beispiel in Hinsicht auf das Medium oder das technische System, die Funktion, die Unterrichtsmethode und das didaktische Verfahren oder lerntheoretische Ansätze. Nimmt man die Klassifikation nach dem Medium oder technischen Standard vor, so ergibt sich grob eine Differenzierung nach drei Generationen: **DOS-Programme**, **Multimedia-Programme** (mit den Varianten Video-Disc, CD-ROM und Hypermedia) und **Internet-Programme**. Zu den Kriterienkonzepten gibt es darüber hinaus eine Reihe weiterer, in der Regel spezifischerer Vorschläge. So behandelt Plass (1998:35ff.) zum Beispiel Aspekte des Design-Modells für die Nutzeroberfläche von Sprachlern-/lehrsoftware unter vier verschiedenen, stärker technologisch oder lernpsychologisch ausgerichteten Perspektiven: ‚craft approach', ‚enhanced software engineering approach', ‚technologist approach' und ‚cognitive approach'. Über die Eignung sagen solche Einteilungen aber nichts aus (vgl. die Ansätze von Hubbard 1992, Thomé 1989 und Doll 1987; siehe auch Hufeisen et al. 2007, Roche 2003, Reeder et al. 2001 und Mayer 1997).

Etwas aufschlussreicher ist dagegen die Klassifikation nach Kriterien der Funktionalität: nach **tutorieller**, **situativer** oder **instrumentell-explorativ-referentieller Ausrichtung**. Unter **tutoriellen Programmen** versteht man stark gesteuerte Lehr- oder Wiederholungsprogramme, mit denen ein Lerner meist selbstständig grammatische, lexikalische oder phonetische Themen erarbeiten oder üben kann. In diesem Sinne ersetzen die elektronischen Programme traditionelle Übungsformen gedruckter Lehr- oder Übungsmaterialien (Arbeitsbücher). Dabei geben sie aber (in der Regel) einfache Rückmeldung – meist nach einer richtig/falsch-Dichotomie – und bieten eine statistische Fehlerauswertung. Auch **situativ ausgerichtete Programme** weisen in der Regel ähnliche Übungssequenzen auf. Allerdings sind diese dann meist an ein kurzes Video oder eine Audio-Aufnahme angeschlossen. Wortschatz und Strukturen sind somit situiert. Die Situationen unterscheiden sich in Art und Intention jedoch wenig von Kassetten- oder Filmaufnahmen älterer Medien. An der Oberfläche kann dabei leicht der Eindruck entstehen, es handele sich bei den Programmen um einen zugrunde liegenden kommunikativen Ansatz. In Wirklichkeit zeigen aber die Bearbeitungsverfahren, dass es sich häufig um neu aufgelegte behaviouristische Modelle handelt. Selbst das kommunikative Prinzip der Authentizität der Materialien wird in den meisten Fällen nicht beachtet. Für die eigene Umsetzung durch die Lerner haben die **situativen Programme** oft wenig Nutzen. Ihre Stärke liegt im Illustrationscharakter. Die **instrumentell-explorativ-referentiellen Programme** betonen dagegen den authentischen, kommunikativen Nutzen elektronischer Werkzeuge bei der Umsetzung sprachhandlungsbedingter Funktionen. Zu diesen Lern- und Arbeitswerkzeugen gehören demnach Rechtschreibprüfungen, Thesauri, Webeditoren, Textverarbeitungsprogramme, Wörterbücher, e-Ressourcen, e-Fragebögen, Spiele und vieles mehr. Diese Programme erlauben den Lernern nicht nur, Strukturen zu üben, sondern weit darüber hinaus kreativ und konstruktiv mit Sprache umzugehen (vgl. Kapitel 1.2.3 und 1.2.4).

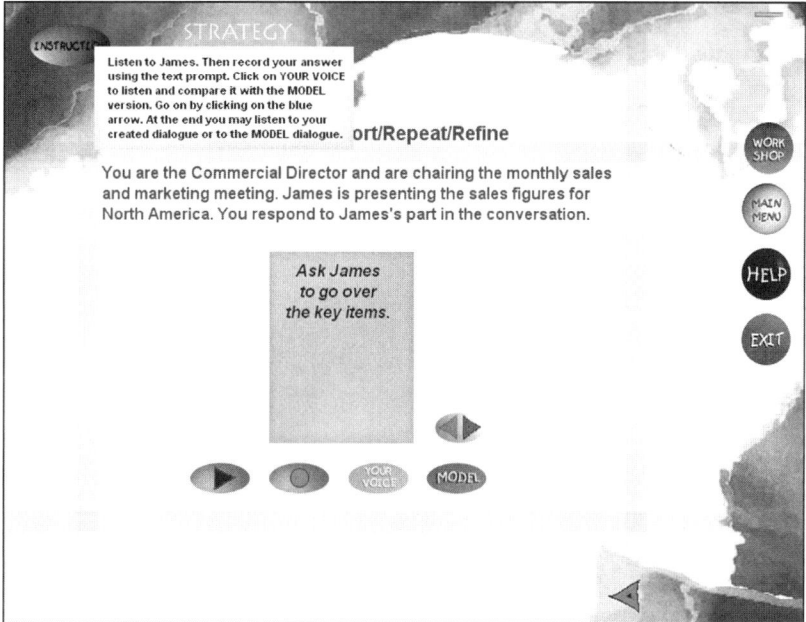

Abbildungen aus einem situativen Programm, der CD-ROM Sunpower, Communication Strategies in English for Business Purposes

Nach Funktionen klassifizierte Software ist im Prinzip nicht an ein bestimmtes Medium gebunden. Es bestehen aber bestimmte Affinitäten zwischen Funktion, didaktischem Ansatz und der Wahl des Mediums, die allerdings bisher nur in dem theoretischen Konzept der ‚**Medienadäquatheit**', aber noch zu wenig in der konkreten Entwicklung von Software ihren Niederschlag gefunden haben. **Tutorielle Systeme** zum Beispiel eignen sich für geschlossene Programme und Medien und wurden daher auch vorwiegend in der Anfangsphase des *Computer Assisted Language Learning* (CALL) eingesetzt. Die DOS-Umgebung bot dafür ausreichende Realisierungsmöglichkeiten, selbst bei teil-farbigen und mit einfachen Animationen versehenen Tutorienprogrammen. Allerdings findet man auch neuere Tutorien (Grammatiktrainer, Vokabeltrainer, Ausspracheprogramme) in Multimedia oder Internet-Umgebungen eingebettet, ohne dass diese wesentlich über die Leistungen von DOS-Programmen hinausgingen und die Möglichkeiten der neueren Medien adäquat nutzen würden.

Bei den **situativen** Programmen besteht eine Affinität zu Multimedia-Realisierungen, die es ermöglichen, Kommunikationssituationen in kleinen Filmkonserven zu präsentieren. Authentische Sprache kann so nicht nur im Schrifttext, sondern gleichzeitig auditiv und mit bildlicher Parallelinformation als Input zur Verfügung gestellt werden. Die angehängten Übungen verweisen oft darauf, dass ihnen kein kohärentes didaktisches Konzept zugrunde liegt.

Instrumentell-explorativ-referentiell ausgerichtete Software hat ihre Hauptfunktion in der Unterrichtsbegleitung und der Erschließung der Lernumgebung. Sie will autonomes Lernen ermöglichen und hat daher eher eine Affinität zu explorativ und konstruktivistisch geprägten Ansätzen. Allerdings wird in dieser Software oft zu wenig berücksichtigt, dass die sprachlichen und interkulturellen Kompetenzen der anvisierten Lernergruppen häufig kein ausreichendes Niveau für einen erfolgreichen Zugang zu den Materialien darstellen und dass diese Materialien die Lerner daher überfordern, nicht zuletzt wegen mangelnder Strukturiertheit. Instrumentell-explorativ-referentielle Programme lassen sich wegen der Möglichkeiten der prinzipiellen Veränderbarkeit und Offenheit (Linksammlungen, Archive) besonders gut online realisieren.

Unabhängig von den genannten Kriterien ließe sich Sprachlernsoftware auch danach klassifizieren, für welche Sprachlehrmethoden sie sich eignet, welche Fertigkeiten sie vermitteln will beziehungsweise welchen didaktischen Ansatz sie verfolgt, also beispielsweise ob sie grammatische Strukturen in den Mittelpunkt stellt, sich in Pattern-Drill-Übungen erschöpft, kommunikative Fertigkeiten anstrebt oder gar interkulturelle Fertigkeiten vermitteln kann. Entsprechend lassen sich besonders Elemente der älteren Methoden, also der Grammatik-Übersetzungs- und der audiovisuellen Methoden, in den existierenden Programmen identifizieren. Konsequent sind die Methoden und didaktischen Verfahren aber in der Regel nicht umgesetzt worden.

Eine Zuordnung der Methoden zu den zuvor genannten Mediengenerationen lässt sich ebenfalls nur grob vornehmen, auch wenn es bestimmte Affinitäten zwischen Grammatik-Übersetzungsmethode und DOS-Programmen und zwischen audiovisuellen Methoden und Multimedia-Programmen gibt. Besonders diffus ist das Bild in neueren Programmen, bei denen weitgehend ein undifferenzierter und unreflektierter Methodenpluralismus herrscht. Festzuhalten bleibt im Übrigen, dass der mediale, technische Fortschritt oft zu didaktischen Rückschritten geführt hat.

1.8 Evaluation und Kriterienkataloge

Die systematische Evaluation von Lehrmaterialien gestaltet sich von jeher schwierig. Im Bereich der Lehrwerke für Deutsch als Fremdsprache und Zweitsprache gibt es so zum Beispiel eine Reihe von Versuchen, Lehrmaterialien systematisch zu erfassen und zu evaluieren, aber die Festlegung von relevanten Kriterien hat sich als ein schwieriges konzeptuelles und logistisches Unterfangen erwiesen: vgl. etwa das *Mannheimer Gutachten* von 1977 und 1979 (Engel 1979), das *Gutachten zu ausgewählten Lehrwerken Deutsch für ausländische Arbeiter* (Barkowski et al. 1980), den *Stockholmer Kriterienkatalog* von 1990 (*Goethe-Institut* 1990, Kast/Neuner 1994) oder das *Gutachten des Sprachverbandes* (Sprachverband 1994). Andere Evaluationsverfahren sind dagegen nur als praktische Arbeitsmittel für die Hand des Lehrers konzipiert und leisten als verlässlicher und generalisierbarer Bezugsrahmen wenig.

Prüfungsstandards, wie sie in Zertifikaten und Diplomen attestiert werden, international standardisierte Tests wie der *TOEFL*, die *Cambridge* Sprachtests, der *TestDaF*, die *ALTE*-Niveaus der *Association of Language Teachers and Translators of Europe*, der *Gemeinsame Europäische Referenzrahmen für Sprachen (GER)*, die *Proficiency Guidelines* des *American Council of Teachers of Foreign Languages (ACTFL)*, die *Canadian Language Benchmarks*, *UNICERT* oder andere internationale Definitionen von Standards oder Kompetenzniveaus liefern zwar Kriterien für die angestrebten Leistungsniveaus, sind aber nicht als Diagnoseinstumente für den Erwerbs- oder Lernprozess und als Evaluationsraster für Lehrmaterialien geeignet. Was für Lehrmaterialien allgemein gilt, gilt in besonderem Maße für Sprachlernsoftware.

In seinem *methodological framework for CALL courseware development* schlägt Hubbard (1992) eine operationalisierbare Systematik von Kriterien vor. Diese sieht unter Bezug auf die Klassifikation von Richards und Rodgers (1986) eine Dreiteilung in die Kriterienbündel ‚Approach‘, ‚Design‘ und ‚Procedure‘ vor. Unter ‚Approach‘ fasst er dabei linguistische, methodische und lernpsychologische ‚Annahmen‘, aus denen sich unter Berücksichtigung der Eigenschaften des ‚Computer Delivery Systems‘ entsprechende Designkriterien ergeben. In das Design fließen schließlich vor allem die Lernervariablen und die Vorgaben der Lehrpläne ein. Zusammen mit den Verfahrensvariablen (zum Beispiel Bedienungsoptionen, Bewertung von Lernerantworten, Hilfsfunktionen und Programm-Layout) wird die Softwareproduktion schließlich realisiert. Hubbard nähert sich der Problematik dabei insgesamt von der praktischen Ebene der Lehrplanentwicklung – des Curriculum-Designs –, das aus den drei Komponenten ‚Entwicklung', ‚Implementierung' und ‚Evaluation' besteht. In seinem Modell sind diese drei Module miteinander verbunden und können ausdrücklich auf Unterrichtsprinzipien bezogen werden. Leider werden in diesem Modell die Bezüge zu theoretischen Aspekten (Lerntheorien, linguistische Theorien, didaktische Ansätze und so weiter) und das Zusammenspiel der verschiedenen Variablen untereinander nicht hinreichend spezifiziert.

1.8.1 Parameter eines theoriebasierten Evaluierungsmodells

Ein theoriegestütztes Evaluationsmodell müsste dagegen folgende Ebenen berücksichtigen:

Lerndispositionen

Lernervariablen

Vorwissen
Lerntradition
Lernbiografie
Soziopsychologische Faktoren
Demografischer Hintergrund
Lernstil
Motivation (Erfolgshoffnung, Instrumentelle Motivation)
Interesse, Neugier
Leistungsmotivation, Zielorientierung
Affektive Faktoren
(Emotionen, Stimmungen, Temperament)
Weitere Persönlichkeitsmerkmale

Lernuniversalia

Allgemeine Sprachverarbeitungprozesse
Informationsverarbeitungsprozesse
Modifizieren, Löschen von Informationen
Vorwissen, Merkfähigkeit
Kognitive Stile
Kognitive Schemata
Sprachlernbezogene L2- Erwerbsprinzipien

Richtlernziele / Kompetenzen

interkulturelle, kommunikative, kritische, soziale Kompetenz
sozial autonomes Lernen

Groblernziele

Beherrschung der Grammatik, Fertigkeiten wie etwa Lesekompetenz,
Strategiewissen

Feinlernziele

Beherrschung von spezifischen grammatischen Strukturen, linguistischen
Regeln, Aussprache, „Paukwissen", Techniken

Lehr- / Lernmaterialien
Lehr- / Lernverfahren (Methoden)

Übersicht über die Lernvariablen, Lerndispositionen, Lernuniversalien und Lernziele,
die bei der Evaluation von Lehr- und Lernmaterialien zu berücksichtigen sind.

Die Bedingungen des Lerners und des Lernens, also die spezifischen Lerner-variablen einer Lerngruppe oder eines Lerners und die allgemeinen (kognitiven) Lernuniversalien, die die Informationsverarbeitung und den Sprach- und Wissenserwerb steuern, sind auf der obersten Ebene abgebildet. Diese Lernerdispositionen stellen Ausgangspunkt und Grundlage des gesamten Lernkontextes dar. Sie bestimmen damit auch, ob und wie die variabel definierbaren Lernziele in geeigneter Weise realisiert werden können. Der Bereich der Lernziele selbst ist in Richtlernziele, Groblernziele und Feinlernziele unterteilt. Die Richtlernziele bilden allgemeine Kompetenzen ab, wie sie beispielsweise aufgrund einer bestimmten Bildungspolitik, Bildungsideologie oder Bildungstradition entstehen. Sie können als Fertigkeiten oder (zunehmend) als Kompetenzen und Standards definiert sein. In Bildungssystemen, die von kommunikativen Lernzielen geprägt sind, sind das zum Beispiel kommunikative Kompetenzen, soziale Kompetenzen und interkulturelle Kompetenzen. Allerdings sind diese nicht, wie es auch die kommunikative Didaktik noch impliziert (und anhand von Niveaustufen und anderen definierten Standards expliziert und praktiziert), als gegeben hinzunehmen, sondern vielmehr mit den Lernerdispositionen (interkulturell) in Einklang zu bringen. Diese Verhandelbarkeit gilt insbesondere für kulturbedingte Lerntraditionen. Die dermaßen vermittelten Richtlernziele lassen sich mithilfe einer bestimmten Lerntheorie realisieren, die sowohl den Erwartungen der Lerner als auch den Anforderungen der Zielkultur zu entsprechen hat. Für die genannten Kompetenzen bieten sich zum Beispiel solche lerntheoretischen Modelle an, die die Autonomie des Lerners betonen.

Mit derart festgestellten outputorientierten Standards kann man die Definition von Rahmenplänen für den Unterricht auf sich bewenden lassen. Oder man kann den Weg dorthin auf zwei weiteren Ebenen konkretisieren, was bei der Entwicklung von Software durchaus als sinnvoll erscheint. Auf der nachgeordneten Ebene der Groblernziele werden dann die Aufgaben und Fertigkeitsbereiche wie die Beherrschung der Grammatik, Lese- und Schreibfertigkeiten, das Erlernen bestimmter Diskursmuster und Ähnliches festgelegt. Innerhalb der dritten Lernzielebene schließlich ist zu bestimmen, welche Methoden bei der Umsetzung der Feinlernziele die am besten geeigneten sind. Zu den Feinlernzielen gehört beispielsweise die Kenntnis oder Beherrschung bestimmter sprachlicher Strukturen, ein bestimmtes Lernwissen oder die Kenntnis bestimmter grammatischer Regeln.

Hieraus lassen sich schließlich adäquate didaktische Ansätze und Methoden ableiten und theoriegeleitet kombinieren. Daraus ergeben sich auch offene Lernverfahren und aufgabenorientierte Misch-Verfahren, wie sie unter anderem bereits in Ansätzen wie der ‚Cognitive Flexibility' von Spiro et al. (1991), der ‚Cognitive Apprenticeship' nach Collins, Brown und Newman (1989), dem ‚Minnesota Adaptive Instructional System' von Tennyson und Christensen (1988) und der ‚Anchored Instruction' der Cognition and Technology Group (1992) formuliert wurden. Zusammengefasst werden diese pragmatisch begründeten Mischformen als ‚instruktionelles Design der zweiten Generation' oder ‚moderater Konstruktivismus' bezeichnet. Auf der Grundlage eines mehrstufigen, theoriebasierten Gerüstes lassen sich sodann operationalisierbare, das heißt messbare Kriterien ableiten.

Diese lassen sich formativ oder summativ überprüfen. Folgende Evaluierungsverfahren können dabei unter anderem zur Anwendung kommen:

- die (mehr oder weniger systematische) Expertenevaluierung durch einzelne Gutachter oder Gutachterteams,
- die Abarbeitung von Kriterienlisten und Checklisten,
- die Inhalts- und Medienanalyse,
- die Kosten-Nutzen-Analyse,
- die subjektive Einstellungsmessung durch verschiedene Befragungsverfahren,
- die Verhaltensbeobachtung in Bezug auf Nutzerfreundlichkeit, Lehr-/Lernabläufe und so weiter,
- Programmaufzeichnungen von Nutzerverhalten, zum Beispiel auch zu Lernwegen, Fehlerfrequenzen, Fehler- und Korrekturverhalten, Bearbeitungsverhalten und Wiederholungsfrequenzen und so weiter,
- die Leistungsmessung, zum Beispiel durch Vergleichsuntersuchungen und Vorher-Nachher-Tests.

Empirische Evaluationsverfahren haben damit nicht nur eine bewertende, sondern eine konstruktive und für die Entwicklung und Fertigstellung von Programmen konstitutive Rolle. Sie sind auch dazu gedacht, den Beweis für didaktische Effizienz anzutreten. Das heißt, Sprachlehr-/-lernsoftware kann ohne empirische Forschung nicht erschöpfend bewertet werden.

1.8.2 Kriterien zur Evaluation von Sprachsoftware

In den folgenden Kriterienkatalog sind die wichtigsten Aspekte der relevanten Bezugsforschung aus Linguistik, Lernpsychologie, Psycholinguistik, Sprachdidaktik und Pädagogik sowie Aspekte des Designs und der Nutzerfreundlichkeit eingeflossen. Diese Kriterien decken die wissenschaftlichen Grundlagen keinesfalls erschöpfend ab oder ersetzen eine eingehende empirische Evaluation. Ein solcher Versuch wäre wegen des Umfanges und der Komplexität der relevanten Bereiche zum Scheitern verurteilt. Die Kriterien dienen als exemplarische, aber aussagefähige Grundlage eines noch operationalisierbaren Bewertungsverfahrens für die Praxis. Damit lassen sich die wichtigsten Nutzungsmöglichkeiten und Potenziale für die Mehrwerterzielung bestimmen, nicht nur von Experten (vgl. auch Hufeisen/Leitner 2007).

1. Allgemeine Softwareinformationen
(normalerweise auf dem Medium angegeben)

Titel:
Erscheinungsjahr/Version:
Medium (CD-ROM, Online, DVD):
Systemvoraussetzungen/ Programmkategorie (Selbst-
lernprogramm, Vokabeltrainer, etc): _____

2. Zielgruppe / Lernerniveau

Adressaten

• m/w
• Alter
• Kinder, Jugendliche, Erwachsene, Berufstätige... _____

Voraussetzungen

• Ambiguitätstoleranz (hoch, mittel, niedrig)   ☐ hoch   ☐ mittel   ☐ niedrig
• sprachliche Vorkenntnisse: Stufen nach dem Europä-
  ischen Referenzrahmen (A1, A2, B1, B2, C1, C2)   A1   A2   B1   B2   C1   C2
• technische Kenntnisse:
    o Geringe (Office, Textverarbeitung)   ☐ _____
    o Mittel (umfangreichere Installationskenntnisse) ☐ _____
    o Hoch (Programmierkenntnisse)   ☐ _____

Interesse/ Motivation der Lerner

instrumentell, integrativ, Leistungsverbesserung, Lernbereitschaft

3. Softwarehandhabung

Programmkategorie

Offene Lernumgebung, tutorielles Programm, Situationen, Lernwerkzeug, Arbeitswerkzeug.

Hilfsmittel (Einführungstour, Mouseover, Pop-ups, Handbücher)

Software Design	Grad der Umsetzung von 1 (sehr gut) bis 6 (ungeeignet)					
• Ein- und Ausstiegsmöglichkeiten	1	2	3	4	5	6
• Benutzerfreundlichkeit:						
o Handhabung und Layout	1	2	3	4	5	6
o Bildschirmgestaltung	1	2	3	4	5	6
o Navigationshilfen	1	2	3	4	5	6
o Lesezeichen	1	2	3	4	5	6
o Notizfunktion	1	2	3	4	5	6
o Lautstärkeregelung	1	2	3	4	5	6
• Programmfunktionen:						
o Ausdrucken	1	2	3	4	5	6
o Speichern - Tastatur	1	2	3	4	5	6

4. Lernziele

Richtlernziele / Kompetenzen

• interkulturelle Kompetenz	[1]	[2]	[3]	[4]	[5]	[6]
• kommunikative Kompetenz, Sprachhandeln	[1]	[2]	[3]	[4]	[5]	[6]
• kritische Kompetenz	[1]	[2]	[3]	[4]	[5]	[6]
• soziale Kompetenz	[1]	[2]	[3]	[4]	[5]	[6]
• Lernerautonomie	[1]	[2]	[3]	[4]	[5]	[6]
• Teamfähigkeit	[1]	[2]	[3]	[4]	[5]	[6]

Kommentare: _____
_____
_____

Groblernziele

Grad der Umsetzung
von 1 (sehr gut) bis 6 (ungeeignet)

• Sprechen	[1]	[2]	[3]	[4]	[5]	[6]
• Leseverstehen	[1]	[2]	[3]	[4]	[5]	[6]
• Hörverstehen	[1]	[2]	[3]	[4]	[5]	[6]
• Schreiben	[1]	[2]	[3]	[4]	[5]	[6]
• Wortschatz	[1]	[2]	[3]	[4]	[5]	[6]
• Grammatik	[1]	[2]	[3]	[4]	[5]	[6]
• Landeskunde	[1]	[2]	[3]	[4]	[5]	[6]
• Lernstrategien	[1]	[2]	[3]	[4]	[5]	[6]
• Lerntechniken	[1]	[2]	[3]	[4]	[5]	[6]

Kommentare: _____
_____
_____

Feinlernziele

Grad der Umsetzung
von 1 (sehr gut) bis 6 (ungeeignet)

• grammatische Strukturen	[1]	[2]	[3]	[4]	[5]	[6]
• linguistische Regeln	[1]	[2]	[3]	[4]	[5]	[6]
• Lernwissen	[1]	[2]	[3]	[4]	[5]	[6]

Kommentare: _____
_____
_____

Themen

_____
_____
_____
_____
_____
_____
_____

5. Ansatz / Methode

Lerntheoretischer Ansatz

von 1 (deutlich ausgeprägt) bis 6 (nicht erkennbar)

• Moderater Konstruktivismus	[1]	[2]	[3]	[4]	[5]	[6]
• Behaviorismus	[1]	[2]	[3]	[4]	[5]	[6]
• Instruktionismus	[1]	[2]	[3]	[4]	[5]	[6]
• Kognitivismus	[1]	[2]	[3]	[4]	[5]	[6]
• Konstruktionismus	[1]	[2]	[3]	[4]	[5]	[6]
• Konstruktivismus	[1]	[2]	[3]	[4]	[5]	[6]
• nicht erkennbar	[1]	[2]	[3]	[4]	[5]	[6]

Kommentare: _____
_____
_____

Lernarten	von 1 (deutlich ausgeprägt) bis 6 (nicht erkennbar)
• Signallernen	[1] [2] [3] [4] [5] [6]
• Reiz-Reaktionslernen	[1] [2] [3] [4] [5] [6]
• Kettenbildung	[1] [2] [3] [4] [5] [6]
• Sprachliche Assoziation	[1] [2] [3] [4] [5] [6]
• Diskriminationslernen	[1] [2] [3] [4] [5] [6]
• Begriffslernen	[1] [2] [3] [4] [5] [6]
• Regellernen	[1] [2] [3] [4] [5] [6]
• Problemlösen	[1] [2] [3] [4] [5] [6]
Kommentare:	_____

Übungsformen

Ergänzen, richtige Form anklicken, richtige Antwort auswählen, die richtige Übersetzung wählen, Rollenspiel, hören und verstehen, nachsprechen (aufnehmen), umformen, lesen, Fragen stellen / beantworten, Buchstaben ergänzen, das Gegenteil sagen.

Sozialformen

Einzelarbeit, Partnerarbeit, Kleingruppe, Gruppenarbeit, Plenum.

6. Informationsverarbeitung

Konzeptualisierung

Vorentlastung durch Aktivierung des Vorwissens (Assoziogramme, Einleitung, Brainstorming, Zoomfunktion, Vergrößerung von Abschnitten, Verlangsamung, Musik, Ton, Hintergrundgeräusche, Film (Ausschnitt), Bilderstatisch, beweglich)

Interkulturelle Angemessenheit

	von 1 (hoch) bis 6 (niedrig)
	[1] [2] [3] [4] [5] [6]

Rezeption

✔ bitte ankreuzen, wenn zutreffend

- Hilfen bei Parsing/ Analyse ☐
- Visualisierung der Laute ☐
- Geschwindigkeitssteuerung ☐
- Aktivierung von Wortnetzen ☐
- Konzeptuelle Zuordnungshilfen ☐
- Nutzung von weiteren Ressourcen und Hilfen

Formulierung	✓
• Wortschatzaktivierung • Wortschatzvernetzung (zum Beispiel Thesaurus) • Grammatikdarstellung • Grammatikanimationen • Analysehilfen (Input) • Produktionshilfen • Nutzung von Ressourcen (Wörterbücher)	☐ ☐ ☐ ☐ ☐ ☐ ☐
Artikulation	✓
• Aufgaben für mündliche Produktion: zum Beispiel Rollenspiel, Diskussion, Übersetzung, Kommentierung von Meinungen, Interviews- Aufnahme + Abspielmöglichkeit (Stopp, Play, Pause), Vergleich • Aufgaben für schriftliche Produktion: zum Beispiel Brief, Artikel, Anzeige, Zusammenfassung-Speichern, Ausdrucken • Visualisierung von Lauten • Schriftanimationen • Aussprachetraining • Schreibtraining	☐ ☐ ☐ ☐ ☐ ☐
Monitor	✓
• Rückmeldung (gestuft für offene und geschlossene Aufgaben) • intelligente tutorielle Systeme • Integration der Grammatik in Sprachhandeln • Fehlerkultur (Entwicklungsfehler, Erwerbssequenzen) • Lernaufzeichnungen • Übungswahl nach Fehlerhäufigkeit	☐ ☐ ☐ ☐ ☐ ☐
Sprachsystem	✓

• Linguistischer Fokus
    o Syntax
    o Lexik
    o Morphologie
    o Phonologie
    o Semantik
    o Textlinguistik
    o Pragmatik
• geschlossenes vs. offenes Sprachsystem
• Anknüpfung an bekannte Strukturen aus der Muttersprache
• Koordination der phonetischen, lexikalischen, morphologischen Strukturen
• Standardsprache, Sprachvarietäten
• Schriftlich/ mündlich
• Kontrastiv oder Bezug auf ein Sprachsystem
• Glossar/ Wortschatzvermittlung
• Differenzen bei Niveaustufen (einsprachig/zweisprachig auf verschiedenen Ebenen)
• Erweiterungen
• Für bestimmte Muttersprachen ausgelegt
• Sprachsystem und Erklärung für Lernziele adäquat
	☐
	☐
	☐
	☐
	☐
	☐
	☐

Allgemeindidaktische bzw. pädagogisch-psychologische Kriterien	von 1 (angemessen) bis 6 (nicht angemessen)					
• Klarheit und Verständlichkeit	1	2	3	4	5	6
• Schwierigkeitsgrad	1	2	3	4	5	6
• Beispiele	1	2	3	4	5	6
• Interaktivität	1	2	3	4	5	6
• Adaptivität	1	2	3	4	5	6
	_____					
	_____					
	_____					
	_____					

Fachdidaktische Kriterien	von 1 (passend) bis 6 (ungeeignet)					
• Stoffauswahl	1	2	3	4	5	6
• Eignung für den Lehrplan	1	2	3	4	5	6
• Begleitmaterial	1	2	3	4	5	6
	_____					
	_____					
	_____					
	_____					

Gesamturteil und Empfehlung	Note					
	1	2	3	4	5	6
	_____					
	_____					
	_____					
	_____					
	_____					

Modell eines komplexen, aber noch operationablen Evaluationsrasters für Sprachlernsoftware

2. Lernplattformen

Im Folgenden werden die Funktionen von Lernplattformen dargestellt, die besonders relevant für das medial gestützte Sprachenlernen und Sprachenlehren sind. Es ist dabei nicht möglich, alle Aspekte gleichgewichtig und alle Programme, Sprachen und Plattformen im gleichen Umfang zu behandeln. Zu groß ist die quantitative und qualitative Vielfalt, zu groß ist die Variationsbreite der Lösungen, zu schnell ändern sich technische Voraussetzungen und Einsatzmöglichkeiten. Im Kapitel Quellen (siehe S. 175) werden allerdings zusätzlich zu den bereits aufgeführten Programmen und Werkzeugen sowie den Verweisen in der folgenden Darstellung weitere Hinweise auf ausgewählte Programme gegeben. In einer einführenden Darstellung wie dieser scheint es sinnvoller, die Funktionen und Übungstypen im Kontext einer kompletten Lernplattform zu behandeln, als isolierte Merkmale vorzustellen. Dadurch wird der Gesamtzusammenhang des virtuellen Lernens und seiner Einbettungsmöglichkeiten in verschiedene Lehr- und Lernformate exemplarisch deutlich gemacht und durch einen klaren Maßstab die Orientierung bei der weiteren Evaluation von Sprachlernsoftware erleichtert. Die folgende Darstellung bezieht sich daher vor allem auf die deutschsprachige und fremdsprachige Lernplattform *Deutsch-Uni Online* (DUO), dem weltweit größten Fremdsprachenportal mit Angeboten für Deutsch, Englisch, Französisch, Chinesisch, Japanisch und Brasilianisch/Portugiesisch.

- Für die Darstellung dieser Plattform spricht nicht nur ihre Größe mit circa 3000 Stunden Lernmaterial, sondern auch ihre Sprachenvielfalt.

- Sie ist, wie keine andere Lernplattform für Sprachen, über viele Jahre in enger didaktischer und methodischer Abstimmung mit Lehrkräften und Lernern in aller Welt entwickelt und systematisch evaluiert worden.

- Sie ist weltweit erprobt und verfügbar, technisch und mediendidaktisch vielseitig, wird ständig gepflegt und enthält ein großes Spektrum von Funktionen, die bereits in mehreren Programmen für verschiedene Sprachen angewendet worden sind.

- Sie ist ein kontinuierliches Instrument für Erwerbsforschung und Sprachlehr- und -lernforschung. Die Forschungsergebnisse werden soweit möglich ständig in die Weiterentwicklung der Sprachprogramme eingepflegt.

- Einige der Inhalte sind darüber hinaus bereits auf CD-ROMs weltweit verfügbar (unter anderem für die Lehrwerke *em*, *Fit für den Testdaf*, *Japanisch multimedial*). Weitere sind in Vorbereitung.

- Leserinnen und Leser dieses Buches haben zudem die Möglichkeit, auf den Webseiten von *DUO* (www.deutsch-uni.com) verschiedene Demofilme und interaktive Schnuppermodule parallel zur Lektüre auszuprobieren.

2.1 Situierung und Aufbau von Lernplattformen am Beispiel der Deutsch-Uni Online (DUO)

Die Lernprogramme von DUO vermitteln Sprache und fachsprachliches Wissen (Wissenstransfer) auf jeder Niveaustufe und in verschiedenen Sprachen. Dazu gehören Kurse für verschiedene Zielgruppen:

- Studierende und Wissenschaftler, die sich auf ein Studium oder Forschungsprojekt in einem fremdsprachigen Land vorbereiten oder ihre Sprachkenntnisse während des Studiums oder Forschungsaufenthaltes vertiefen wollen.

- Alle anderen Lerner, die sich einen fachspezifischen Zugang zu einer fremden Alltagssprache und Alltagskultur, einer fremden Wissenschafts- und Berufssprache oder einer fremdsprachigen Wissenschaftskultur verschaffen oder diesen vertiefen oder erweitern wollen.

Bei den Deutschprogrammen stehen folgende Angebote zur Verfügung:

- *basis-deutsch* für den Erwerb grundlegender Deutschkenntnisse verbunden mit Basiswissen über Alltag und Kultur in Deutschland (Einstiegsniveau: ohne Vorkenntnisse, führt zu A1-A2),

- *uni-deutsch* für die sprachliche, organisatorische und praktische Vorbereitung auf den Studienaufenthalt in Deutschland (führt zu Sprachniveau B1-B2),

- *fach-deutsch* für das Erlernen populärer Wissenschaftssprachen oder für die fundierte Vorbereitung auf ein Fachstudium in Deutschland (ab Sprachniveau B2/C1),

- *profi-deutsch* erleichtert den Einstieg ausländischer Berufstätiger in das Berufs- und Wirtschaftsleben in Deutschland und beinhaltet umfassende Materialien zur Aus- und Weiterbildung (führt zu Sprachniveau B1-B2),

- *reading german* zur Vermittlung von Lesekompetenzen mit der Vermittlungssprache Englisch.

Bei den fremdsprachigen Programmen stehen folgende Angebote zur Verfügung:

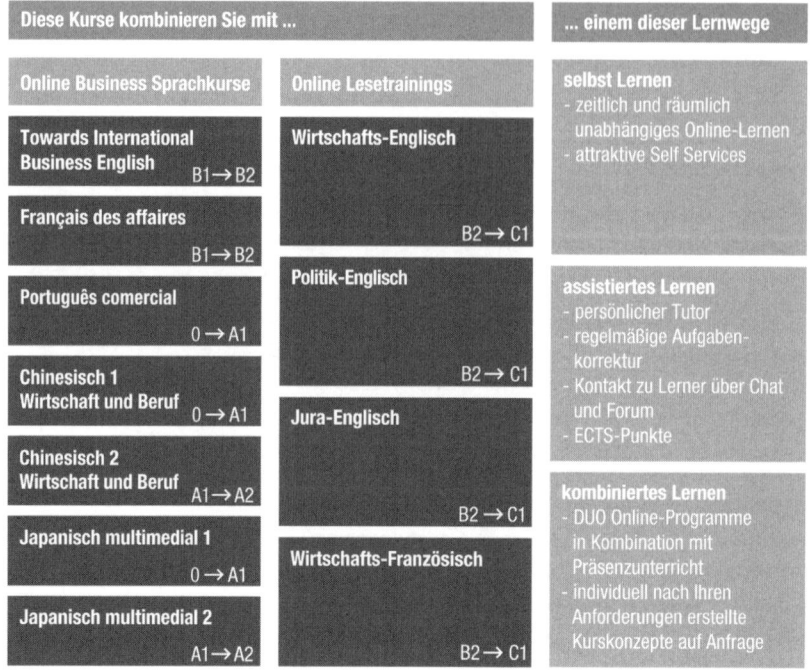

Diese Kurse kombinieren Sie mit ...		... einem dieser Lernwege
Online Business Sprachkurse	**Online Lesetrainings**	**selbst Lernen** - zeitlich und räumlich unabhängiges Online-Lernen - attraktive Self Services
Towards International Business English B1→B2	**Wirtschafts-Englisch**	
Français des affaires B1→B2	B2→C1	
Português comercial 0→A1	**Politik-Englisch**	**assistiertes Lernen** - persönlicher Tutor - regelmäßige Aufgaben-korrektur - Kontakt zu Lerner über Chat und Forum - ECTS-Punkte
Chinesisch 1 Wirtschaft und Beruf 0→A1	B2→C1	
Chinesisch 2 Wirtschaft und Beruf A1→A2	**Jura-Englisch**	**kombiniertes Lernen** - DUO Online-Programme in Kombination mit Präsenzunterricht - individuell nach Ihren Anforderungen erstellte Kurskonzepte auf Anfrage
Japanisch multimedial 1 0→A1	B2→C1	
Japanisch multimedial 2 A1→A2	**Wirtschafts-Französisch** B2→C1	

In allen Kursen werden die Inhalte über verschiedene Medien präsentiert, zum Beispiel als Lesetexte, Hörtexte oder Videos. Dazu gibt es zahlreiche Übungen mit über 30 verschiedenen Übungstypen, unter anderem Lücken-texte, Markierübungen, Zuordnungsübungen oder das Verfassen von freien Texten. Je nach Programmtyp und Niveaustufe können bis zu 80% der Übun-gen im Selbststudium absolviert werden. Die Korrektur erfolgt automatisch über die Plattform. Die Teilnehmer lernen dabei zum Teil alleine und wählen individuell aus, welche Übungen sie bearbeiten möchten. Übungen werden auch interaktiv im Klassenverbund bearbeitet (über Chat, Forum oder in Ar-beitsgruppen).

2.1.1 Die Module von DUO

2.1.1.1 *basis-deutsch*

basis-deutsch ist das grundlegende Lernmodul von DUO für alle Deutsch-Ein-steiger und führt zum Sprachniveau A1 bis A2 nach dem Gemeinsamen euro-päischen Referenzrahmen für Sprachen. Der Kurs ist für den Einsatz im Blended-Learning- Verfahren konzipiert. Dabei liegt das Verhältnis von Prä-senz- und Onlinephasen im ersten Teil (A 1/1) bei 80% zu 20%. Im weiteren Verlauf wird ein Gleichgewicht von Präsenz- und Onlinephasen im Verhältnis von 50% zu 50% erreicht (Modul A2/2). Der Sprachkurs umfasst circa 220 Un-terrichtseinheiten à 60 Minuten. Er lässt sich mit verschiedenen Lehrwerken kombinieren.

Kapitelübersicht des Moduls basis-deutsch A2

2.1.1.2 *uni-deutsch*

Die Module von *uni-deutsch* dienen zur Studienvorbereitung und Forschungsbetreuung ausländischer Studierender und Wissenschaftler an deutschen Hochschulen, können aber auch von anderen Lernergruppen genutzt werden, die Alltagskenntnisse erwerben wollen. Das Eingangsniveau für diese Kurse sollte mindestens B1 betragen.

uni-deutsch besteht aus folgenden vier Modulen:

- **uni-deutsch sprachkurs**

  Dieses Programm umfasst circa 240 Stunden Lerneinheiten in acht studienrelevanten Kapiteln (Internet, Wirtschaft, Studienalltag, Ökologie und Umwelttechnik, Literatur, Sprache und Kommunikation im Alltag, Gehirnforschung, Alltag/Bildung/Kultur in Deutschland). Es beinhaltet ein großes Angebot an Aufgaben zum Hör- und Leseverstehen, Schreiben und Sprechen, zu Grammatik, Wortschatz/Lexik, Redemitteln, Textsorten sowie Lern- und Arbeitsstrategien (Sprachniveau ab B1).

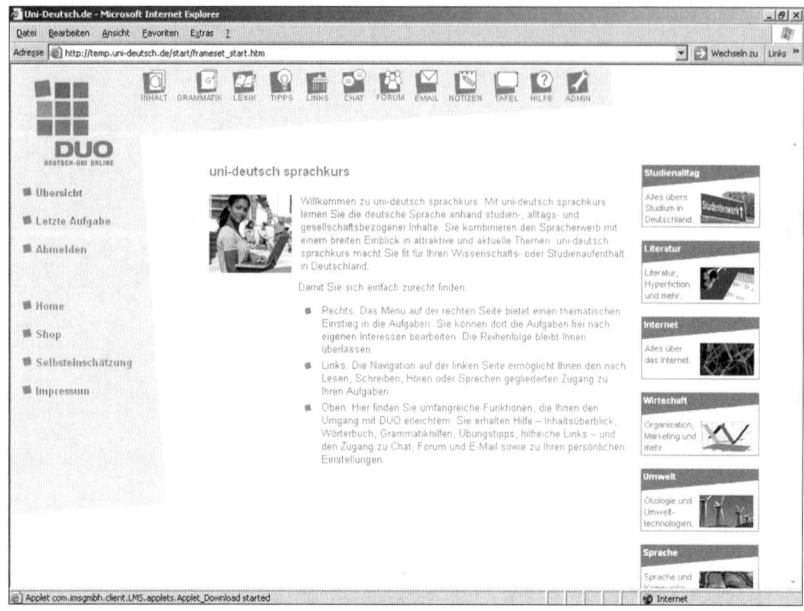

Kapitelübersicht des Moduls uni-deutsch sprachkurs

• *uni-deutsch TestDaFtraining*

Dieses Programm umfasst 30-40 Stunden Trainingseinheiten zur gezielten Vorbereitung auf die Hochschulaufnahmeprüfung *TestDaF*. Es beinhaltet ein großes Angebot an Übungsaufgaben und Strategien zum Lösen der Testaufgaben. Das Programm enthält außerdem einen Modelltestsatz für die *TestDaF*-Prüfung (Sprachniveau ab B2).

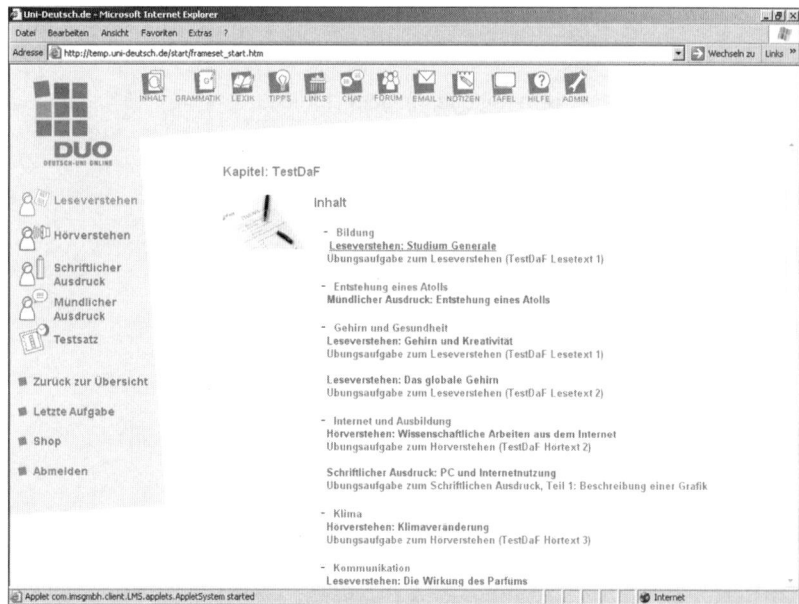

Inhaltsverzeichnis aus dem Modul TestDaFtraining

- *uni-deutsch studienorganisation*

  In diesem Kurs werden Sprachkenntnisse vermittelt, die zur Organisation
  des Aufenthalts in Deutschland erforderlich sind, wie zum Beispiel die Be-
  werbung um einen Studienplatz oder ein Stipendium oder die Suche nach
  einer Wohnung (Sprachniveau ab B1). Das Programm umfasst mehr als 200
  Stunden Lernmaterial.

Aufgabe aus dem Modul uni-deutsch studienorganisation

- *uni-deutsch studienpraxis*

  In diesem Sprachkurs werden Strategien und Techniken wissenschaftlichen
  Arbeitens vermittelt (Sprachniveau ab B2). Themen sind zum Beispiel das
  Erstellen einer Mitschrift, richtiges Zitieren, Lesestrategien und wissenschaft-
  liches Schreiben. Das Programm umfasst circa 100 Stunden Lernmaterial.

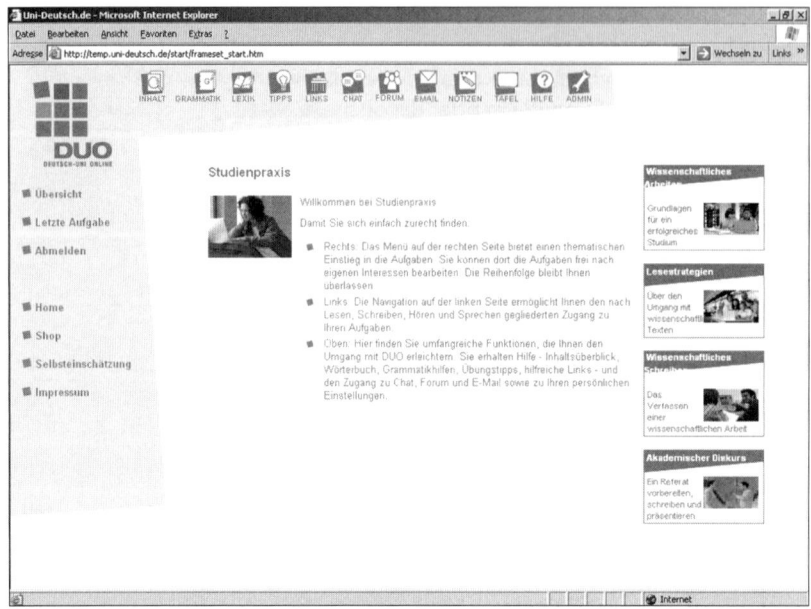

Kapitelübersicht des Moduls uni-deutsch studienpraxis

2.1.1.3 *fach-deutsch*

fach-deutsch ist ein studienbegleitender Sprachkurs ab dem Sprachniveau
B2/C, beziehungsweise nach bestandenem *TestDaF* – aufbauend auf der
TestDaF Niveaustufe 3 – TDN3 oder einer äquivalenten Aufnahmeprüfung.
fach-deutsch besteht aus folgenden acht Modulen mit je circa 100 Stunden
Lernmaterial:

• *fach-deutsch wirtschaft*
• *fach-deutsch jura*
• *fach-deutsch medizin*
• *fach-deutsch natur*
• *fach-deutsch bio*
• *fach-deutsch psycholinguistik*
• *fach-deutsch kultur*
• *fach-deutsch technik*

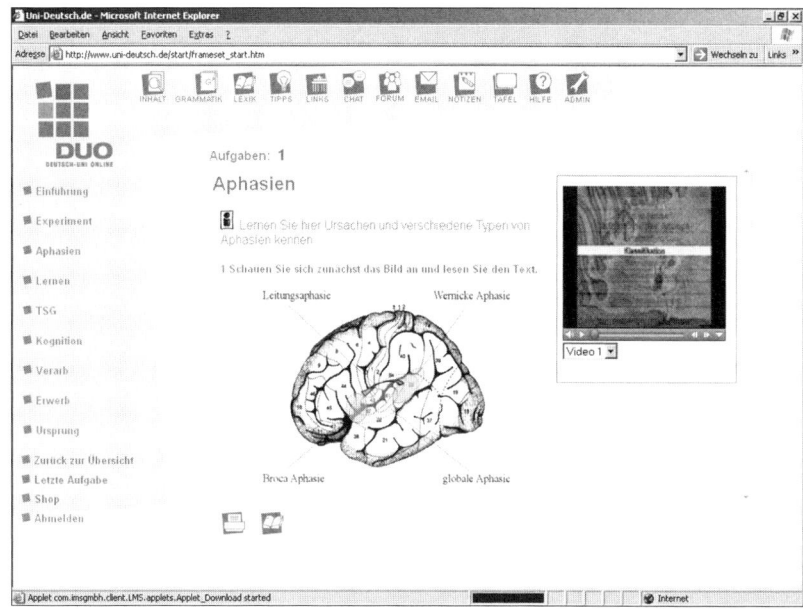

Aufgabe aus dem Modul fach-deutsch psycholinguistik

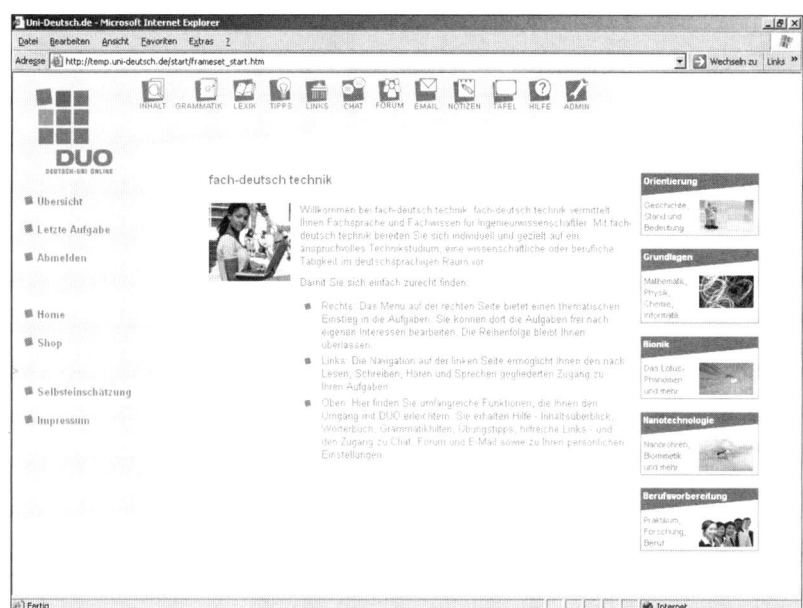

Kapitelübersicht des Moduls fach-deutsch technik

In jedem Modul wird die entsprechende Fachsprache vermittelt. Die Teilnehmer lernen, mit Fachwissen in der Fremdsprache umzugehen.

2.1.1.4 *profi-deutsch*

- *profi-deutsch businesspraxis*
  Der Sprachkurs für die Berufspraxis (Wirtschaft) beinhaltet Lernmaterial für über 200 Stunden. In dem Programm werden unter anderem folgende Themen behandelt: Bewerbungsgespräch, Unternehmenspräsentation, Messen, Bankwesen und Handelspolitik in der EU (Sprachniveau ab B2).

- *profi-deutsch lehrerpraxis*
  Der Sprachkurs für die Lehrerfortbildung beinhaltet Lernmaterial für über 100 Stunden. Es geht unter anderem um die Themen: Lernen und Lehren, Sprache und Literatur sowie um Sprachunterricht mit neuen Medien (Sprachniveau ab B2).

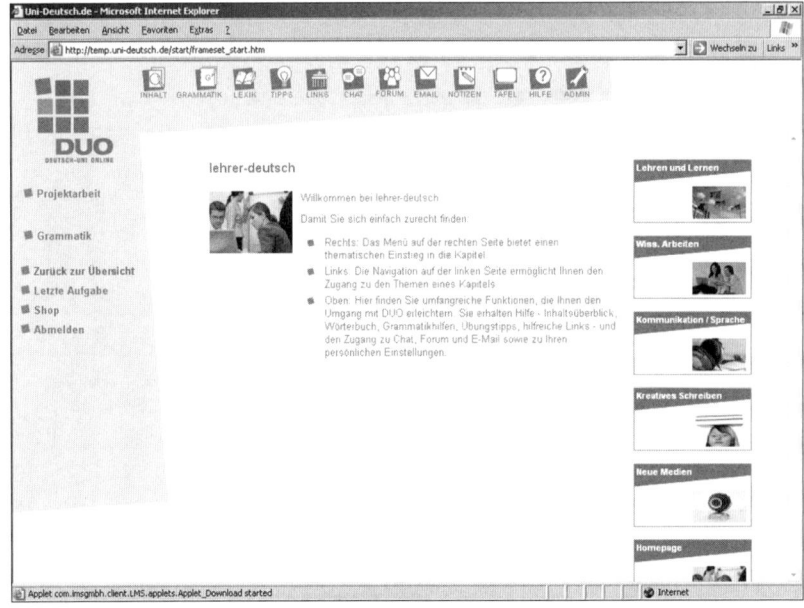

Kapitelübersicht des Moduls profi-deutsch lehrerpraxis

2.1.1.5 *reading german*

reading german basiert auf einem CD-ROM-Programm mit einem Modul zum Erwerb einer elementaren Lesekompetenz im Deutschen und vier weiteren Modulen zur Spezialisierung in verschiedenen Fachrichtungen: Geisteswissenschaften, Wirtschaft, Chemie und Musik. Das Einsteigermodul liegt in überarbeiteter Form als online-Modul vor und bringt die Lerner zu Lesekenntnissen, die der Grundstufe (A2/B1) entsprechen. Lerner mit Vorkenntnissen in den genannten Fachdisziplinen können hier nahtlos mit den Fachmodulen anschließen und so innerhalb von zwei Kursen eine fachspezifische Lesekompetenz im Deutschen erwerben (vgl. Roche 2000). Die Vermittlungssprache im Einsteigermodul ist Englisch, sonst vorwiegend Deutsch.

2.1.2 Die Fremdsprachenprogramme von DUO

- *Towards International Business English* bietet interaktive Online-Lernmaterialien für circa 90 Lernstunden. Der Kurs vermittelt in drei Modulen Business Skills, Soft Skills, Everyday Skills grundlegende Kompetenzen für die englischsprachige Geschäftswelt. Er baut auf guten Englisch-Grundkenntnissen auf und entwickelt diese unter anderem in folgenden Bereichen weiter: Vorbereitung auf Meetings, Redemittel für Präsentationen, Fachwortschatz, interkulturelle Aspekte der Kommunikation und internationale Umgangsformen.

- *Français des affaires* bietet interaktive Online-Lernmaterialien für circa 120 Lernstunden. Der Kurs richtet sich an Lerner, die vor allem einen Einstieg in Wirtschaftsfranzösisch suchen. Kapitel zu folgenden Themenbereichen stehen zur Verfügung: ‚Arriver dans l'entreprise', ‚Le bureau', ‚Marketing, Correspondance', ‚La réunion', ‚Formation – emploi', ‚France-Europe-Express'.

- *Português comercial* vermittelt grundlegende Kompetenzen für die portugiesische Sprache, wobei der Schwerpunkt auf der brasilianischen Varietät liegt. Der Kurs startet bei Null und entwickelt die Grundlagen der Sprache unter besonderer Berücksichtigung von Themen, Situationen und Textsorten aus der Berufswelt und dem wirtschaftlichen Kontext weiter.

- *Japanisch multimedial* vermittelt in zwei aufeinander aufbauenden Modulen (Für Alltag und Beruf; Geschäftsjapanisch) an Lerner ohne Vorkenntnisse die sprachlichen und interkulturellen Grundlagen, um im Berufsalltag in Japan beziehungsweise mit Japanern erfolgreich kommunizieren zu können. Jedes Modul umfasst jeweils circa 90 Lernstunden Online-Material.

- *Chinesisch für Wirtschaft und Beruf* ist als Blended-Learning-Kurs konzipiert und vermittelt in vier aufeinander aufbauenden Modulen sprachliches und kulturelles Basiswissen für einen erfolgreichen Berufsaufenthalt in China. Dieses Programm nutzt ILIAS als Lernplattform.

- *Online Lesetraining Wirtschafts-Englisch* bietet interaktive Online-Lernmaterialien für circa 90 Lernstunden. Der Kurs richtet sich in erster Linie an Schüler und Studenten, Hochschulabsolventen und Forscher, die sich auf ein wirtschaftswissenschaftliches Studium oder den internationalen Berufsalltag in englischer Sprache vorbereiten wollen. Der Schwerpunkt liegt auf der Entwicklung und Vertiefung der Lesekompetenz mit fachsprachlichem Fokus.

- *Online Lesetraining Jura-Englisch* bietet interaktive Online-Lernmaterialien für circa 90 Lernstunden. Der Kurs richtet sich in erster Linie an Schüler und Studenten, Berufstätige und Forscher aus Rechts- und Politikfächern, die sich in die Grundlagen und Terminologie des englischen Rechts einarbeiten wollen. Der Schwerpunkt liegt auf der Entwicklung und Vertiefung der Lesekompetenz mit fachsprachlichem Fokus.

- *Online Lesetraining Politik-Englisch* bietet interaktive Online-Lernmaterialien für circa 90 Lernstunden. Der Kurs richtet sich in erster Linie an Schüler sowie Studenten, Hochschulabsolventen und Forscher, die sich in die Fachgebiete politischer Grundlagen in englischer Sprache einarbeiten wollen.

Der Schwerpunkt liegt auf der Entwicklung und Vertiefung der Lesekompetenz mit fachsprachlichem Fokus.

- *Online Lesetraining Wirtschaftsfranzösisch* bietet interaktive Online-Lernmaterialien für circa 90 Lernstunden. Der Kurs richtet sich an Schüler, Studenten und Berufstätige, die ihre rezeptiven Französischkenntnisse gezielt im Bereich Wirtschaft und Beruf erweitern und vertiefen möchten. Der Schwerpunkt liegt auf der Entwicklung und Vertiefung der Lesekompetenz im Französischen als wichtiger Schlüsselqualifikation in Studium und Beruf.

Die Programme lassen sich in der Regel für drei Lernformen nutzen: assistiertes Lernen (mit tutorieller Betreuung), kombiniertes Lernen (in Verbindung von Online- und Präsenzlehre) und selbst Lernen (Selbststudium ohne tutorielle Betreuung). Wie bei personalisierten Lernprogrammen dieser Art üblich, benötigt der Nutzer aus didaktischen und aus Sicherheitsgründen einen individuellen Zugang über ein Passwort. Einige Programme enthalten verschiedene Einstufungstests zur Feststellung von Stärken und Schwächen und zur Erstellung eines individuellen Lernplans. Der personalisierte Zugang ermöglicht dem Lerner das konstante Bearbeiten des Lernmaterials (ohne Unterbrechungen und Änderungen von Einstellungen), eine Zuweisung in Klassen oder Lernverbände mit direktem Zugang zu Tutor und Klasse, die Erstellung individueller Lernpläne sowie die personalisierte Auswertung von Lernabläufen für Diagnose und Forschungszwecke. Für die Benutzung von Lernprogrammen ist immer eine bestimmte Rechnerausstattung nach definierten Mindestanforderungen nötig. Meist müssen einige Einstellungen am PC vorgenommen werden. Der Download der erforderlichen Plug-ins zum Betrieb der Programme erfolgt dann weitestgehend automatisch oder nach individueller Abfrage nach dem ersten Log-in ins Lernprogramm.

Das sieht bei der DUO-Plattform etwa folgendermaßen aus:

Systemvoraussetzungen
- Prozessor: min. 500 MHz
- Arbeitsspeicher: mindestens 128 MB-Speicher
- Internetanschluss: mindestens 56 KB-Modem

Empfohlene Ausstattung des PC:
- Prozessor: min. 1000 MHz
- Arbeitsspeicher: 256 MB-Speicher
- Breitband-Internetanschluss (DSL)

Software-Voraussetzungen:
- Win 2000, NT, XP, Vista; Mac ab Mac OS X 10.4.2; Linux
- Browser Internet Explorer ab 6.0 oder vergleichbarer Browser
- Java-Runtime Environment 1.5
- Flash-Plugin ab 5.0

Der Download für Java wird automatisch gestartet, wenn die Lerner das erste Mal mit dem Programm arbeiten.

Browsereinstellungen:
- Cookies aktivieren
- Javascript aktivieren

2.2 Einstieg in die Plattform

2.2.1 Erster Schritt: Kapitel wählen

Nach dem Einloggen gelangt man auf die Startseite des Kurses (hier Deutschkurs). In der Mitte des Bildschirms befinden sich die Informationen zum gewählten Kurs. Auf der rechten Seite ist eine Übersicht über die Kapitel des Programmes angebracht.

Um ein Kapitel zu starten, klickt man auf das dazugehörige Bild (Thema). Die Reihenfolge der Kapitel kann selbst bestimmt werden.

Kapiteleinstieg

In den fremdsprachigen Programmen, wie hier in den Programmen *Français des affaires* und *Towards International Business English,* ist der Einstieg genauso intuitiv, den Lernzielen des Programmes jedoch angepasst und daher etwas anders gestaltet.

a. Inhalte nach **Kapiteln** organisiert

b. Konstantenfunktionen für **Ressourcen** und **Kommunikation**

c. **Aufgabenfeld** und **Arbeitsfenster**

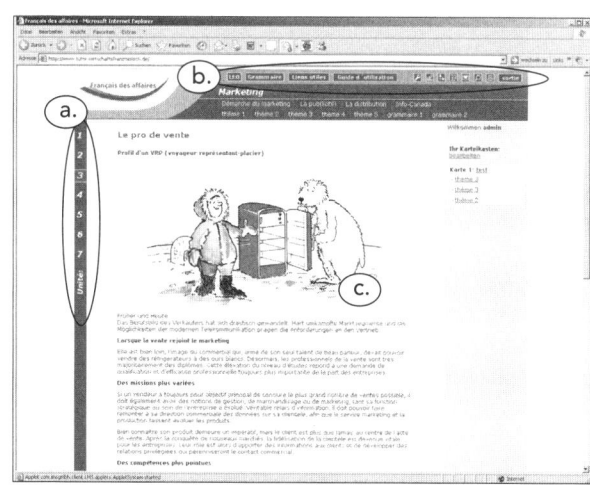

Français des affaires

85

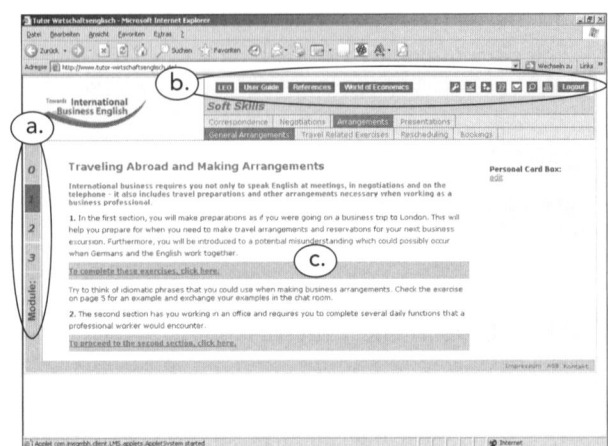

Towards International Business English

2.2.2 Zweiter Schritt: Einstieg in ein Kapitel

Wenn ein Kapitel geöffnet ist, erscheinen folgende zwei Leisten:

a. Oben die **Konstantenleiste**.

b. Links die **Bausteinleiste** (Inhalte).

c. In der Mitte das **Inhaltsverzeichnis** des geöffneten Kapitels.

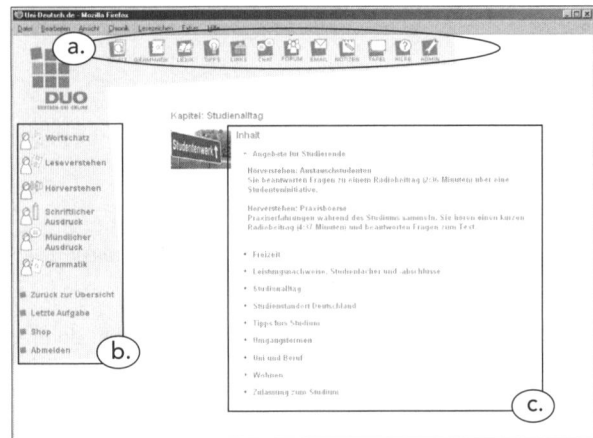

Kapiteleinstieg

2.2.2.1 Einstieg über die Bausteinleiste

In der Bausteinleiste befinden sich verschiedene Symbole. Meistens stehen diese für verschiedene Fertigkeiten (Leseverstehen, Hörverstehen, schriftlicher Ausdruck und mündlicher Ausdruck) sowie Grammatik und Wortschatz. Es können hier auch Unterthemen eines Kapitels stehen. Durch Klicken auf ein Symbol auf der Bausteinleiste öffnen sich die Aufgaben zu dem entsprechenden Bereich.

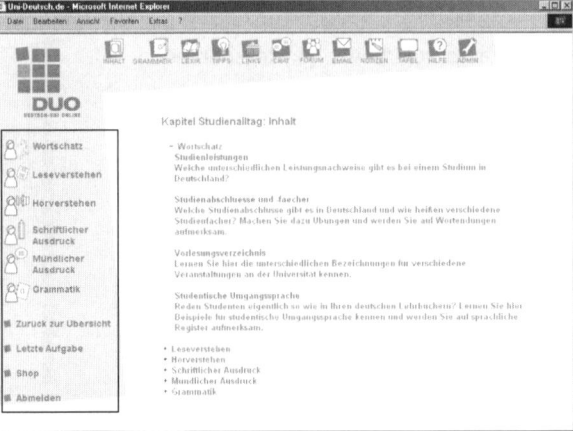

2.2.2.2 Einstieg über das Inhaltsverzeichnis

Das thematische Inhaltsverzeichnis ist auf-
geteilt in thematische Gruppen und steht
in der Mitte.

Die Titel der Aufgaben sind als rote Links
dargestellt und durch Klicken zugänglich.

Neben dem Aufgabentitel befindet sich
noch eine kurze Beschreibung der Aufgabe und gegebenenfalls eine Markierung
mit *** für schwierige Aufgaben.

Durch Klicken auf ein Thema im Inhaltsverzeichnis öffnen sich die Aufgaben zu dem
entsprechenden Bereich.

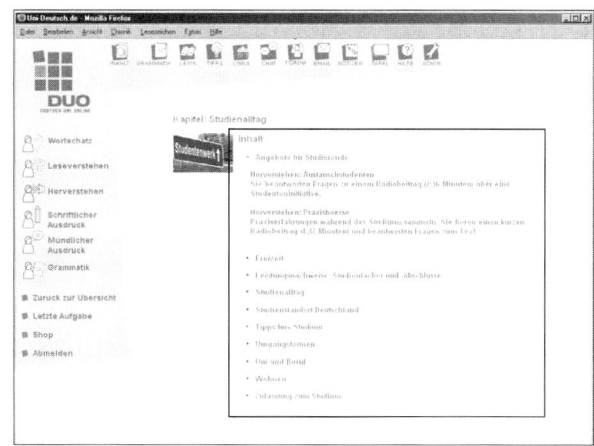

Über das Inhaltsverzeichnis und über die Bausteinleiste gelangt man zu den-
selben Aufgaben. Über die Bausteinleiste können die Fertigkeit (Leseverstehen, Hörverstehen und so weiter) und über das Inhaltsverzeichnis das Thema
(zum Beispiel Freizeit, Studienalltag …) gewählt werden. Dadurch
erhält man eine Auswahl an relevanten Aufgaben. In den fremdsprachigen
Programmen (hier Portugiesisch und Japanisch) sehen diese Schritte folgendermaßen aus:

a. **Konstanten**

b. **Aufgaben**

c. **Ressourcenfeld** für Ton- und Filmaufnahmen

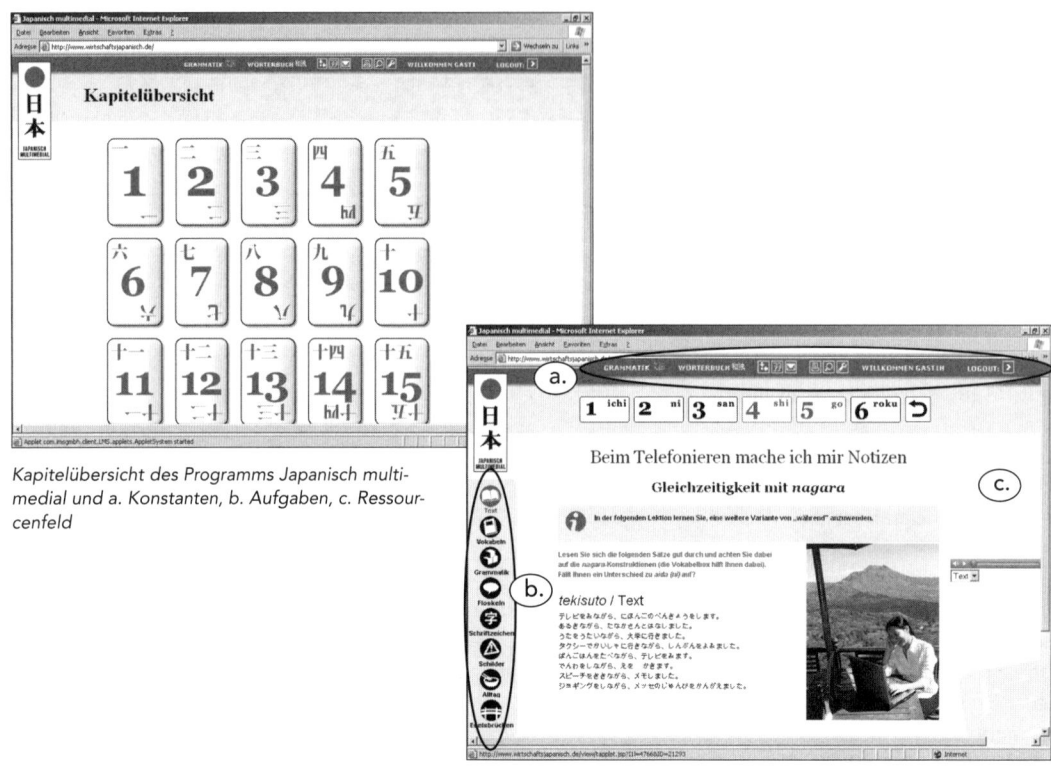

*Kapitelübersicht des Programms Japanisch multi-
medial und a. Konstanten, b. Aufgaben, c. Ressourcenfeld*

2.2.3 Dritter Schritt: Eine Aufgabe öffnen und Übungen dazu bearbeiten

Der Aufbau der Aufgaben entspricht in den Deutschprogrammen immer
diesem Beispiel:

a. Es erscheint eine Leiste mit Zahlen, die
jeweils für eine Aufgabe stehen.
Wenn man eine Zahl anklickt, wird die
entsprechende Aufgabe geöffnet. In der
Mitte sieht man den Titel und das Material zu der Aufgabe (zum Beispiel einen
Lesetext).

b. Die Arbeitsanweisungen befinden sich
direkt im Aufgabenfeld.

c. Ressourcenfeld

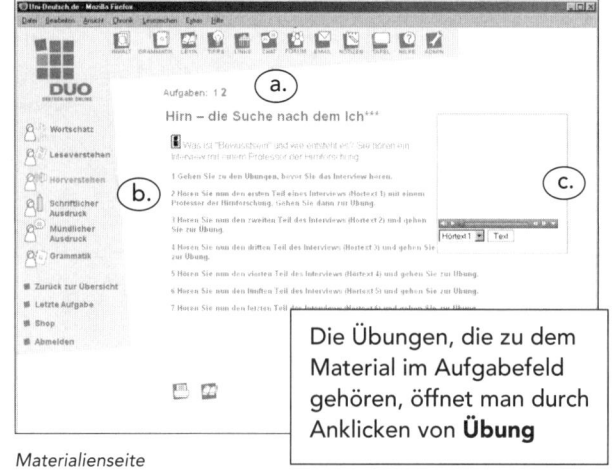

> Die Übungen, die zu dem
> Material im Aufgabefeld
> gehören, öffnet man durch
> Anklicken von **Übung**

Materialienseite

Die Übungen öffnen sich immer in einem neuen Fenster.

Es gibt viele verschiedene Übungstypen. Die untere Leiste sieht bei fast allen Übungen so aus wie in diesem Beispiel.

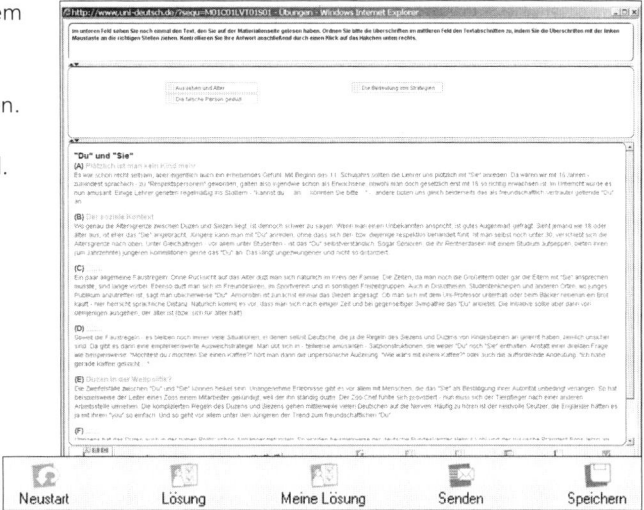

Übungsfenster aus dem Fremdsprachenprogramm Français des affaires

Überblick über die Symbole im Übungsfenster

Hier die wichtigsten Navigationszeichen im Überblick:

	Meistens hat eine Übung mehrere Seiten. Navigation mit den Pfeilen zwischen den Seiten vor und zurück
	CHECK: Lösung selbst korrigieren
	SENDEN: Textaufgaben an die Tutorin oder den e-Assistenten schicken
	SPEICHERN: Text in einer Textaufgabe zwischenspeichern
	LÖSUNG: Lösungsvorschlag anzeigen
	MEINE LÖSUNG: Lösungsvorschlag mit der eigenen Lösung vergleichen
	NEUSTART: Aufgabe zurücksetzen und neu bearbeiten
	TIPPS: Zusätzliche Hilfe für die Lösung der Aufgabe

2.2.4 Vierter Schritt: Weitere Funktionen der Lernplattform nutzen

In der oberen Konstantenleiste stehen viele Online-Ressourcen
und Werkzeuge zur Verfügung:

	INHALT: Inhaltsverzeichnisse aller Kapitel
	GRAMMATIK: Übersicht über Grammatikthemen
	LEXIK: Wortschatz in verschiedenen Wörterbüchern
	TIPPS: Tipps und Strategien zum Lernen
	LINKS: Landeskunde-Linksammlung
	TAFEL: interaktive Tafel oder virtuelles Klassenzimmer
	HILFE: Technische Hilfe, Leitfäden, Beschreibungen, FAQs
	ADMIN: Verwaltung von Korrekturen und persönlichen Angaben

Mit anderen Lernern und Tutoren kommunizieren:	
	CHAT: Verschiedene Chaträume (offener Chatraum, Cafeteria und Klassenchats)
	FORUM: Offenes Forum und Klassenforen
	MAIL: Kontakt mit anderen Lernern oder der Tutorin per E-Mail oder Kurznachricht
	NOTIZEN: Notizen- und Bilderarchiv

2.3 Kommunikationsfunktionen in Lernplattformen

Die aufgeführten Kommunikationsmöglichkeiten von Lernplattformen sollen im Folgenden etwas genauer dargestellt werden.

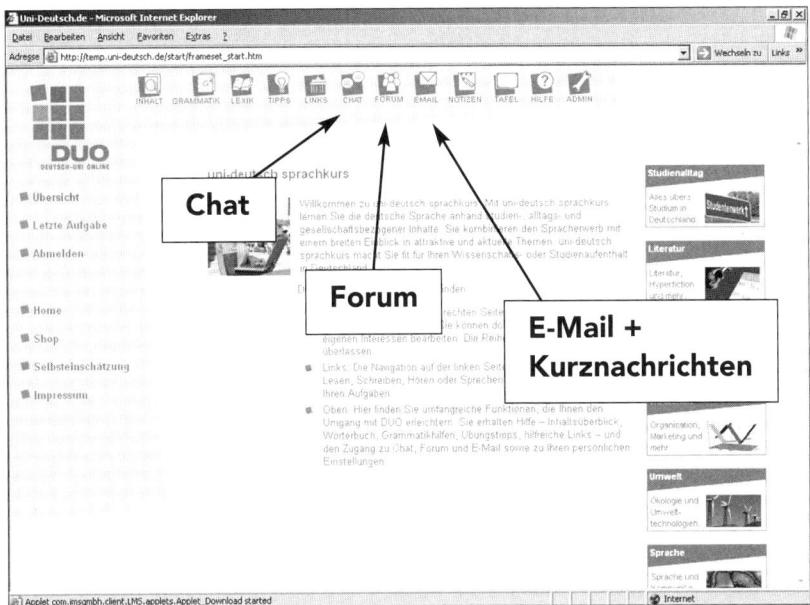

2.3.1 ✉ E-Mail und Kurznachrichten

Mithilfe der E-Mail-Funktion lassen sich zwischen Tutorinnen und Teilnehmern individuellle und kollektive E-Mails und Kurznachrichten verschicken. Dazu müssen selbstverständlich zuvor Standard-E-Mail-Programme und personalisierte Zugänge (E-Mail-Adressen) auf den Computern installiert sein (zum Beispiel Outlook, Thunderbird und andere). An öffentlichen Computern kann man diese Funktion daher oft nicht nutzen. Das DUO-System unterstützt dabei die folgenden Optionen, die für einen interaktiven Unterricht von Bedeutung sind:

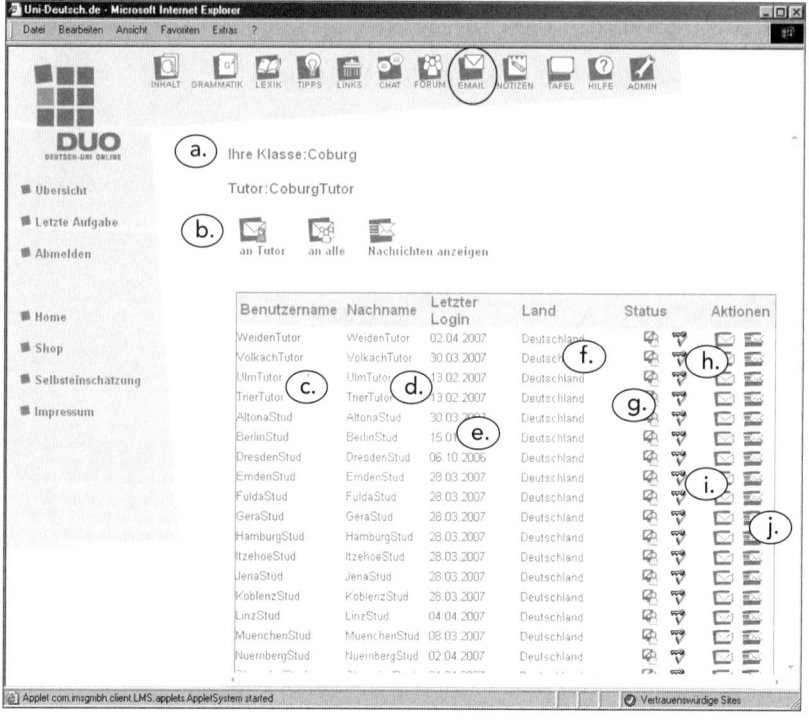

a. In den beiden oberen Zeilen stehen die Namen der Teilnehmer und der Tutorin.

b. Über die Zeile b. ergeben sich folgende Funktionen:

   Mail an Tutor: Hier öffnet sich automatisch ein E-Mail-Fenster, bei dem die E-Mail-Adresse der Tutorin bereits als Empfänger eingetragen ist.

   Mail an alle: Hier öffnet sich automatisch ein E-Mail-Fenster, bei dem die E-Mail-Adressen aller Teilnehmer einer Klasse bereits als Empfänger eingetragen sind.

   Nachrichten anzeigen: Hier kann man die zuletzt versendeten und empfangenen Kurznachrichten ansehen.

c. **Benutzername:** Hier befinden sich die Benutzernamen aller Teilnehmer in einer Klasse.

d. **Nachname:** Hier befinden sich die Nachnamen aller Teilnehmer in der Klasse.

e. **Letzter Login:** Das Datum zeigt an, wann ein Teilnehmer das letzte Mal im Programm eingeloggt war.

f. **Land:** Hier kann man sehen, aus welchen Ländern die Teilnehmer einer Klasse kommen.

g. **Status:** Die Symbole zeigen an, ob ein Teilnehmer online oder offline ist:

   = Teilnehmer ist online /   = Teilnehmer ist offline.

h. **Ansprechbarkeit:** Ein Lerner kann in seiner Programmverwaltung auswählen, ob er beim Lernen angesprochen werden will oder nicht:

= Teilnehmer ist ansprechbar / = Teilnehmer ist nicht ansprechbar

i. **E-Mail:** Über dieses Symbol kann die Tutorin dem jeweiligen Benutzer eine E-Mail schicken.

j. **Kurznachricht:** Mit dieser Funktion kann man dem jeweiligen Benutzer eine Kurznachricht innerhalb der Lernplattform schicken.

• E-Mails verschicken
Über das Briefsymbol (i) neben einem Namen in der Liste kann man leicht eine E-Mail verschicken. Es öffnet sich dann automatisch ein E-Mail-Fenster, bei dem die E-Mail-Adresse des jeweiligen Benutzers bereits eingetragen ist.

• Kurznachrichten verschicken
Über das Symbol mit dem Briefumschlag (j) neben einem Namen in der Liste kann man eine Kurznachricht an diesen Teilnehmer verschicken.

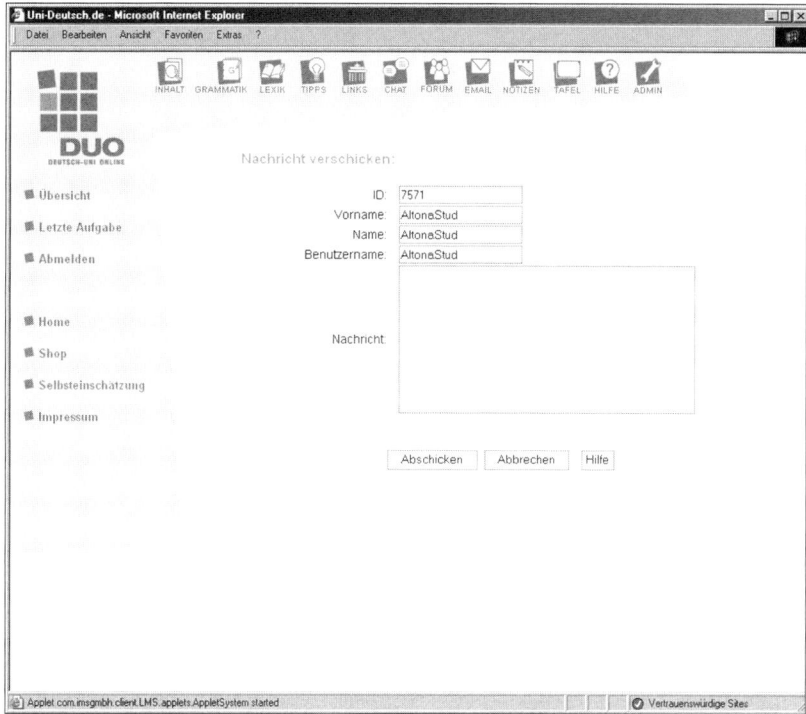

Daraufhin öffnet sich diese Eingabe-Ansicht. Die Kurznachricht wird in das Textfeld in der Mitte geschrieben und dann abgeschickt. Tutor oder Tutorin können sich auch hier auf das Wesentliche der Nachricht konzentrieren. Der technische Aufwand des Suchens und Eingebens von Adressen ist denkbar gering.

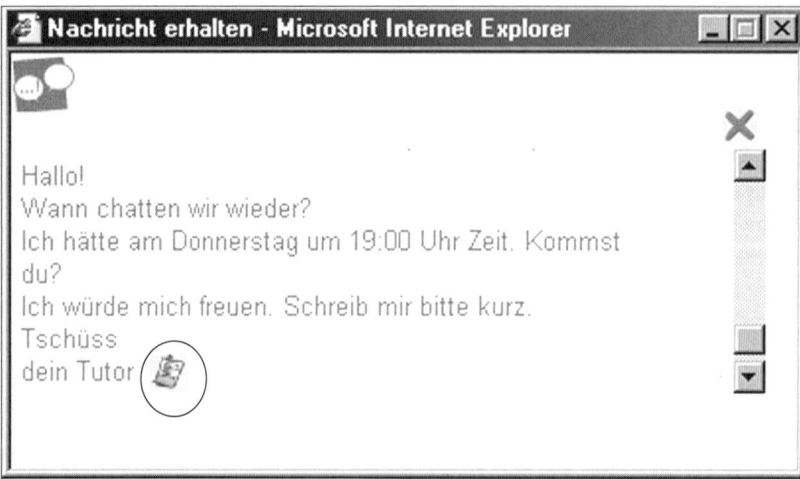

Der Teilnehmer erhält die Kurznachricht in einem kleinen Pop-up-Fenster, sobald er im Lernprogramm eingeloggt ist. Diese kann er ohne Aufwand leicht beantworten. Für die Tutorin öffnet sich dann wieder die Eingabe-Ansicht und sie kann eine neue Kurznachricht verfassen und abschicken.

2.3.2 Chat

Im Chat können sich Teilnehmer einer Klasse mit ihrer Tutorin zeitgleich unterhalten.

• Chataufgaben

Chataufgaben stehen jeweils auf der Materialienseite im Aufgabenfeld. Die Tutorin kann hier Termine und Aufgaben für Klassenchats vorgeben. Ansonsten kann man auch feste Zeiten mit Teilnehmern aus einer Klasse oder mit einer Tutorin verabreden, zu denen man eine bestimmte Aufgabe im Chat diskutieren und bearbeiten will.

Beispiel für eine Chataufgabe: *uni-deutsch sprachkurs*, Kapitel Studienalltag / Schriftlicher Ausdruck / Aufgabe 1 / Materialienseite:

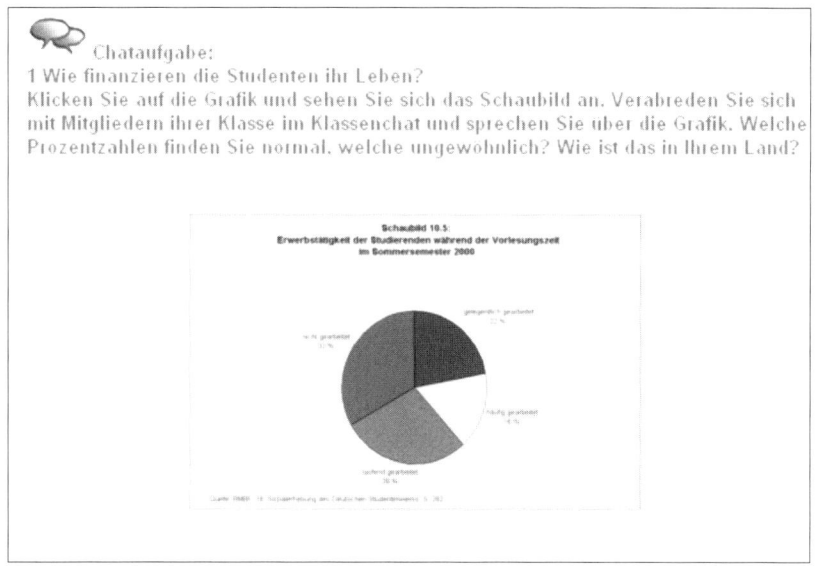

Chataufgabe:

1 Wie finanzieren die Studenten ihr Leben?

Klicken Sie auf die Grafik und sehen Sie sich das Schaubild an. Verabreden Sie sich mit Mitgliedern ihrer Klasse im Klassenchat und sprechen Sie über die Grafik. Welche Prozentzahlen finden Sie normal, welche ungewöhnlich? Wie ist das in Ihrem Land?

• Übersicht über die Funktionen des Chatfensters

Chats dienen der synchronen Kommunikation zu organisatorischen, alltäglichen oder unter Umständen auch spezifischen Themen des Unterrichts. Die Chatkommunikation ist in der Regel recht flüchtig und schnell. Die Schriftform reflektiert dabei eher mündliche Kommunikation mit den üblichen Verkürzungen und Verschleifungen. Über das Symbol **Chat** öffnet sich ein Fenster. Hier ergeben sich folgende Nutzungsmöglichkeiten:

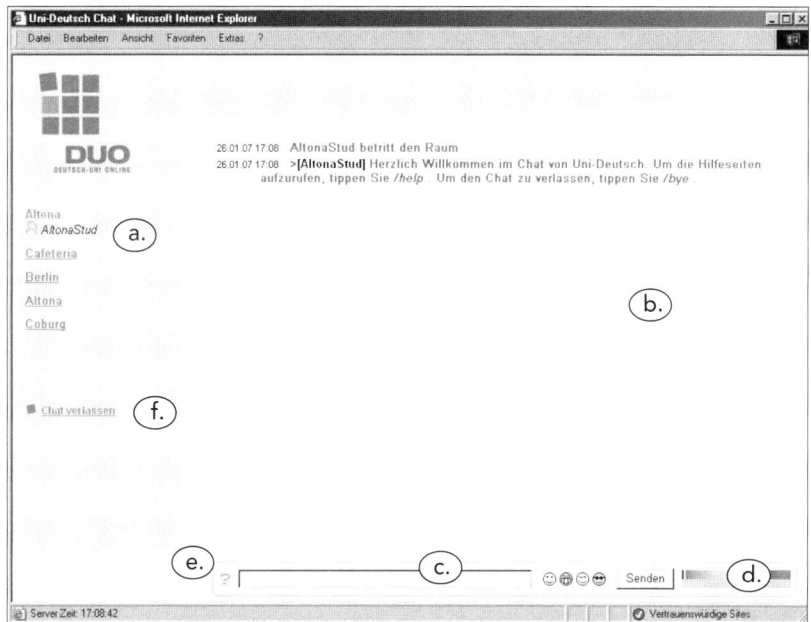

a. **Chaträume:** Zwei eingerichtete Chaträume stehen hier bereits zur Verfügung: der **Klassenraum** und die **Cafeteria**. Einen Chatraum betritt man einfach durch Anklicken des entsprechenden Symbols.

   Chat im Klassenraum: Den Klassenraum können nur Mitglieder einer Klasse betreten.

   Chat in der Cafeteria: Die Cafeteria können alle Teilnehmer betreten, die weltweit über die Lernplattform angemeldet sind.

b. **Chat-Fenster:** Hier findet die offene Unterhaltung statt, an der man rezeptiv oder aktiv teilnehmen kann. Zu Beginn jedes neuen Beitrages erscheinen Datum und Uhrzeit. Man kann aber nur etwa die letzten 10 Beiträge sehen, ältere Beiträge werden gelöscht.

c. **Textfeld:** Hier werden die Nachrichten eingegeben und mit der Enter-Taste abgeschickt. Neben dem Textfeld ist eine kleine Auswahl an Smileys. Durch Anklicken kann man sie in das Textfeld einfügen.

d. **Farbauswahl:** Hier kann man die Farbe für seine Mail auswählen.

e. **Hilfe:** Hier gibt es Hilfen: Man kann zum Beispiel die Unterhaltung speichern oder weitere Smileys finden.

f. **Chat verlassen:** Das Chat-Fenster wird geschlossen und damit verlässt man die Unterhaltung.

2.3.3 Foren

Im Gegensatz zu Chats für die synchrone und eher kurzlebige Kommunikation bieten Foren die Möglichkeit, auch längere Beiträge zu verfassen und über längere Zeit (asynchron) zu erhalten. Nicht alle Teilnehmer müssen also zu einer vereinbarten Zeit im Forum sein.

• **Aufgaben für das Forum**
Auch für die Foren gibt es eine Reihe von Aufgaben. Sie stehen auf der Materialienseite im Aufgabenfeld. Klasse und Tutor können gemeinsam festlegen, welche Aufgaben sie bearbeiten oder welche Themen sie besprechen wollen. Beispiel für eine Aufgabe im Forum: Kapitel Studienalltag / Hörverstehen / Aufgabe 3 / Materialienseite

> Forumsaufgabe:
> 1 Was denken Sie? Ist es für Studenten wichtig, bereits während des Studiums Praxiserfahrungen zu sammeln?
> Gehen Sie in das Forum und diskutieren Sie.

• Übersicht über die Funktionen des Forums

Das Forum-Fenster ist wie folgt aufgebaut:

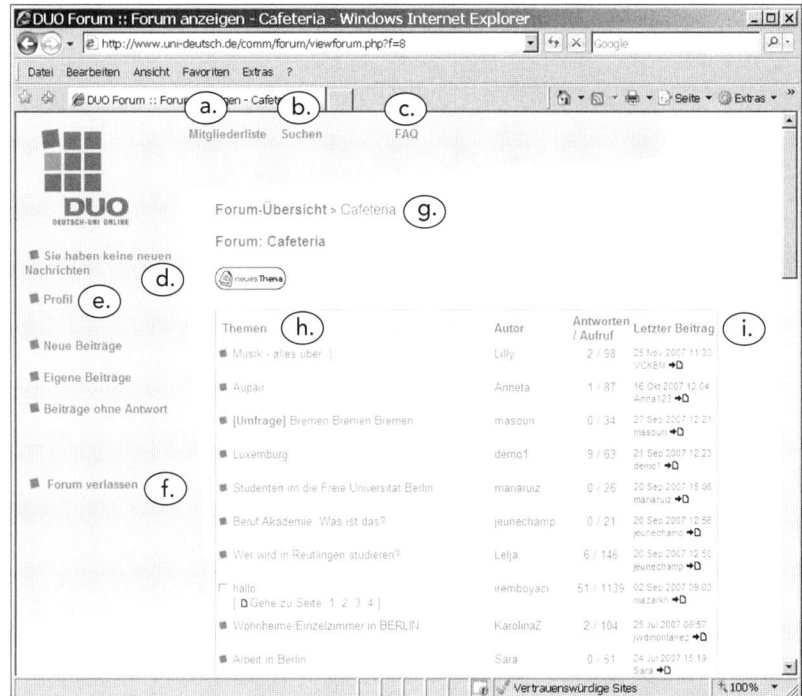

Forumübersicht

a. Mitgliederliste

b. Suche

c. **Häufig gestellte Fragen** (Anleitungen zu speziellen Funktionen in den Foren; FAQs)

d. **Neue Nachrichten** von oder an Forumsmitglieder

e. **Profil** anzeigen lassen (persönliche Daten ändern, Bild eingeben …)

f. **Forum verlassen** (Schließen des Forum-Fensters)

g. Forum Übersicht

Über die **Forum-Übersicht** erhält man Zugang zum **Klassenforum** und den **Allgemeinen Foren.**

Klassenforum: Das Klassenforum kann nur von Mitgliedern einer Klasse geöffnet werden. Die Aufgaben und Themen können von der Tutorin oder anderen Teilnehmern vorgegeben und gezielt für den Unterricht genutzt werden. Neue Foren einrichten kann nur der Administrator.

Allgemeine Foren: Diese Foren können von allen Teilnehmern genutzt werden, die in der Lernplattform angemeldet sind. Sie eignen sich für klassenübergreifende Diskussionen in internationalem Kontext.

h. **Anzahl Themen/Beiträge:** Hier kann man ablesen, wie viele Themen es in einem Forum gibt und wie viele Beiträge dort bereits abgelegt sind.

i. **Letzter Beitrag:** Hier kann der letzte Beitrag zu einem Forum eingesehen werden. Durch Klicken auf den Verfassernamen kann man sein Profil einsehen.

Und so geht es:

• **Auf einen Beitrag antworten**

In der Forum-Übersicht sind die verfügbaren Themen aufgeführt.

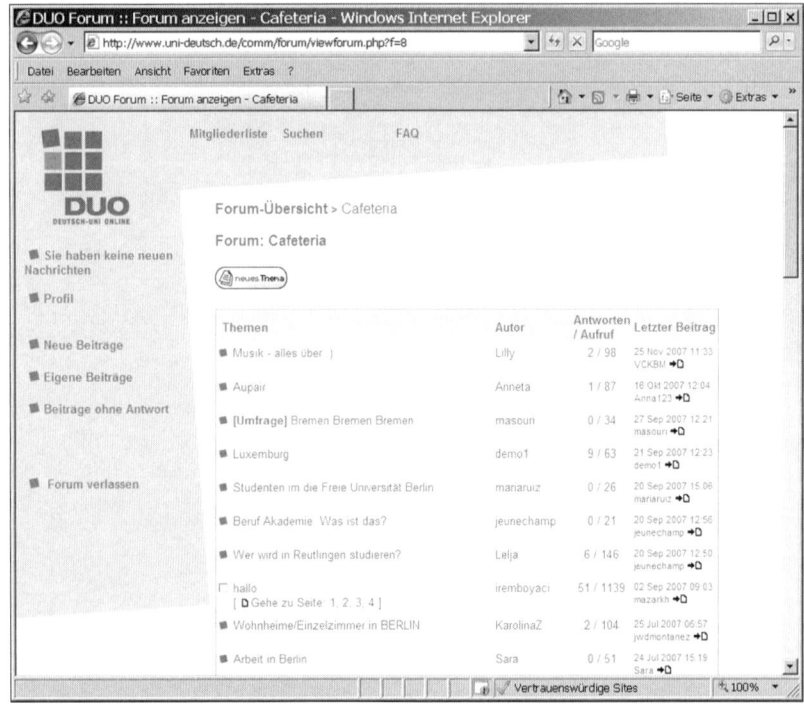

Klicken Sie auf den Titel eines Forums. Datum und Autor des letzten Eintrages erscheinen rechts.

Der Text erscheint.

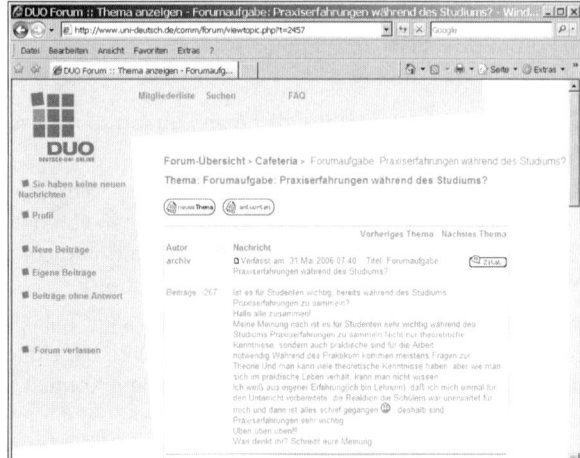

Antworten durch Klicken auf  .

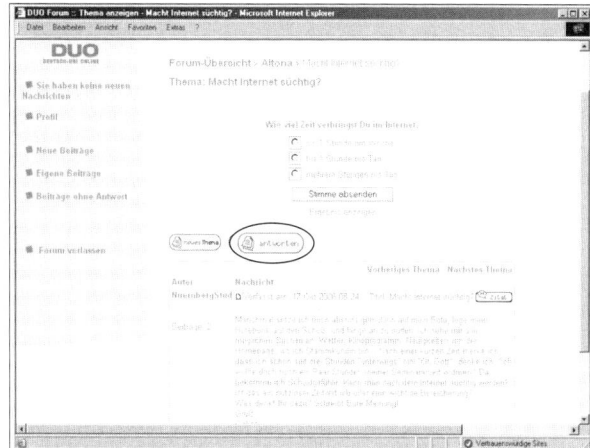

Die Antwort in das neue Feld, eine Über-schrift in die Titelzeile schreiben.

Nachricht absenden.

Die Antwort erscheint unten als letzter Beitrag zu dem ausgewählten Thema. Nun können die anderen Teilnehmer dar-auf antworten.

Rechts oberhalb des Textes befinden sich drei Funktionen.

Mit der Funktion **Zitat** kopiert man einen Text in ein neues Text-feld. Unter die Kopie kann man seine eigene Antwort schreiben.

Die **selbst verfassten** Texte können nach-träglich durch **ändern** bearbeitet oder durch ☒ gelöscht werden.

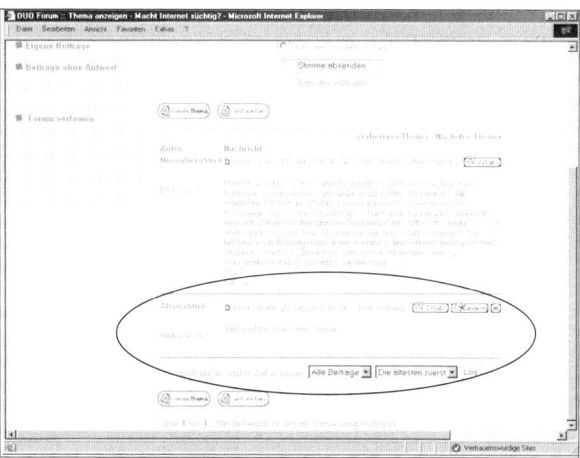

• Ein neues Thema anlegen

Das neue Forum öffnen.

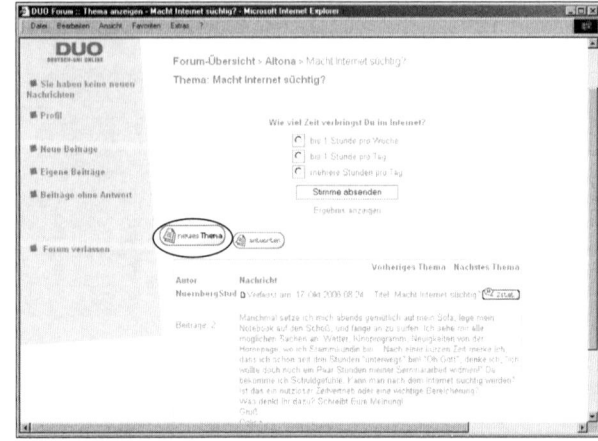 klicken.

Weiter bearbeiten wie unter **antworten** beschrieben.

• Eine Umfrage hinzufügen

Beim Anlegen eines neuen Themas kann man auch eine Umfrage schalten. Die anderen Teilnehmer können dabei ihre Stimme für eine Antwort abgeben.

Dazu muss man eine Frage mit mindestens zwei Antworten formulieren (**Antwort hinzufügen** klicken).

Dann **Absenden** klicken.

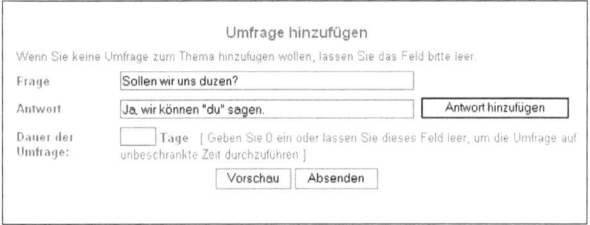

So sehen die nächsten Teilnehmer die Umfrage und können entsprechend ihre Stimme abgeben.

Unter **Ergebnis anzeigen** kann man jederzeit sehen, wie viele Stimmen bereits abgegeben wurden.

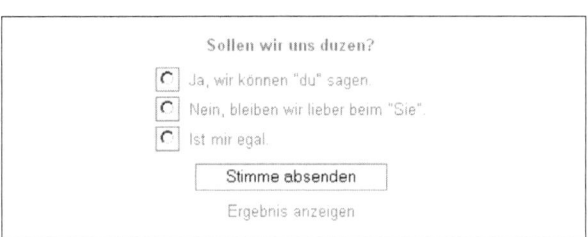

• Profil anlegen

Jeder Teilnehmer hat ein Profil, in dem er
Informationen über sich ablegen kann, wie
zum Beispiel E-Mail-Adresse, Beruf, Interessen … Die anderen Teilnehmer können
diese Informationen dann einsehen.

Man kann auch ein Bild von sich hinzufügen (Größe maximal 80 x 80 Pixel). Es erscheint automatisch neben jedem neu
geschriebenen Beitrag.

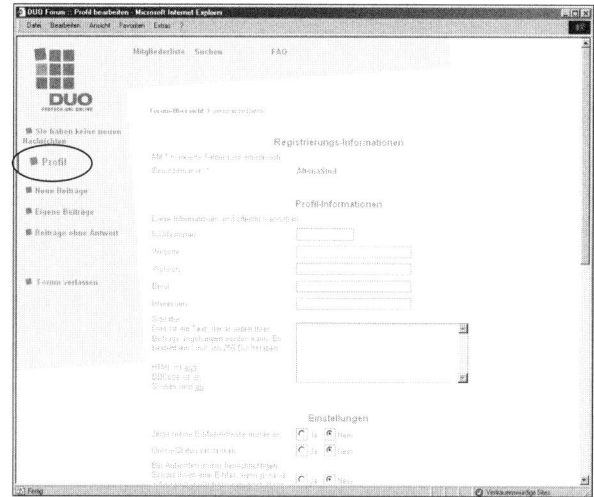

2.3.4 ☐ Tafel / Whiteboard / Virtual Classroom

Mit virtuellen Klassenzimmern oder interaktiven Tafeln kann man versuchen,
Präsenzaktivitäten im Unterricht so weit wie möglich über geografische
Distanzen herzustellen. Die Grundvorstellung ist hierbei, einen Klassenraum
zu schaffen, in dem Lerner und Tutorin von ganz unterschiedlichen Orten aus
synchron miteinander kommunizieren können: über Ton, über schriftlichen
Chat oder angeschlossene Foren, über eine synchron nutzbare Tafel, die
gleichzeitig von verschiedenen Teilnehmern beschrieben werden kann, über
vorbereitete Unterrichtsmaterialien und gegebenenfalls über Videoaufnah-
men. Das heißt, dass ein Lehrer vorbereitete Materialien (Abbildungen,
Folien, Power-Point-Präsentationen, Texte, Animationen, Webseiten) in die
Tafel einstellen und daran verschiedene Dinge illustrieren oder Aufgaben erarbeiten lassen kann. Auf die Tafel kann zudem im virtuellen Unterricht von
verschiedenen Orten aus geschrieben und gezeichnet werden und alle Tafel-
bilder sind für die spätere Verwendung speicherbar. Gleichzeitig können Teilnehmer einer Klasse über Chat, VoiceChat oder auch Video-Konferenzen miteinander kommunizieren und interagieren. Mit einfachen Webcams lassen sie
sich problemlos herstellen. Allerdings sind Video-Konferenzen wegen der
Internetverbindungen und der beschränkten Abbildungsmöglichkeiten auf
einem Bildschirm noch vergleichsweise limitiert möglich. Größere Probleme
bereiten bei umfangreicheren Lerngruppen das Management der Klasse und
die Koordinierung ihrer Aktivitäten. Schließlich muss irgendwie organisiert
werden, wer wann wie lange sprechen darf. Die Koordination dieses Turn-Ta-
king bei gesprochener Sprache kann ohne ausreichenden Blickkontakt nicht
reibungslos funktionieren. Daher muss es explizite Möglichkeiten für die
Steuerung des Rederechts geben, zum Beispiel durch entsprechende Tasten,
die aufleuchten, oder schriftliche Aufforderungen über die Chatfunktion.

2.3.5 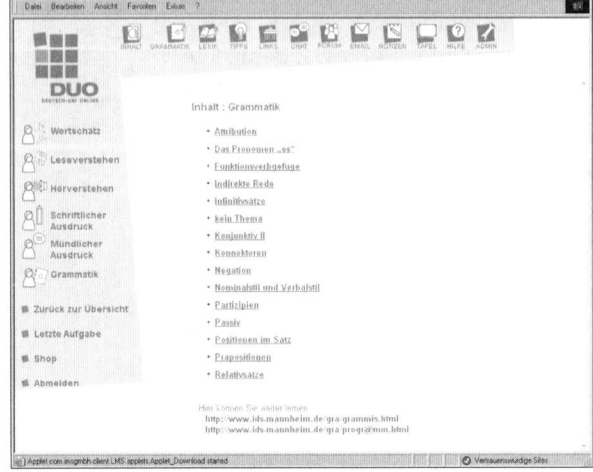 Grammatik

Hier erhält man eine Übersicht über alle Grammatikthemen, die in einem entsprechenden Modul vorkommen. Wenn man ein Thema aus dieser Übersicht anklickt, öffnet sich die Materialienseite des betreffenden Kapitels mit den Aufgaben und Übungen zu diesem Grammatikthema. Das heißt, auch dieser systematische Zugang zur Grammatik für Zwecke der Grammatikwiederholung führt zu einem bestimmten thematischen Kontext. Grammatikvermittlung erfolgt also nicht kontextfrei. Desweiteren befinden sich hier eine Reihe von Verlinkungen zu qualifizierten Online-Grammatiken und Online-Tutorien, wie denen des *Instituts für Deutsche Sprache*.

2.3.6 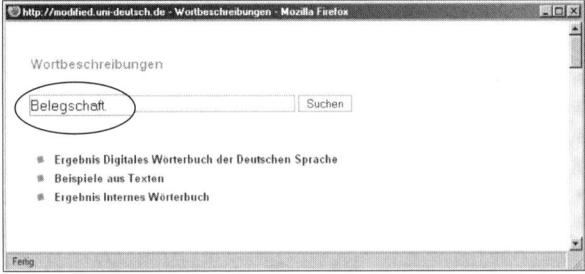 Lexik / Wörterbücher

Ein gesuchtes Wort kann hier in drei verschiedenen Datenbanken gesucht werden:

• im *Digitalen Wörterbuch der Deutschen Sprache (DWDS)*

• in **Beispielen aus Texten** (Konkordanzen)

• im **Internen Wörterbuch**

• Das digitale Wörterbuch der Deutschen Sprache (DWDS)

das Digitale Wörterbuch
DWDS der Deutschen Sprache
des 20. Jahrhunderts

Bei dieser Funktion wird die Bedeutung eines Wortes im *DWDS* nachgeschlagen, dem größten deutsch-deutschen Online-Wörterbuch. Es werden grammatikalische Angaben zu dem eingegebenen Wort (wie zum Beispiel Genus bei Nomen oder Präteritum- und Perfektformen bei Verben) und Erklärungen zu den verschiedenen Bedeutungen des Wortes angegeben. Außerdem gibt es Beispielsätze für die Illustration der jeweiligen Bedeutung und weiterführende Links.

• Beispiele aus Texten

Das gesuchte Wort im Eingabefeld wird in
einer Sammlung von Texten und Beispiel-
texten gesucht (Konkordanzen). Alle Beispielsätze, die das Wort selbst oder eine
abgeänderte Form des Wortes enthalten,
werden angezeigt. Durch diese Beispielsätze wird die Verwendung eines Wortes
verdeutlicht und man kann aus dem Kontext auf die Bedeutung(en) des Wortes
schließen. In diesem Beispiel wird eine
Auswahl an Beispielsätzen für das Wort
‚Belegschaft' angezeigt.

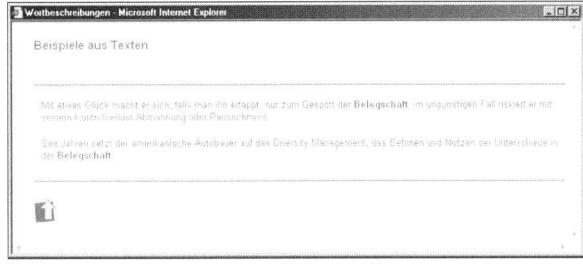

• Das interne Wörterbuch

Elektronische Wörterbücher, die als Glossare oder Ähnliches mit Lehrbüchern
angeboten werden oder auch mitlernende Wörterbücher, in die ein Lerner
neue Wörter eintragen soll, mögen attraktiv aussehen, haben aber nur eine
begrenzte Reichweite. Sie vereinfachen häufig so stark, dass sie über einen
Kapitelkontext hinaus wenig Nutzen haben, oder sie verlangen intensive
Pflege, bis daraus ein brauchbares Referenzlexikon werden kann. Hier sind
also Aufwand und Nutzen gut abzuwägen. Im internen Wörterbuch verschiedener Lernprogramme von *DUO* gibt es daher nur Einträge für ausgewählte
Wörter. Meistens handelt es sich dabei um Schlüsselwörter in Texten auf der
Materialienseite, die für das Verständnis des Textes wichtig sind. Sie werden
im Text auf der Materialienseite orangefarben markiert. Wenn man das entsprechende Wort mit der Maus markiert und unter dem Text auf das Lexik-
Symbol klickt, erhält man einen Eintrag im internen Wörterbuch.

Die Erklärung im internen Wörterbuch ist
leicht verständlich und im Gegensatz zum
Wörterbucheintrag bei *DWDS* sehr kurz.
Sie erklärt das Wort im Kontext des entsprechenden Textes auf der Materialienseite. Es werden also nicht alle möglichen
Bedeutungen angegeben.

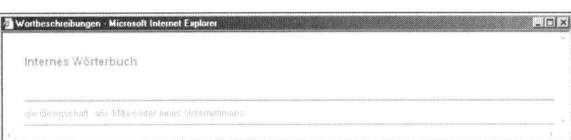

2.3.7 Tipps

Unter **Tipps** befindet sich eine Fülle von
Tipps für den effektiven Umgang mit Lernprogrammen sowie eine Fülle von Lern-
techniken und -strategien. Diese Tipps
sind nach Themen geordnet und wie die
Grammatikthemen in die thematischen
Kapitel integriert. Sie sind also einzeln
über die Kapitel oder systematisch über
die Tipps zugänglich.

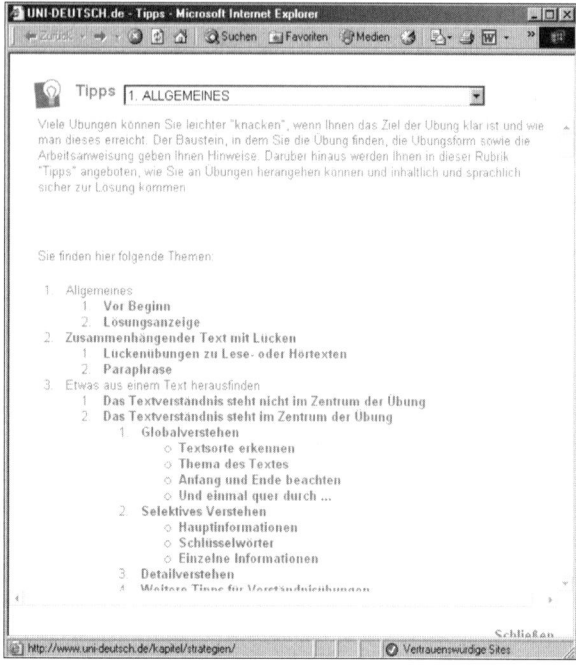

2.3.8 Links

Hier befindet sich eine nach Themen ge-
ordnete Linksammlung zu aktiven Webseiten im Internet.

Die Themen sind allgemein für Lerner von
Interesse (zum Beispiel Informationen zu
Stiftungen und Fördereinrichtungen) beziehungsweise richten sich nach den Themen,
die in den Kursen behandelt werden.

Ein automatischer ‚Trouble Detector' sorgt
dafür, dass inaktive Webadressen (URLs)
sofort an den Webmaster gemeldet und
umgehend ersetzt werden können.

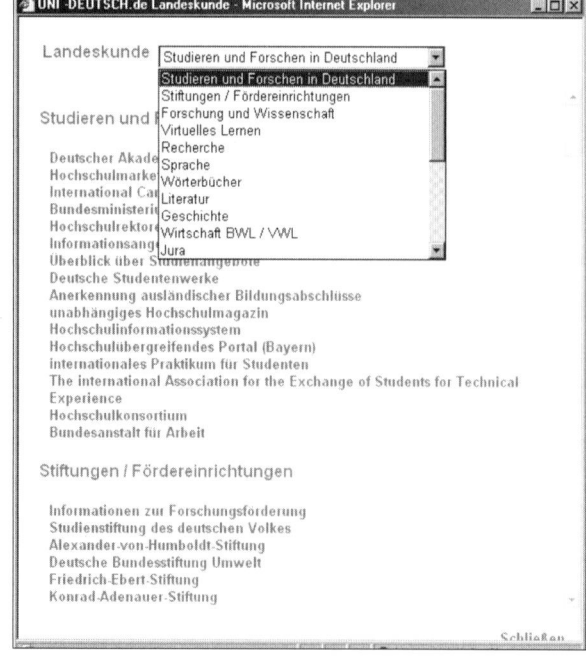

2.3.9 Administrationsfunktionen

Die Administrationsfunktionen in Lernplattformen werden wegen ihres Bezuges zur Aufgabenverwaltung im Anschluss an die Übungstypologie (Abschnitt 4, S.140ff.) dargestellt.

2.4 Bestandteile und Funktionen der Materialienseite

2.4.1 Funktionen der Bausteinleiste

Die linke Leiste ist die Bausteinleiste. Über diese Leiste kann man zu den Aufgaben und Übungen navigieren. Die Symbole auf dieser Leiste sind die **Bausteine**. Sie zeigen die Art von Aufgaben und Übungen an (siehe hierzu auch die einführende Vorstellung der Grundfunktionen in Kapitel 2.2).

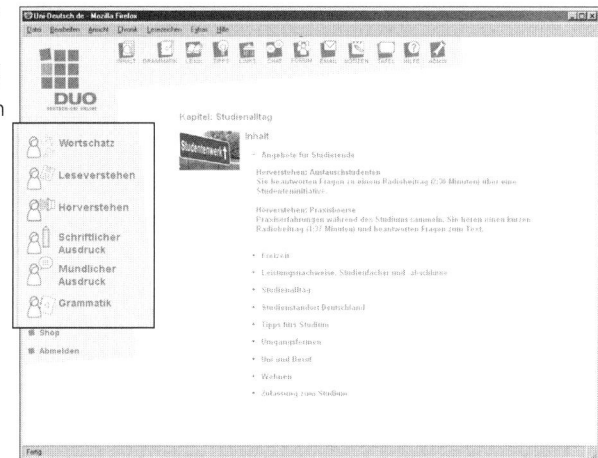

Unten auf der Bausteinleiste befinden sich einige weitere Funktionen.

Über den Link **Zurück zur Übersicht** kommt man von jeder Stelle im Programm zurück zur Kapitelübersicht.

Wenn man auf den Link **Letzte Aufgabe** klickt, wird die Aufgabe angezeigt, die man zuletzt geöffnet hatte.

Diese Funktion hilft, genau dort weiterzuarbeiten, wo man bei der letzten Sitzung aufgehört hat.

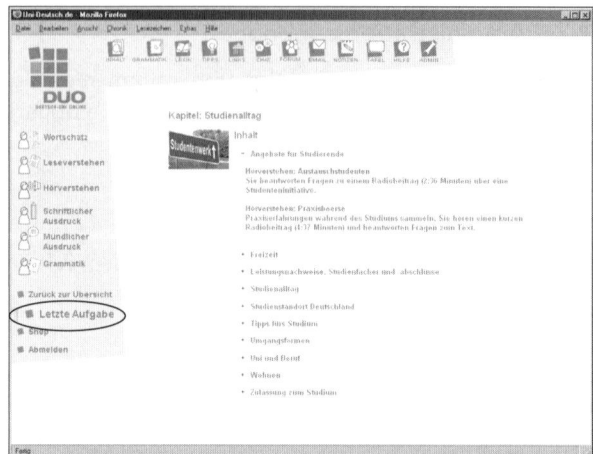

Über den Link **Shop** kann man auch weitere Kurse oder zusätzliche Betreuung buchen.

Bei einem Klick auf den darunter stehenden Link **Abmelden** wird die Sitzung beendet. Erst danach sollte das Browserfenster geschlossen werden. So werden Einstellungen gespeichert und Fehler können vermieden werden.

Nach dem Abmelden kommt man wieder zur *DUO*-Startseite.

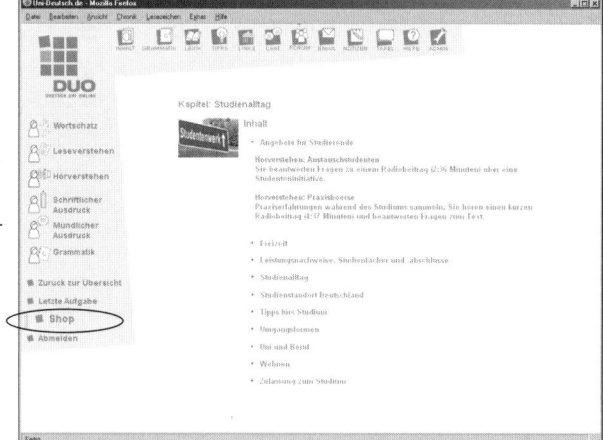

2.4.2 Funktionen der Materialienseite

Wenn man ein Kapitel geöffnet hat, kommt man zur Materialienseite. Durch Klicken auf ein Symbol auf der Bausteinleiste oder auf einen Eintrag im Inhaltsverzeichnis in der Mitte des Fensters, öffnet sich die Aufgabe.

Eine **Aufgabe** umfasst das Material (zum Beispiel einen Lesetext), also die Grundlage für die **Übungen**. Dort findet man Folgendes:

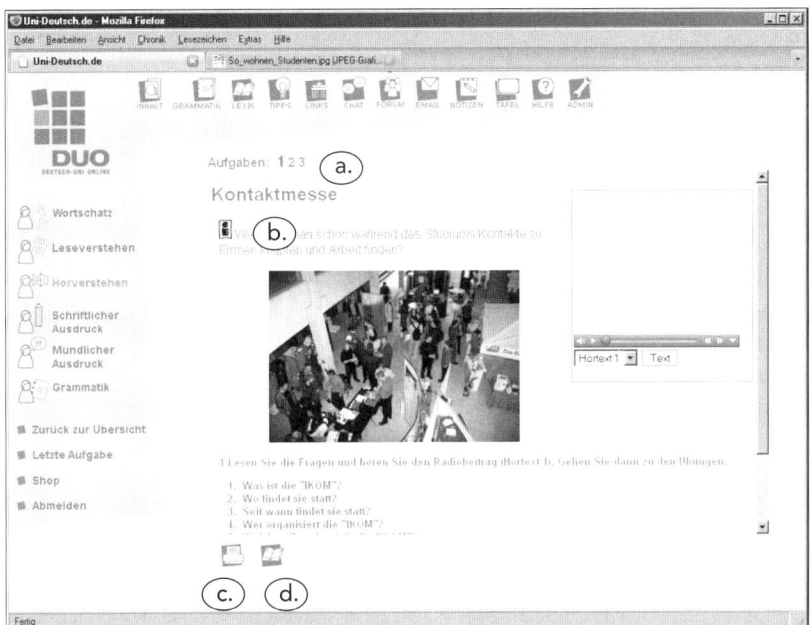

a. Die Aufgabenleiste

Jede Zahl in der Aufgabenleiste entspricht einer Aufgabe mit Material und Übungen zu unterschiedlichen Themen. Die fett formatierte Zahl zeigt an, welche Aufgabe geöffnet ist. Die Aufgaben können in beliebiger Reihenfolge bearbeitet werden.

b. Das Aufgabenfeld

Das Aufgabenfeld hat mehrere Bestandteile. Die **Überschrift** gibt Auskunft über das Thema der Aufgabe. Eine schwierige Aufgabe ist neben der Überschrift mit drei Sternen (***) markiert. Die **Information** unter der Überschrift gibt Anhaltspunkte darüber, was bei dieser Aufgabe erwartet wird. Die **Arbeitsanweisungen** sind innerhalb einer Aufgabe durchgehend nummeriert und am besten in der vorgegebenen Reihenfolge zu bearbeiten. In diesem Feld befinden sich meistens das **Material**, das für die Bearbeitung der Übungen gebraucht wird (Lesetexte, Bilder, Fotos …) und Links auf weiterführendes Lernmaterial. Im Aufgabenfeld sind schließlich auch die **Links zu den Übungen**. Die Größe des Aufgabenfeldes ist hier fest vorgegeben, um die Darstellbarkeit des Inhalts auf allen Bildschirmgrößen zu gewährleisten. Über den Scrollbalken am rechten Rand des Aufgabenfeldes kann man sich durch das Material bewegen.

c. Druckfunktion: Ausdrucken der Materialien im Aufgabenfeld

Texte und Bilder im Aufgabenfeld können durch Klicken des Druckersymbols (c.) unter dem Aufgabenfeld ausgedruckt werden. Ähnlich erfolgt auch das

Ausdrucken von Übungsfenstern mit den bearbeiteten Übungen. Die Erfahrung zeigt, dass Lerner Lernmaterial gerne ‚begreifen'.

d. 📖 Lexikfunktion

Zugang zu Wörterbuchressourcen gibt es in den Sprachprogrammen auf unterschiedliche Art (siehe Abb. S.90 und Abschnitt Lexik/Wörterbücher in der Konstantenleiste, S.102f.). Die einfachste Form ist die Markierung eines Wortes im Text (zum Beispiel durch einen Doppelklick mit der linken Maustaste). Durch ein weiteres Klicken auf das Lexik-Symbol unter dem Aufgabenfeld erscheint die Worterklärung.

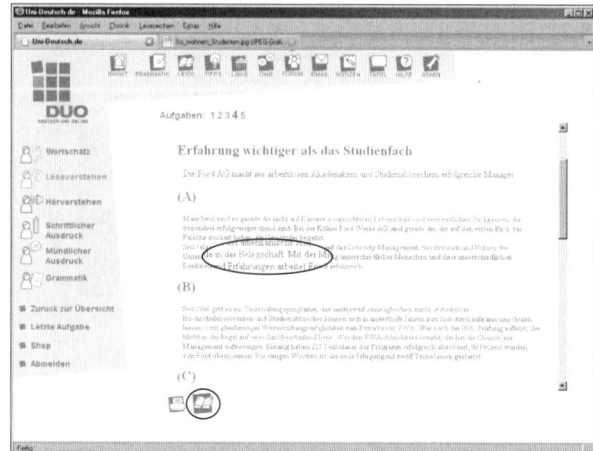

Ein Begriff kann auch über das Eingabefeld eingegeben werden. Das Programm gibt jeweils Zugang zu drei Datenbanken: einer kurzen Erklärung, einer ausführlichen Erklärung und einer Konkordanzdatenbank mit kontextualisierten Sätzen (siehe auch S.102f.).

2.4.3 Vergrößern und Drucken von Bildern und Grafiken auf der Materialienseite

Durch direktes Anklicken eines Bildes öffnet sich ein eigenes Browserfenster, in dem nur dieses Bild vergrößert dargestellt wird.

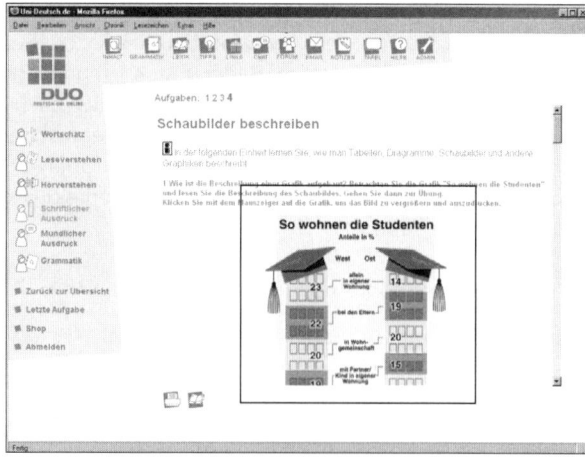

Den Inhalt dieses Fensters kann man durch Anklicken der Drucker-Option in der oberen Symbolleiste oder durch Klicken auf Menü Datei ➪ Drucken ausdrucken.

Zum Verlassen des Fensters und Zurückkehren zur Materialienseite schließt man das Fenster (durch Klick auf das Kreuz rechts oben).

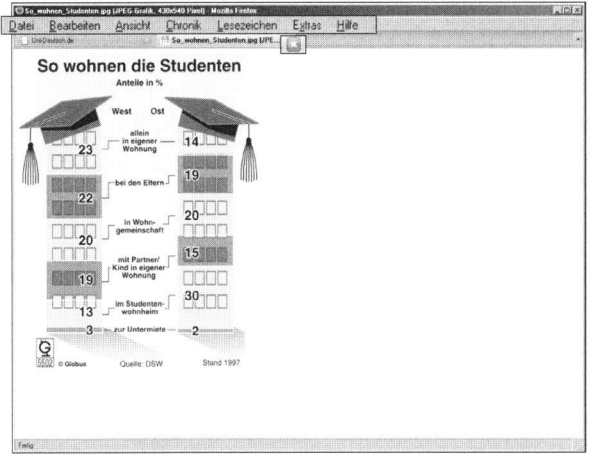

2.4.4 Hörtexte und Videos

In vielen Aufgaben befinden sich Hörtexte und Videos. Dazu sind Kopfhörer oder Lautsprecher zu empfehlen. Außerdem muss der Computer mit einer Soundkarte und einer Videokarte ausgestattet sein, was für die meisten Computer mittlerweile zur Standardausrüstung gehört.

Die Hörtexte und Videos erscheinen in einem kleinen Fenster rechts neben dem Aufgabenfeld (Ressourcenfenster).

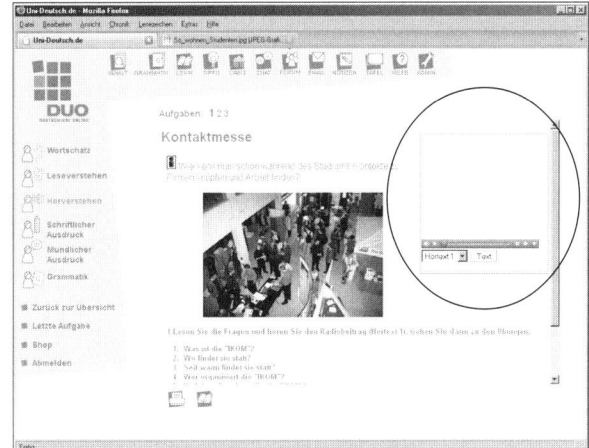

a. **Bildanzeige:** Bei Videos wird hier das Bild angezeigt. Bei Hörtexten bleibt dieses Feld leer oder es wird eine Transkription zum Hörtext angezeigt (siehe Punkt d.).

b. **Abspielleiste:** Start einer Audio-/Video-Datei erfolgt durch Klick auf das Start-Symbol ▷ links, wie bei anderen virtuellen Kassettenrekordern. Nach dem Start wird dieses Symbol zum Pausen-Symbol ⏸. Zum Vor- oder Zurückspulen klickt man auf den jeweiligen Pfeil ◁ ▷ rechts. Als Alternative kann man den Zeiger auf der Abspielleiste mit der Maus an die gewünschte Position ziehen.

c. **Auswahl des Hörtextes/Videos:** Wenn es in einer Aufgabe mehrere Hörtexte/Videos gibt, kann die gewünschte Audio-/Video-Datei im Menü ausgewählt werden (Hörtext/Video 1, Hörtext/Video 2, ...).

d. **Transkription:** Wenn eine Transkription zu einem Hörtext/Video vorhanden ist, kann sie durch einen Klick auf die Funktion ‚Text' geöffnet werden. Sie wird in der Bildanzeige angezeigt.

2.5 Übungen bearbeiten

Das Übungsfenster öffnet sich, wenn man im Aufgabenfeld der Materialienseite auf den Link **Übung** klickt (siehe *2.4.2 Funktionen der Materialienseite – b. Das Aufgabenfeld*).

Um während des Bearbeitens einer Übung das Material zur Hand zu haben, kann man zwischen Übungsfenster und Materialienseite wechseln. Dazu klickt man unten auf der Windows-Taskleiste auf das Symbol für das gewünschte Fenster. Zusätzlich kann man das Material der Materialseite ausdrucken und es während des Bearbeitens der Übung präsent haben (siehe *2.4.2 Funktionen der Materialienseite – c. Druckfunktion: Ausdrucken der Materialien im Aufgabenfeld*).

2.5.1 Der Aufbau des Übungsfensters

Alle Übungsfenster sind nach dem gleichen Prinzip aufgebaut. Sie bestehen aus mehreren Teilen:

a. Oben befindet sich das Feld mit der **Aufgabe**.

b. Darunter liegt das Feld mit **Material**, das zum Lösen der Übung benötigt wird (nicht bei allen Übungstypen vorhanden).

c. In der Mitte ist das **Eingabefeld** für die Bearbeitung (etwas markieren, schreiben …).

d. Unten befindet sich die **Steuerleiste** mit den Funktionen zur Korrektur, zum Speichern und so weiter (siehe 2.5.2 Funktionen der Steuerleiste des Übungsfensters, S.111).

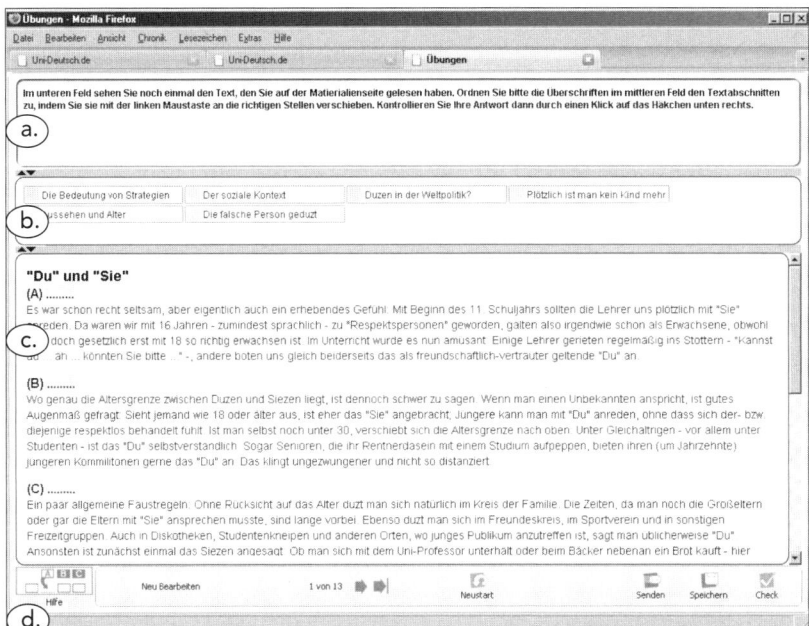

Die Größe der einzelnen Felder a. – c. kann nach individuellem Bedarf verändert werden. Dazu muss man die linke Maustaste auf die Linie zwischen zwei Feldern ziehen und den Mauszeiger in die gewünschte Richtung bewegen.

Mit den kleinen schwarzen Pfeilen ▲▼ blendet man die einzelnen Felder ein oder aus beziehungsweise vergrößert oder verkleinert sie.

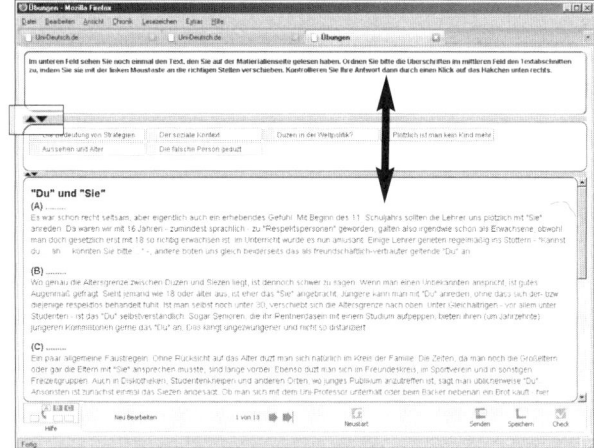

2.5.2 Funktionen der Steuerleiste des Übungsfensters

Die Steuerleiste am unteren Rand des Übungsfensters hat folgende Funktionen:

a. Hilfe: Das Symbol zeigt an, um welchen Übungstyp es sich handelt. Wenn man auf das Symbol klickt, bekommt man eine Hilfe zur Bearbeitung der Übung.

Ein kurzer Text erklärt, wie man die Übung bearbeiten kann. Man kann auch einen Film mit der Beschreibung abspielen, wenn man unten auf **Animation** klickt.

Wenn man ein Problem mit einer Übung hat, kann man von hier aus direkt eine E-Mail mit der Fehlermeldung an das Support-Team von *DUO* verschicken. Dazu muss man auf das Brief-Symbol klicken. Es öffnet sich dann automatisch ein E-Mail-Fenster, bei dem Adresse und Betreff bereits ausgefüllt sind.

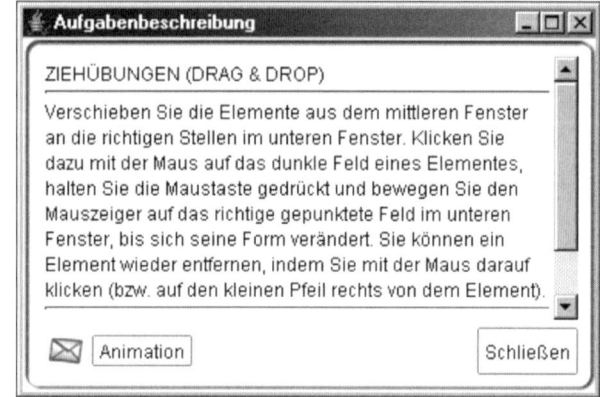

b. Status: Hier wird der Status der Übung angezeigt. Dabei werden die folgenden Fälle unterschieden:
- unbearbeitet
- gespeichert
- an e-Assistenten/Tutor gesendet
- Antwort/Vorschlag
- Meine Lösung
- neu bearbeiten

c. Seitenanzeige: Oft besteht eine Übung aus mehreren Seiten. Hier kann man erkennen, wie viele Seiten die Übung hat und auf welcher Seite man sich befindet (in diesem Beispiel auf Seite 3 von 13 Seiten).

d. Vor-/Zurückblättern: Mit den Pfeilen bewegt man sich durch die Seiten (einzelne Seiten vorwärts ▶ und rückwärts ◀ blättern und zum Ende ▶▮ oder Anfang ▮◀ der Übungssequenz springen).

e. 🔄 **Neustart:** Hier kann man die Übung neu starten, also noch einmal neu bearbeiten. Alte Lösungen gehen dabei verloren.

f. 🖼 **Lösung:** Durch einen Klick auf dieses Symbol wird die Lösung oder eine Musterlösung zur Aufgabe angezeigt. Dieses Symbol erscheint erst, wenn man die Übung bearbeitet und auf den Check-Haken (j.) geklickt hat.

g. 🖼 **Meine Lösung:** Hier kann man sich seine eigene Antwort (Meine Lösung) noch einmal ansehen. Diese Funktion ist erst funktionsfähig, wenn die Übung beendet ist. Durch abwechselndes Klicken auf **Lösung (f.)** und **Meine Lösung (g.)** kann man zwischen der vorgegebenen und der eigenen Antwort hin- und herschalten, um die Unterschiede zu vergleichen.

h. ✉ **Senden:** Dieses Symbol erscheint nur bei Aufgaben, die von einer Tutorin oder dem e-Assistenten korrigiert werden. Hier schickt man die Antwort an Tutorin oder e-Assistenten.

i. ⬜ **Speichern:** Hier kann man die Antwort speichern.

j. ☑ **Check:** Mit einem Klick auf den Check-Haken überprüft man die Antwort. Für die Korrektur gibt es drei Möglichkeiten:

- Bei Übungen mit eindeutigen Lösungen wird die Antwort kontrolliert: Falsche Antworten werden rot markiert, richtige Antworten grün. Man kann die Antwort korrigieren und noch einmal mit einem Klick auf den Check-Haken überprüfen. Dieser Vorgang kann beliebig oft wiederholt werden.

- Bei Übungen mit mehreren Lösungsmöglichkeiten wird eine Musterlösung angezeigt, wenn man auf Check-Haken klickt.

- Sobald man Check geklickt hat, wird die Antwort gespeichert. Durch erneutes Klicken auf den Check-Haken wird die neue Antwort gespeichert und die alte Antwort gelöscht. Will man das Übungsfenster schließen und später wieder öffnen, wird automatisch die letzte gespeicherte Antwort angezeigt.

3. Übungstypologie

Im Folgenden werden die Übungstypen im Einzelnen dargestellt. Viele Übungstypen haben eine eindeutige Lösung oder eine Musterlösung. Die Lerner erhalten die Korrektur oder die Lösung automatisch vom Lernprogramm. Bei anderen Übungstypen gibt es keine eindeutige Lösung (freie Übungen). Hier erfolgt die Korrektur und Rückmeldung durch die Tutorin. Die folgende Darstellung beginnt bei den Übungen mit eindeutigen Lösungen (geschlossene Übungen) und geht dann zu den offeneren weiter. Die meisten Übungstypen stammen aus den Deutschprogrammen von *uni-deutsch.de*.

3.1 Übungen mit eindeutiger Lösung oder Musterlösung

Die im Folgenden vorgestellten Übungen kann man im Selbststudium bearbeiten. Die Korrektur wird durch das Lernprogramm vorgenommen. Die Korrektur aller Übungen mit eindeutiger Lösung oder Musterlösung erfolgt nach dem gleichen Prinzip und wird hier für alle Übungstypen erläutert:

Nach dem Lösen der Aufgabe klickt man auf den Check-Haken (Check) rechts unten.

Wenn es eine eindeutige Lösung gibt, ist die Rückmeldung auch eindeutig:
Wird die Antwort grün markiert, ist sie richtig. Wird sie rot markiert, ist sie falsch.

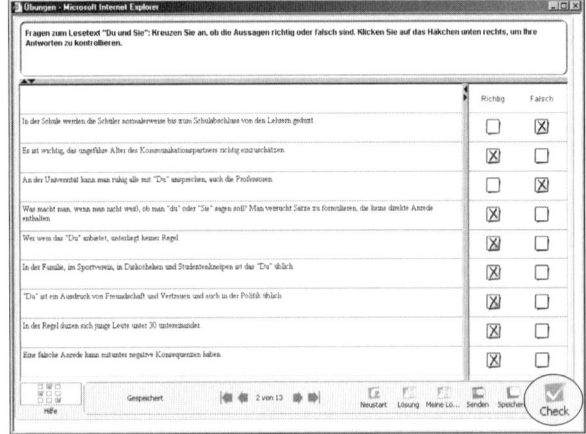

Wenn es keine eindeutige Lösung gibt
oder mehrere Lösungen möglich sind, wird
eine **Musterlösung** angeboten, mit der die
eigene Antwort verglichen werden kann.

Nach dem Klick auf den Check-Haken wird
die Musterlösung in einem Feld unterhalb
der Lösung angezeigt.

Nun kann man die Antwort mit der Musterlösung vergleichen.

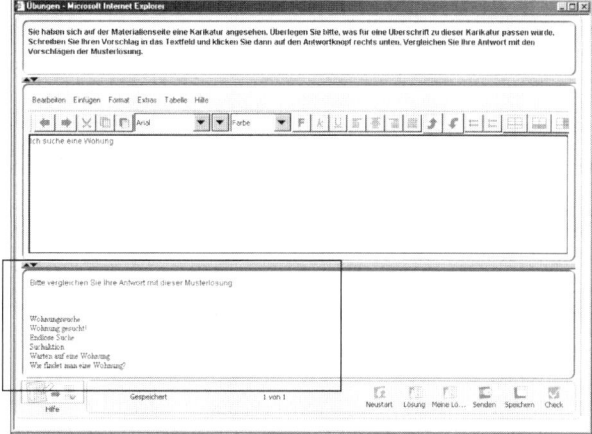

Im Folgenden wird die Arbeit mit den einzelnen Übungstypen im Detail
beschrieben. Zu Beginn jeder Beschreibung stehen die Symbole für den
jeweiligen Übungstyp.

3.1.1 Einsetzübungen

Bei den Einsetzübungen müssen Lücken (zum Beispiel in einem Text oder in
einem Formular) ausgefüllt werden. Und so funktioniert es:

Die Lücken werden durch die farbigen Fel-
der im Text im Eingabefeld angezeigt. Zum
Schreiben in die Lücke klickt man mit der
Tastatur in das Feld und schreibt.

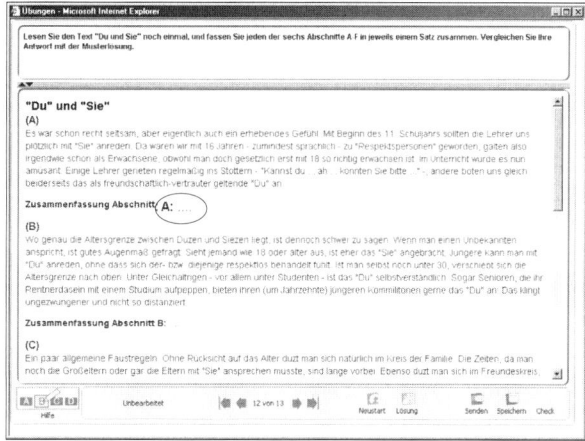

Der eingegebene Text kann wieder gelöscht werden, indem man mit der Maus
auf den Anfang der Textstelle klickt und
die Taste **Entfernen** (**Delete**) drückt.

Wenn es eine eindeutige Lösung gibt,
kann man die Antwort durch einen Klick
auf **Check** rechts unten überprüfen.
Wenn mehrere Lösungen möglich sind,
bringt ein Klick auf **Lösung** die Musterlösung.

3.1.2 Multiple Choice

Hier müssen die richtigen Lösungen im Eingabefeld angekreuzt werden. Je nach Aufgabenstellung sind dabei ein oder mehrere
Felder zu markieren.

Durch Klicken auf ein Kästchen wird die
Antwort markiert.

Die Kontrolle der Antwort erfolgt durch
einen Klick auf den Check-Haken rechts
unten.

Eine Markierung kann man durch Klicken
auf ein anderes Feld wieder entfernen.

3.1.3 Multiple Choice mit Eingabe

Hier kreuzt man im Eingabefeld das gewünschte Feld an. Zusätzlich kann man
in ein Textfeld schreiben.

Durch Klicken auf ein Feld wird die
Antwort markiert.

Das Entfernen einer Markierung erfolgt
durch Klicken in ein anderes Feld.

In der rechten Spalte gibt es Textfelder.
Man klickt mit der linken Maustaste auf
ein Textfeld, um dort hineinzuschreiben.

Die Kontrolle der Antwort erfolgt durch
einen Klick auf den Check-Haken rechts
unten.

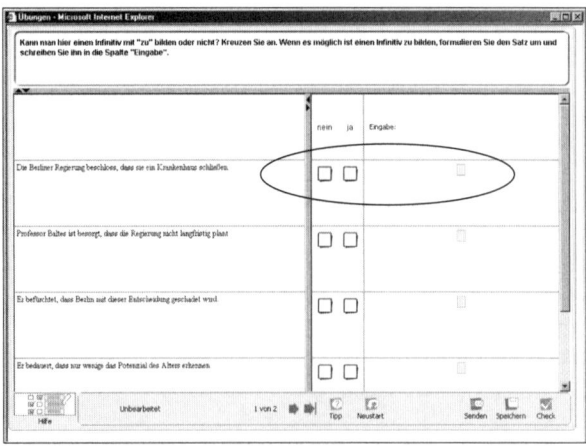

3.1.4 Ziehübungen (Drag and Drop)

  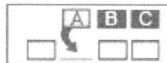

Hier sollen Elemente aus dem mittleren Feld in Lücken im unteren Eingabefeld gezogen werden. Die Ziehelemente befinden sich im zweiten Feld von
oben, die Lücken im großen Eingabefeld in der Mitte.

Zum Ziehen klickt man auf das farbige Feld
in einem Ziehelement. Der Mauszeiger verändert seine Form in ein Hand-Symbol 🖐 ,
wenn er an der richtigen Stelle ist. Dann
muss man die linke Maustaste gedrückt
halten und das Element in die richtige
Lücke ziehen. Wenn man die Maustaste
loslässt, wird das Element in die Lücke eingefügt. Beim Loslassen der Maustaste
muss man darauf achten, dass sich der
Mauszeiger innerhalb des entsprechenden
farbigen Feldes befindet (er verändert dort
seine Form in ein Fallschirm-Symbol ▽).

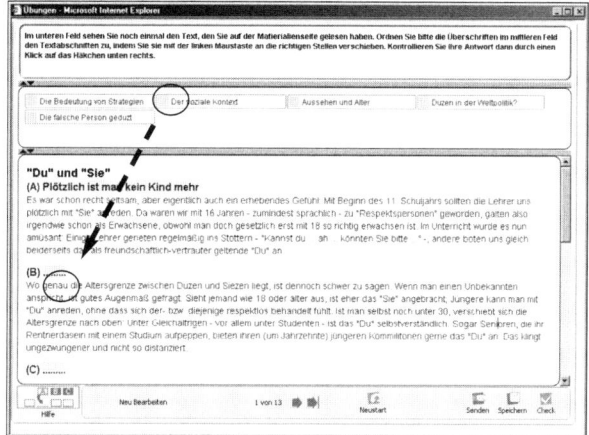

Die Kontrolle der Antwort erfolgt durch
einen Klick auf den Check-Haken rechts
unten.

Man kann ein Element wieder aus einer
Lücke entfernen, indem man mit der Maus
noch einmal darauf klickt.

3.1.4.1 Ziehübungen mit verschiedenen Elementen

Ziehelemente können neben Textteilen auch andere Elemente beinhalten, zum Beispiel gesprochene Sprache oder Bilder.

Zum Abspielen eines Hörtextes klickt man auf das Lautsprechersymbol (der Mauszeiger wird dabei zu einem **Start**-Symbol).

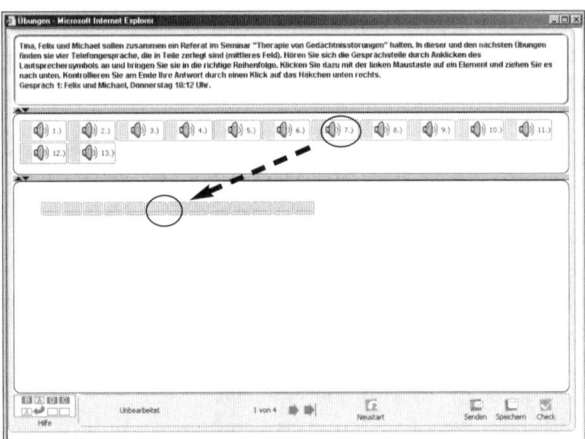

Zum Bewegen eines Ziehelements muss man wieder auf das farbige Feld des entsprechenden Ziehelements klicken (der Mauszeiger wird dabei zu einem Hand-Symbol 👆). Dann mit gehaltener Maustaste auf das richtige Feld in der Mitte ziehen (der Mauszeiger wird zu einem Fallschirm-Symbol ☂). Wenn man die Maustaste loslässt, bleibt das Symbol in Position.

Die Kontrolle der Antwort erfolgt durch einen Klick auf den Check-Haken rechts unten.

Das Entfernen eines Elementes aus einer Lücke erfolgt durch nochmaliges Klicken auf das Element.

3.1.4.2 Ziehübungen mit Tabelle

In manchen Übungen müssen die Ziehelemente in eine Tabelle gezogen werden.

In der Tabelle gibt es dazu mehrere Pfeile, mit denen man die Ziehelemente wieder aus der Tabelle entfernen kann:

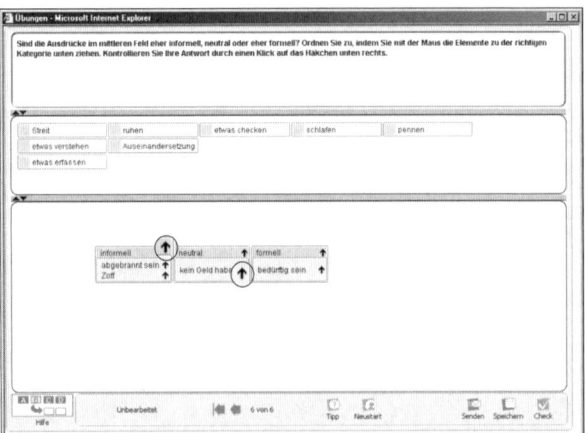

Zum Leeren der ganzen Spalte muss man auf den Pfeil in der Überschriftenzeile dieser Spalte klicken.

Zum Entfernen eines Elementes aus der Tabelle muss man auf den Pfeil neben diesem Element klicken.

3.1.5 Zuordnungsübung: Linien ziehen

Hier geht es darum, die Verbindungslinien zwischen zusammengehörenden Elementen zu ziehen, die sich in zwei Spalten gegenüberstehen.

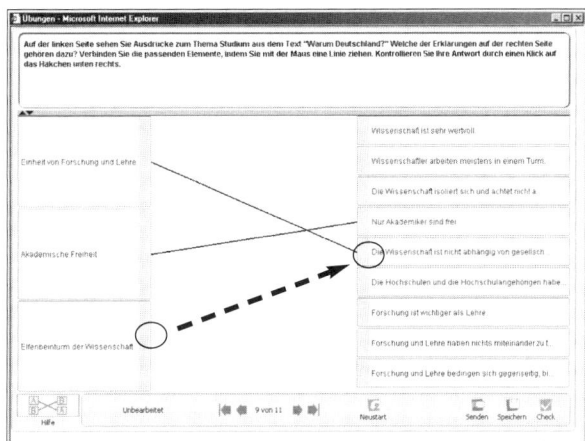

Die Elemente auf der linken Seite verbindet man mit den passenden Elementen auf der rechten Seite durch eine Linie.
Dazu klickt man auf das farbige Feld links, hält die Maustaste gedrückt und bewegt die Maus auf das passende farbige Feld rechts. Dann muss man einfach die Maustaste loslassen.

Zur Kontrolle der Antwort muss man auf den Check-Haken rechts unten klicken.

Man kann eine Linie wieder entfernen, indem man mit der Maus auf das entsprechende farbige Feld links klickt.

3.1.6 Markieren

Das Markieren von Wörtern und Textpassagen funktioniert wie bei Textverarbeitungsprogrammen (zum Beispiel WORD).

So geht es:

* Mit gehaltener linker Maustaste über die zu markierende Textpassage fahren. Einzelne Wörter durch einen Doppelklick markieren.
* Dann mit der Maus einmal auf eine andere Stelle im Text klicken, um die Markierung zu fixieren.
* Die Antwort durch einen Klick auf den Check-Haken rechts unten kontrollieren.
* Durch Klicken auf **Lösung** eine Musterlösung ansehen. Dort bleiben die Markierungen stehen, während die **Lösungen**

als wellenförmige Unterstreichungen dargestellt werden. So kann man die Markierungen leicht mit der Musterlösung
vergleichen.

• Eine Markierung kann man durch erneutes Klicken der Maus auf das markierte
Wort wieder entfernen.

3.1.6.1 Mehrfarbig markieren

Bei einigen Übungen sollen die Textstellen
mit verschiedenen Farben markiert werden. In der Arbeitsanweisung steht, welche
Farben für welche Markierungen benutzt
werden sollen. Und so geht es:

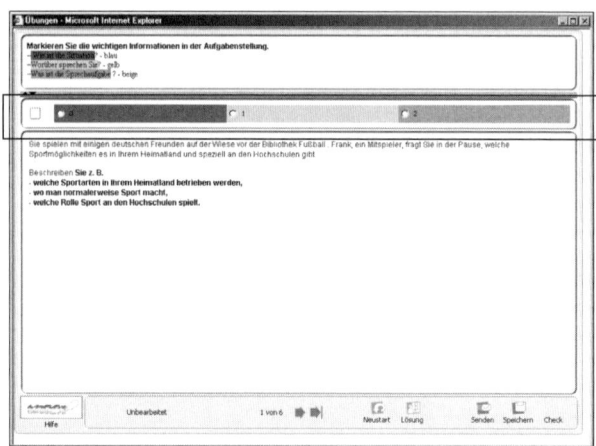

• Klicken mit der Maus auf eines der farbigen Felder im mittleren Feld, um die
Markierfarbe zu wählen.

• Markieren einer Textpassage in der gewählten Farbe mit gehaltener linker
Maustaste. Einzelne Wörter können auch
durch einen Doppelklick darauf markiert
werden.

• Klicken auf eine andere Stelle im Text,
um die Markierung zu fixieren.

• Eine Musterlösung ansehen durch Klicken auf **Lösung**. Dort bleiben die Markierungen stehen, während die Lösungen
als farbige wellenförmige Unterstreichungen dargestellt werden. So können die
Markierungen leicht mit der Musterlösung verglichen werden.

• Eine Markierung kann man durch Klicken
auf das markierte Wort wieder entfernen.

3.1.7 Lückentext mit Drop down

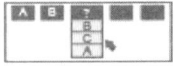

In dieser Übung sind Lücken (zum Beispiel in einem Text oder in einem Formular) zu ergänzen. Dabei kann man aus einer vorgegebenen Liste die passende Lösung aussuchen. Und so funktioniert es:

- Die Lücken sind durch farbige Felder dargestellt.
- Um die Lücken zu füllen, muss man mit der Maus auf das farbige Feld klicken.
- In einem Menü erscheint eine Liste mit Vorschlägen. Nun kann man mit der Maus auf die passende Lösung klicken.
- Die Antwort ist durch einen Klick auf den Check-Haken rechts unten zu kontrollieren.
- Die Auswahl kann geändert werden, indem man mit der Maus noch einmal auf das farbige Feld klickt.

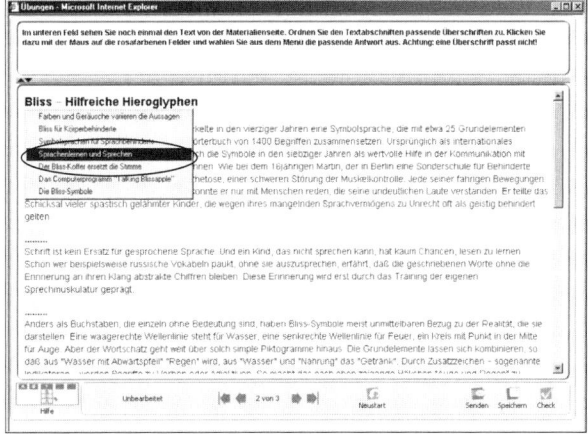

3.1.8 Kategorien bilden

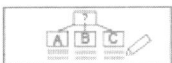

Hier sollen Informationen vorgegebenen Kategorien in einer Tabelle zugeordnet werden.

Im Eingabefeld wird eine Tabelle angezeigt. (Hier *Vorteile* und *Nachteile*)

Wenn man mit der linken Maustaste auf eine Spalte der Tabelle klickt, erscheint ein blinkender Cursor. Dann kann man die Antworten mit der Tastatur in die entsprechende Spalte eingeben.

Die Musterlösung kann man durch Klicken auf **Lösung** einsehen.

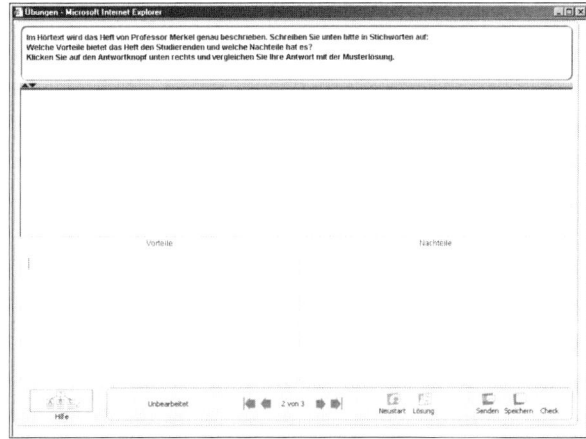

3.1.9 Assoziogramm

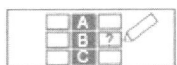

Hier geht es darum, Assoziationen zu sammeln, die man spontan mit einem vorgegebenen Begriff verbindet.

Das Wort, zu dem die Assoziationen gesammelt werden sollen, wird im Textfeld in einer vertikalen blauen Spalte dargestellt.

Links und rechts von jedem Buchstaben befinden sich leere Felder, in die man schreiben kann. Hier geht es darum, Wörter anzugeben und zu bilden, die man inhaltlich mit dem vorgegebenen Wort assoziiert. Diese sollen waagrecht in die Felder geschrieben werden. Die Buchstaben des vorgegebenen Wortes müssen in den neuen Wörtern vorkommen.

Die Musterlösung kann man sehen, indem man auf den Check-Haken rechts unten klickt.

3.1.10 Paraphrase

Hier geht es darum, Aussagen umzuformulieren.

In der Arbeitsanweisung im oberen Feld des Übungsfensters ist eine Anleitung zur Umformulierung von Aussagen.

Im mittleren Feld stehen Sätze. Die Satzteile, die umformuliert werden sollen, sind blau eingefärbt.

Im unteren Feld stehen die Sätze noch einmal, mit farbig markierten Lücken. In diese Lücken sollen die zu ersetzenden Satzteile geschrieben werden.

Die Antwort kann man durch einen Klick auf den Check-Haken rechts unten überprüfen.

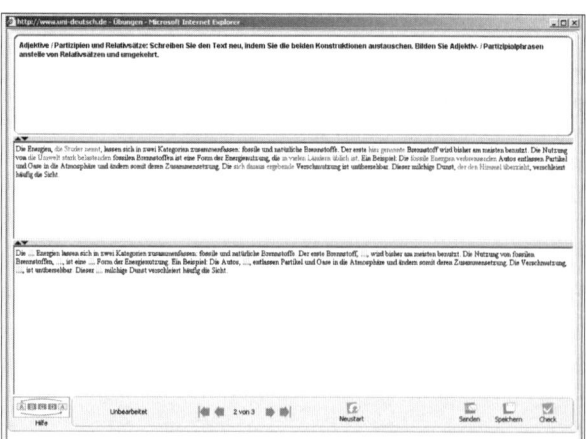

3.1.11 Kreuzworträtsel

In dieser Übung geht es um das Lösen eines Kreuzworträtsels. Und so funktioniert das:

- Die Arbeitsanweisung im oberen Feld genau durchlesen.

- Im Eingabefeld in der Mitte befinden sich die Fragen zum Kreuzworträtsel. Darunter ist das Kreuzwortschema.

- Mit der linken Maustaste auf das erste Feld einer Zeile klicken und Buchstabe für Buchstabe das gesuchte Wort schreiben. Der Cursor springt immer automatisch in das nächste Feld.

- Die farbig hinterlegten Felder bilden das Lösungswort.

- Die Antwort durch einen Klick auf den Check-Haken rechts unten überprüfen.

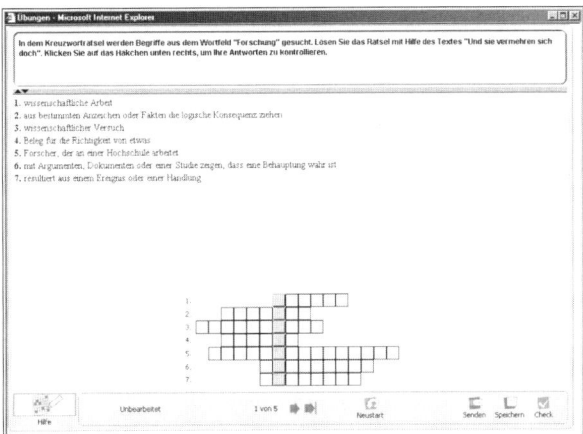

3.1.12 Memory

Das Ziel in dieser Übung ist es, zusammenpassende Kartenpaare zu finden.

In der Mitte werden verdeckte Karten angezeigt. Mit einem Mausklick können einzelne Karten aufgedeckt werden, das heißt, ihre Vorderseite wird angezeigt.

Die Felder mit den Figuren auf der Rückseite enthalten Fotos, die Felder mit dem Notizblock enthalten Schrift auf der Vorderseite. Es passen immer exakt zwei Karten zueinander, das heißt, sie haben den gleichen Inhalt (in Schrift beziehungsweise Bild).

Es können immer nur zwei Karten gleichzeitig aufgedeckt werden. Wenn man ein

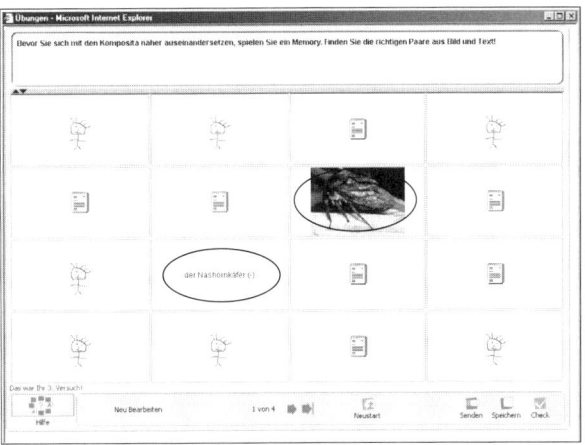

zusammenpassendes Kartenpaar gefunden hat, bleiben diese Karten aufgedeckt liegen und werden blau umrahmt.

Die Übung ist beendet, wenn man alle Kartenpaare gefunden hat.

3.1.13 Wörter raten

Hier geht es um Wortbildungen durch das Kombinieren von Buchstaben.

Zunächst soll die Aufgabenstellung im oberen Feld durchgelesen werden. Hierdurch erfährt der Lerner, welches Wort zu erraten ist.

Im Eingabefeld sieht man ein Bild. Am linken und rechten Rand befinden sich Felder mit allen Buchstaben des deutschen Alphabets.

Im unteren Bereich befindet sich das Lösungsfeld. Jeder Strich in diesem Feld steht für einen Buchstaben des gesuchten Wortes.

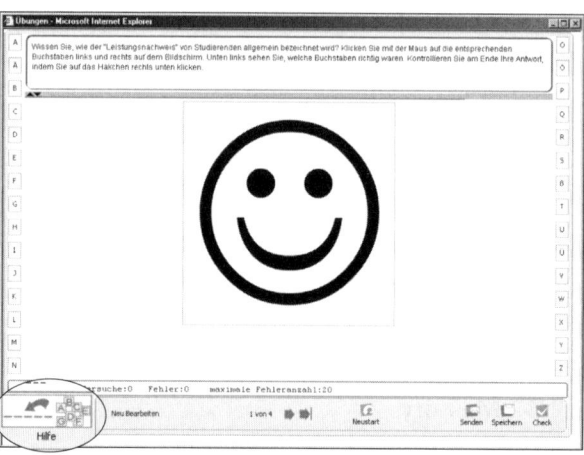

Durch Klicken auf die Buchstaben an den Rändern verschwinden diese dann aus der jeweiligen Spalte. Wenn ein angeklickter Buchstabe im gesuchten Wort vorkommt, wird er unten bei den Strichen eingetragen.

Wenn ein Buchstabe nicht im gesuchten Wort vorkommt, wird das Bild durch ein rosafarbenes Feld abgedeckt.

Unten links neben dem Lösungsfeld erkennt man die Anzahl der Versuche und Fehler.

Je weniger Versuche, desto besser. Insgesamt 20 Fehler sind erlaubt. Danach ist das gesamte Bild zugedeckt.

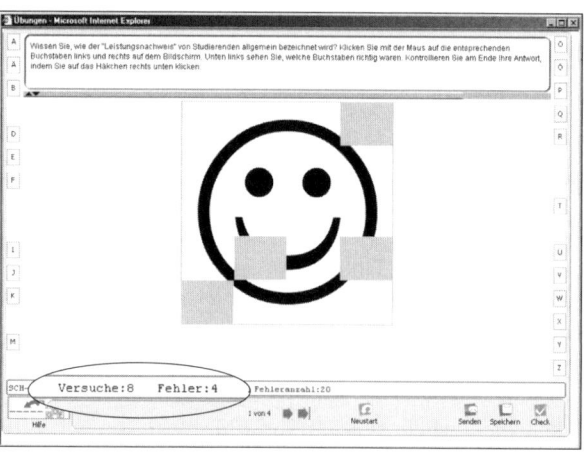

3.2 Textfeld – Freie Texteingabe mit Musterlösung

In das Eingabefeld in der Mitte kann man wie in jedes andere Textverarbeitungsprogramm schreiben.

Oberhalb des Eingabefeldes befindet sich eine Funktionsleiste für die Formatierung des Textes (fett, kursiv, Schriftgröße ...).

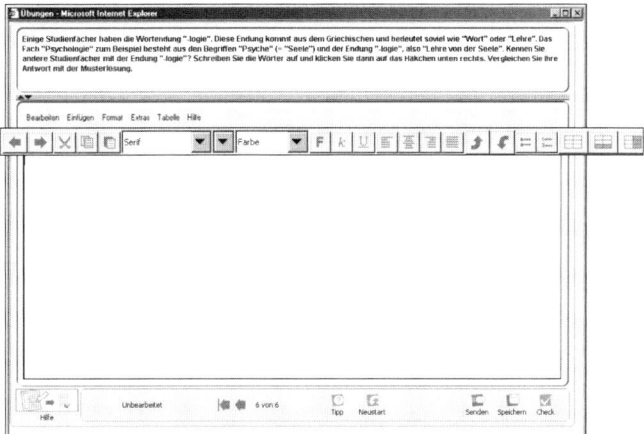

Nachdem der Text verfasst ist, klickt man auf den Check-Haken unten rechts.

Dadurch öffnet sich unter dem Eingabefeld ein weiteres Feld mit einer Musterlösung.

Diese kann man mit dem eigenen Text vergleichen, um festzustellen, ob der Text inhaltlich korrekt ist. Es gibt keine eindeutige Lösung.

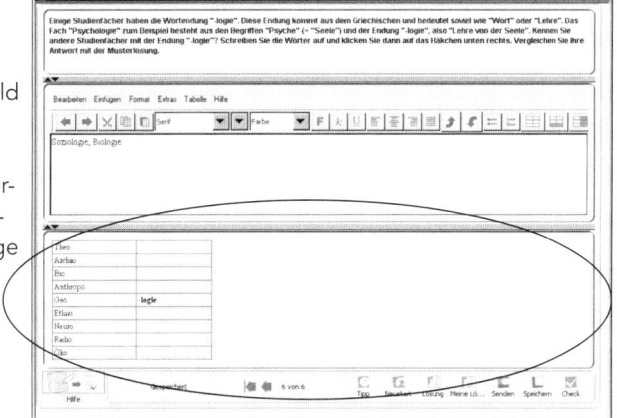

3.2.1 Textfeld – Freie Texteingabe mit Korrektur durch den e-Assistenten

Der e-Assistent ist ein Programm, das freie Texte auf Rechtschreibung und einfache Grammatikfehler überprüft. Er ist auf typische Fehler spezialisiert und markiert diese Fehler im Text. Wenn man mit der Maus eine Markierung des e-Assistenten anklickt, erhält man einen Hinweis auf die Art des Fehlers.

Manchmal wird dazu auch ein Korrekturvorschlag präsentiert. Der e-Assistent kann jedoch den Sinn eines Satzes nicht erfassen und deshalb findet er möglicherweise nicht alle Fehler im Text.

Auf der anderen Seite kennt der e-Assistent möglicherweise nicht alle Wörter, die man verwenden will. Das bedeutet, dass manche Wörter im Text als Fehler markiert werden können, obwohl sie richtig sind: Beispielsweise werden unter Umständen Eigennamen (Namen von Personen, Städten und so weiter) als potenzielle Fehler markiert.

Die Tutorin kann hier eine persönliche Rückmeldung geben und damit helfen, den Text fehlerfrei zu korrigieren. Das heißt, der e-Assistent ersetzt nicht den Unterricht. Er ergänzt ihn sinnvoll, soweit er kann. Und so funktionieren er und ähnliche Programme für Englisch, Französisch und Portugiesisch:

- Die Aufgabenstellung im oberen Feld genau durchlesen.
- Den Text ins Eingabefeld in der Mitte schreiben.
- Auf das Symbol **Senden** unten rechts klicken, um den Text vom e-Assistenten überprüfen zu lassen.

Der Text läuft durch das Korrekturprogramm und wird dann zurückgeschickt. Je nach Auslastung des Systems und Umfang des Textes kann dies innerhalb von 1 Sekunde passieren oder bis zu mehrere Minuten dauern. In dieser Zeit kann man andere Aufgaben bearbeiten oder auch problemlos das Programm verlassen.

Wenn der Text zurückgeschickt wird, öffnet sich automatisch das nebenstehende Benachrichtigungsfenster. Falls man das Programm bereits verlassen hat, geschieht das bei der nächsten Anmeldung.

Dort sieht man dann das Datum der Korrektur und die Nummer der Übung. Als Absender erscheint **e-Assistent**.

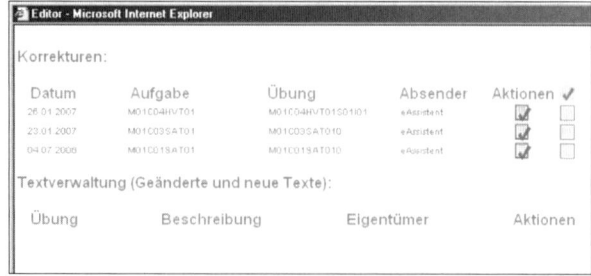

Wenn man auf das Symbol **Check** klickt, wird die Korrektur abgespeichert und verschwindet aus diesem Fenster. Sie kann im Bereich Administration wieder aufgerufen werden. Um den Text gleich anzusehen, klickt man unter **Aktionen** auf das **rote Check**-Symbol.

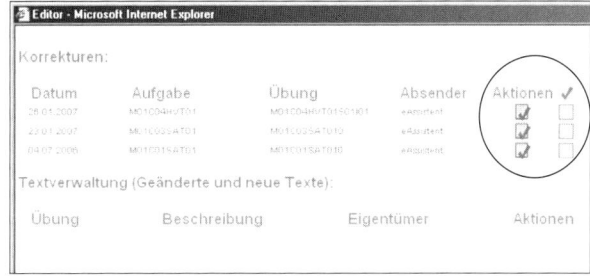

Daraufhin öffnet sich das Übungsfenster mit dem Text.

Der e-Assistent markiert die Stellen im Text, die er als Fehler ansieht:

• Rechtschreibfehler werden blau markiert.

• Grammatikalische Fehler werden rot markiert.

Durch Klicken auf eine markierte Textstelle kann man die Korrekturvorschläge sehen.

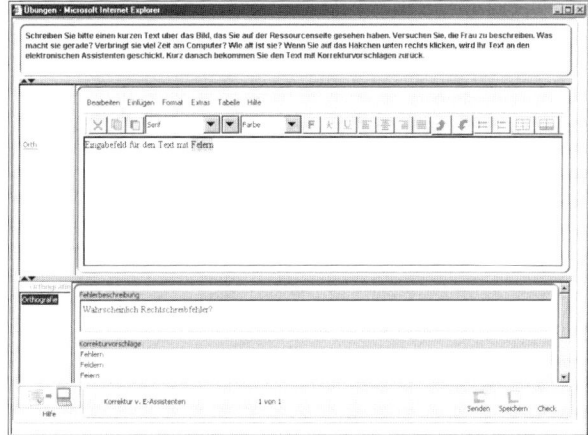

Im oberen Feld erscheint eine Fehlerbeschreibung. Im unteren Feld gibt es meistens mehrere Korrekturvorschläge zum Anklicken. Im Text wird der markierte Ausdruck dann automatisch durch die gewählte Korrektur ersetzt. Wenn es keinen Lösungsvorschlag gibt, schreibt man die Korrektur direkt in den Text.

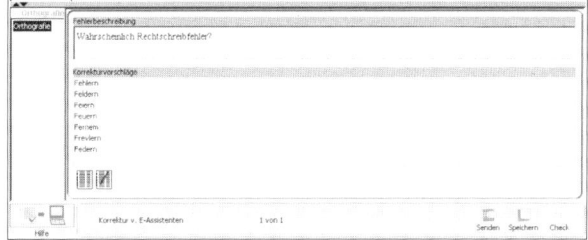

Nicht alle Fehler werden im ersten Durchgang vom e-Assistenten korrigiert. Wird der Text noch einmal überarbeitet, dann sollte er zur erneuten Überprüfung an den e-Assistenten geschickt werden.

3.3 Freie Übungen ohne eindeutige Lösung

Bei freien Übungen, für die es keine eindeutige Lösung oder Musterlösung gibt, kann die Korrektur nicht automatisch ablaufen. Es handelt sich dabei um Übungen für das Schreiben freier Texte oder die Sprachaufnahme. Die Korrektur erfolgt über eine Online-Tutorin oder Lehrerin. Nach dem Bearbeiten einer freien Übung klickt man auf das **Senden**-Symbol rechts unten, um damit die Antwort an die Tutorin zu schicken.

3.3.1 Textfeld – Freie Texteingabe mit Korrektur durch eine Online-Tutorin

So funktioniert es:

- Die Aufgabenstellung im oberen Feld durchlesen. Dort gibt es eine genaue Beschreibung, wie der Text aufgebaut sein und welche Punkte er enthalten soll.

- In das Eingabefeld in der Mitte den Text schreiben und falls notwendig mithilfe der Formatierungsleiste (fett, kursiv, Schriftgröße, ...) formatieren.

- Um den Text zu speichern, auf das **Speichern**-Symbol rechts unten klicken.

- Um den Text an die Tutorin zu schicken, auf das **Senden**-Symbol rechts unten klicken.

- Andere Aufgaben bearbeiten, falls die Korrektur des Textes etwas länger dauern sollte.

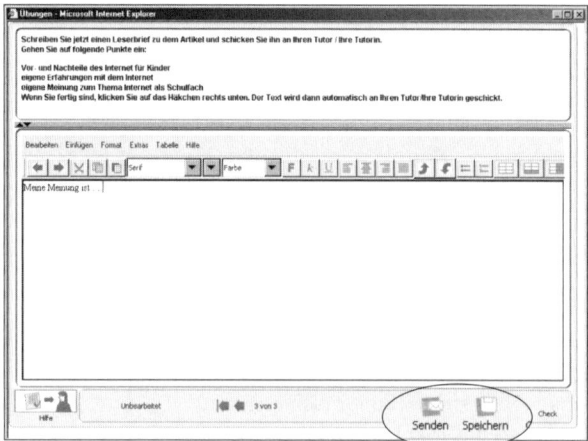

Nachdem die Tutorin den Text korrigiert und zurückgeschickt hat, öffnet sich automatisch folgendes Benachrichtigungsfenster. Dort stehen das Datum der Korrektur und die Nummer der Übung. Als Absender erscheint **Tutor**.

Durch Klicken auf das **Check**-Symbol wird die Korrektur gleichzeitig abge-speichert und verschwindet aus diesem Fenster. Sie ist dann im Bereich Ad-ministration *(siehe Kapitel Korrektur Neu, S.142)*.

Wenn man den Text gleich ansehen will, muss man unter **Aktionen** auf das **rote Check**-Symbol klicken.

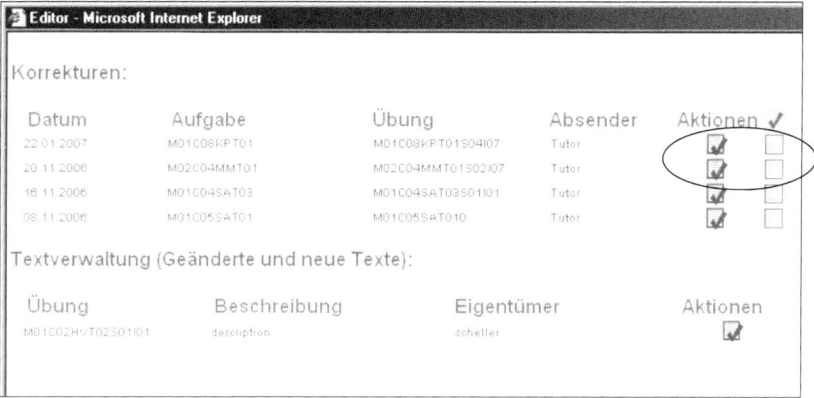

Der Text erscheint im mittleren Feld. Die Fehler, die die Tutorin korrigiert hat, sind unterstrichen. In der linken Spalte in der Mitte stehen die Korrekturzei-chen zu den Fehlern.

Diese Korrekturzeichen werden in der linken Spalte unten noch einmal voll-ständig ausgeschrieben dargestellt.

Beim Anklicken eines markierten Fehlers wird im unteren Feld die Korrektur der Tutorin beziehungsweise ihre Erklärung zu diesem Fehler angezeigt.

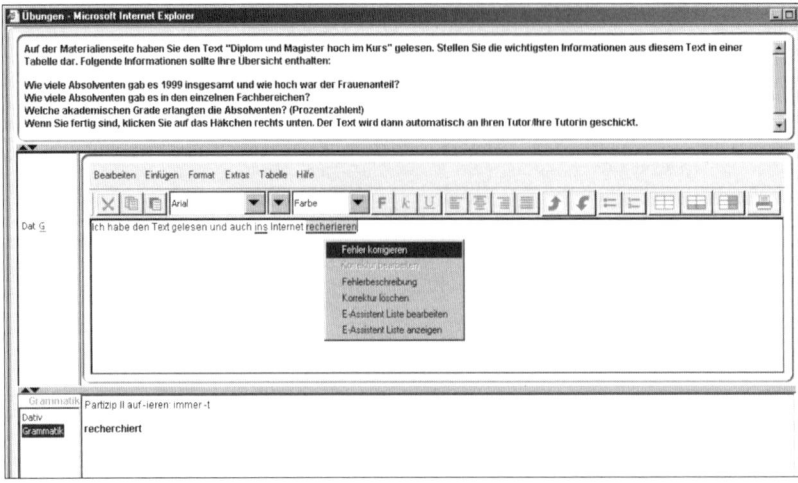

Und so funktioniert das Korrigieren:

• Um einen Fehler zu korrigieren, mit der rechten Maustaste auf den Fehler klicken. Die entsprechende Textstelle wird in einem kleinen Fenster angezeigt. In dieses Fenster kann man hineinschreiben und den Fehler korrigieren.

• Mit Klicken auf **OK** wird die Korrektur im Text übernommen.

• Die Korrekturzeichen in der linken Spalte und die Korrektur im unteren Feld verschwinden dann automatisch.

• Auf das **Speichern**-Symbol rechts unten klicken, um die Korrekturen zu speichern.

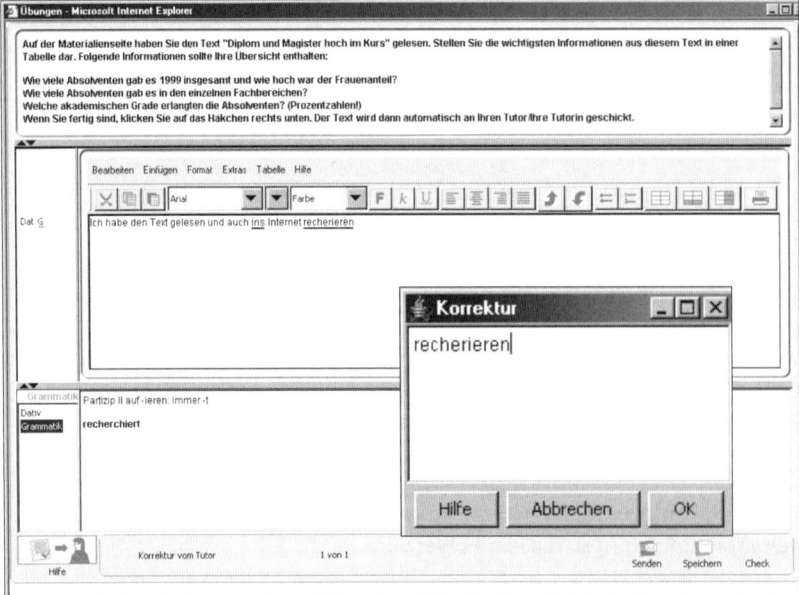

Wenn man die Aufgabe neu bearbeitet und erneut an die Tutorin schickt, geht der bestehende Text mit der Korrektur verloren. Wenn die Aufgabe erneut bearbeitet wird, der alte Text aber nicht verloren gehen soll, kann man den Text auch in ein anderes Verarbeitungsprogramm kopieren und dort speichern.

3.3.2 Textfeld – Freie Texteingabe mit Korrektur durch den e-Assistenten und eine Online-Tutorin

Hier wird der Text zuerst vom e-Assistenten und dann von der Tutorin korrigiert. Auf diese Weise kann man erste Rechtschreibfehler und einfache Grammatikfehler im Text korrigieren, bevor man den Text an die Tutorin schickt.

Hier ist zunächst die Arbeitsanweisung wichtig. Entsprechend soll dann der Text mit der Tastatur in das Eingabefeld in der Mitte getippt werden.

Um den Text zu speichern, muss man auf das **Speichern**-Symbol rechts unten klicken.

Um den Text abzuschicken, klickt man auf das **Senden**-Symbol rechts unten.

Der Text durchläuft zuerst die Prüfung im e-Assistenten. Wenn der Text zurückgeschickt wird, kann man die Fehler korrigieren und den Text erneut abschicken.

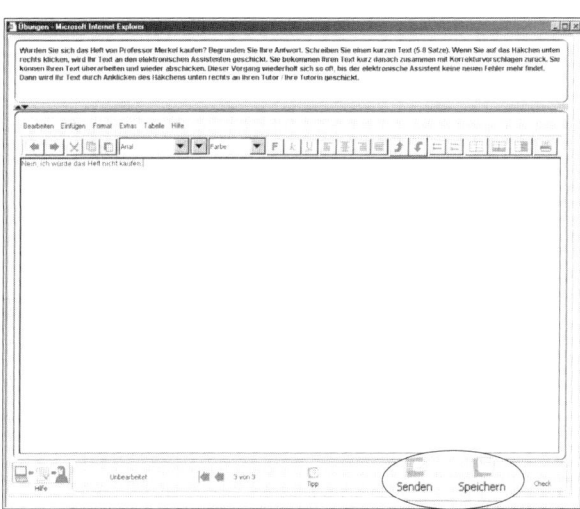

Die Vorgänge **Korrigieren – Text an den e-Assistenten schicken** werden so oft wiederholt, bis der e-Assistent keine Fehler mehr entdecken kann. Dann wird der Text beim nächsten Absenden automatisch an die Tutorin weitergeleitet.

Im Benachrichtigungsfenster, das sich öffnet, wenn die Korrektur zurückgeschickt wird, kann man unter **Absender** sehen, ob man Antwort vom e-Assistenten oder von der Tutorin erhalten hat.

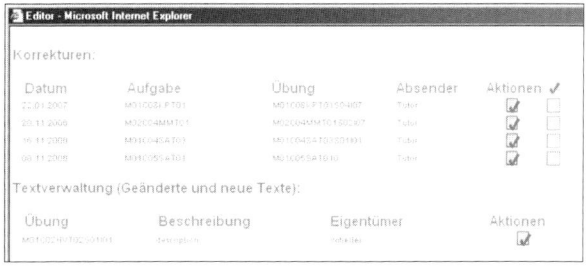

3.3.3 Sprachaufnahmen

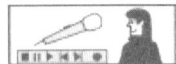 

Bei diesen Übungen kann man eigene Sprachaufnahmen machen und zur Korrektur verschicken oder speichern. Dazu benötigt man ein Mikrofon und gegebenenfalls Lautsprecher oder Kopfhörer.

Nach der Arbeitsanweisung im oberen Feld erscheint im mittleren Feld meistens weiteres Material zur Übung, zum Beispiel ein Hörtext. Durch Anklicken des Lautsprechersymbols kann man diesen abspielen.

Darunter befindet sich für eigene Aufnahmen ein **Rekorder**.

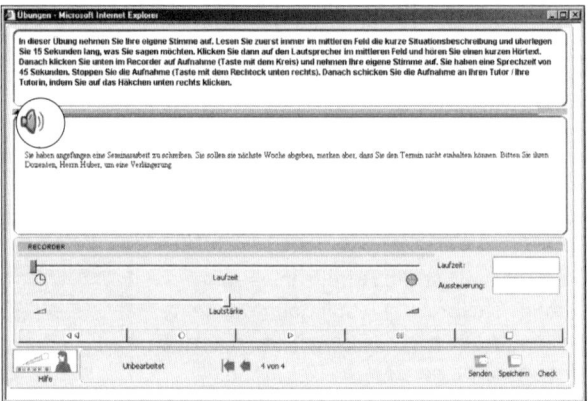

Der Rekorder enthält eine Bedienleiste mit folgenden Funktionen für die Aufnahme:

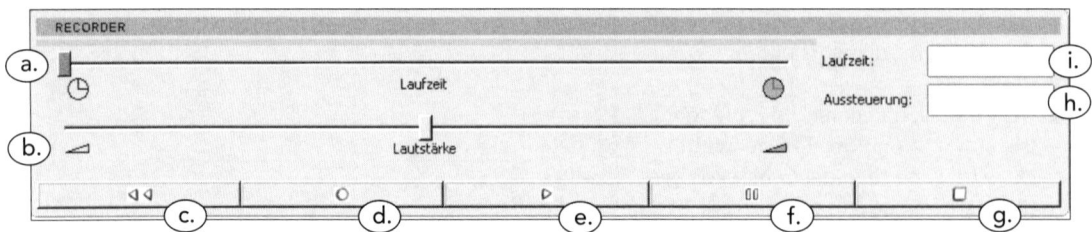

a. Laufzeit	b. Lautstärkeregler
c. Zurückspulen	d. Aufnahme
e. Abspielen/Start	f. Pause
g. Stopp	h. Aussteuerung
i. Laufzeit	

Zur Aufnahme der eigenen Stimme klickt man auf das **Aufnahme**symbol ● (d.) und spricht in das Mikrofon. Im Feld Aussteuerung (h.) kann man die gewünschte Lautstärke regeln. Je mehr Striche in dem Feld zu sehen sind, desto lauter wird die Stimme aufgenommen. Die **Aussteuerung** sollte für die spätere Wiedergabe nicht zu schwach sein. Zum Beenden der Aufnahme auf **Stopp** klicken ■ (g.). Der Regler der Laufzeit (a.) springt dann automatisch an den Anfang zurück. Zum Abspielen der Aufnahme wieder auf **Start** klicken ▶ (e.). Die Lautstärke der Aufnahme kann man durch Verschieben des Lautstärkereglers (b.) einstellen: bei Verschieben nach links wird die Wiedergabe leiser, nach rechts wird sie lauter. Im Feld (i.) erscheint die Länge der Aufnahme.

Zum Zurückspulen einfach auf ◄◄ (c.) klicken oder den Regler für die Laufzeit (a.) an den Anfang zurückschieben.

Die Aufnahme kann gelöscht werden, indem man die Aufgabe neu bearbeitet.

Zum Speichern der Aufnahme muss man auf das **Speichern**-Symbol rechts unten klicken.

Die meisten Aufnahmen können zur Korrektur an die Tutorin geschickt werden. Um die Aufnahme an die Tutorin zu schicken, muss man auf das **Senden**-Symbol rechts unten klicken.

Während der Übertragung sollte man besser keine weitere Aufnahme beginnen.

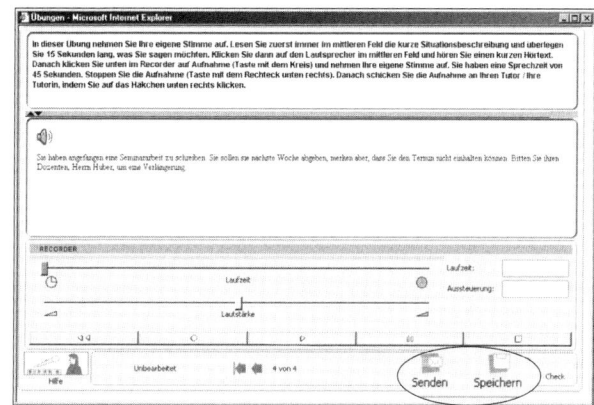

Nachdem die Tutorin die Aufnahme erhalten hat, erfolgt eine Rückmeldung zu Inhalt, Verständlichkeit, Fehlern, Lerntipps und anderem.

Es gibt noch eine besondere Form des Übungstyps **Sprachaufnahmen** im Modul *uni-deutsch TestDaFtraining*. Sie betrifft die Nutzung im Prüfungsmodus und wird unter Bearbeiten und Versenden des Prüfungsteils Mündlicher Ausdruck genauer beschrieben (siehe Kapitel 3.4.2, S.139).

3.3.4 Freie Übungen im Klassenverbund: Freie Texteingabe und Abspeichern des Textes in einen Klassenordner

Bei diesem Übungstyp können Texte produziert und gelesen werden, die in einem Klassenordner für alle Mitglieder einer Klasse inklusive Tutorin zugänglich sind. Unter der Aufgabenstellung im oberen Feld befindet sich in der linken Spalte eine Übersicht über Unterordner und Texte, die bereits in diesem Klassenordner liegen.

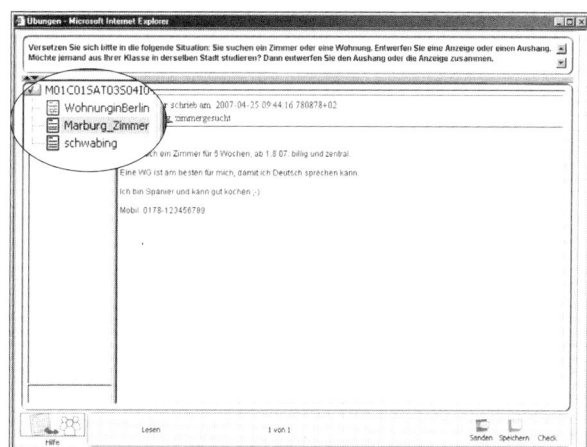

Durch Klicken auf einen Eintrag in dieser Liste erscheint der entsprechende Text im mittleren Feld.

In dem Feld über dem Text stehen der Benutzername des Verfassers, das Datum der letzten Bearbeitung und eine Kurzbeschreibung.

Will man einen neuen Beitrag schreiben, so muss man zuerst entscheiden, wo der Text stehen soll: in welchem Ordner, als neuer Text oder als Antwort auf einen Text eines anderen Benutzers. Durch Klicken mit der rechten Maustaste auf die entsprechende Ebene öffnet sich dann ein Menü. Hier muss man dann **Neue Datei** wählen.

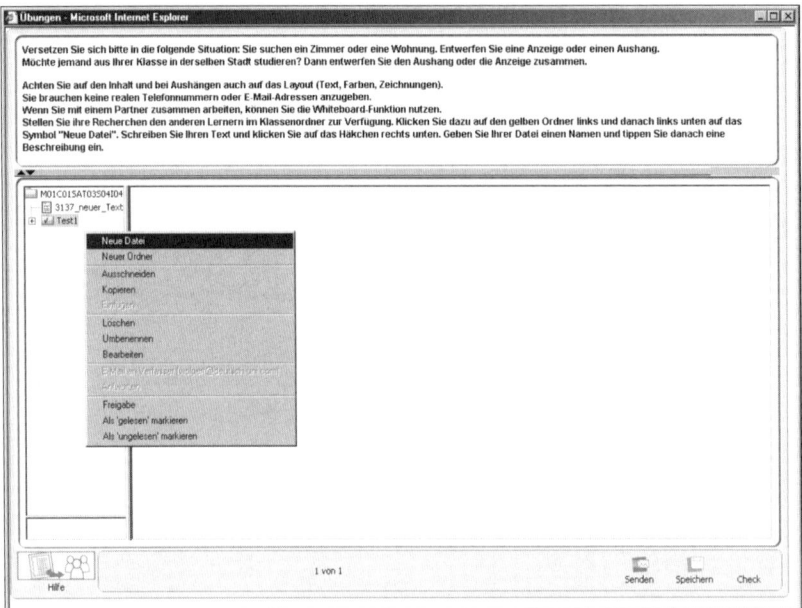

Nach dem Schreiben des neuen Beitrages in das Textfeld in der Mitte kann man den Text speichern, indem man auf **Speichern** unten rechts klickt.

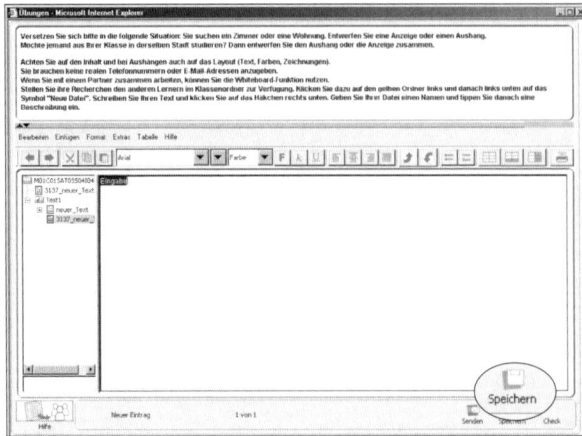

Es erscheint ein kleines Fenster, in dem man seinem Text einen Namen geben kann (ohne Leerstellen oder Sonderzeichen). Anschließend auf **OK** klicken.

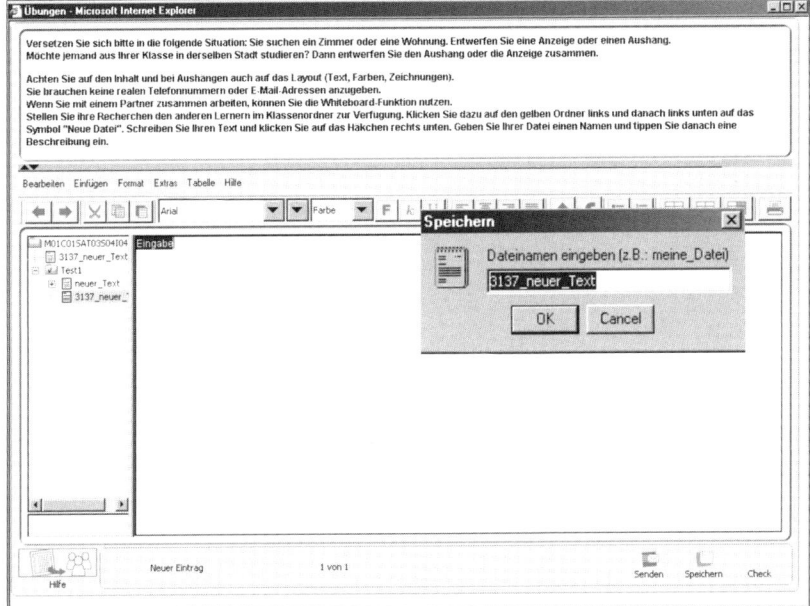

Daraufhin erscheint ein zweites kleines Fenster. Dort kann man eine Beschreibung des Inhaltes eingeben. Anschließend auf **OK** klicken.

Die Speicherung des Textes wird bestätigt.

Er erscheint dann neben den bereits bestehenden Beiträgen in der linken Spalte.

Weitere Funktionen:

Wenn man mit der rechten Maustaste auf einen Ordner oder einen Text in der linken Spalte klickt, stehen weitere Funktionen zur Verfügung.

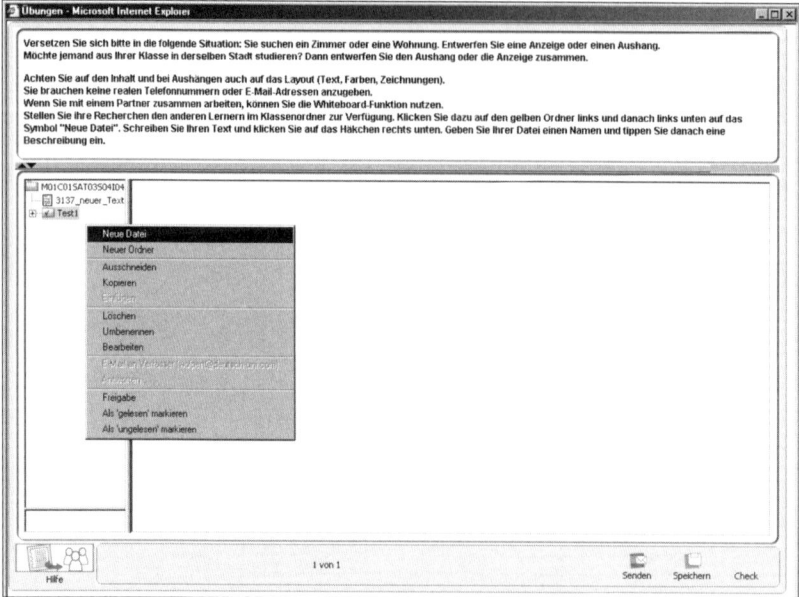

Folgende Funktionen gibt es dabei bei allen Texten oder Ordnern:

- **Neuer Ordner:** In diesem Ordner einen weiteren Ordner anlegen.

- **Kopieren:** Diese Datei kopieren.

- **Einfügen:** Eine kopierte Datei einfügen.

- **E-Mail an Verfasser:** E-Mail an Verfasser senden. Sollte im Browser kein E-Mail-Programm installiert sein, den angezeigten Link mit eigenem E-Mail-Account nutzen.

- **Antworten:** Öffnet ein Eingabefenster. Beim Speichern wird eine Antwort-Datei erzeugt.

- **Als gelesen markieren:** Die Unterverzeichnisse des Ordners als gelesen kennzeichnen.

- **Als ungelesen markieren:** Die Unterverzeichnisse des Ordners als ungelesen kennzeichnen.

Folgende Funktionen stehen **nur** bei selbst angelegten Texten und Ordnern zur Verfügung:

- **Ausschneiden:** Diese Datei ausschneiden.

- **Löschen:** Die Datei und gegebenenfalls alle Unterverzeichnisse löschen.

- **Umbenennen:** Die Datei umbenennen.

- **Bearbeiten:** Die Datei bearbeiten und speichern.

- **Freigabe:** Vordefinierte Rechte für bestimmte Benutzer setzen. Der Besitzer der Datei behält aber immer die vollen Rechte.

3.4 Online-Programme im Prüfungsmodus

Online-Programme eignen sich durchaus auch zur Abnahme von Tests und Prüfungen. Dabei ist selbstverständlich die Identität des Teilnehmers festzustellen und zu gewährleisten, dass die erforderlichen Rahmenbedingungen eingehalten werden (Zeit, Selbstständigkeit, Hilfsmittel und so weiter). Programmtechnisch können Einstellungen so vorgenommen werden, dass Teilnehmer für die Prüfung keinen oder nur einen limitierten Zugang zu Ressourcen und keine oder limitierte Wiederholungsmöglichkeiten haben und unter den gleichen Zeitparametern arbeiten wie Prüflinge in anderen Situationen. Das *TestDaFtrainingsprogramm* (mit Buch und CD-ROM *Fit für den TestDaF*) sieht eine Probeprüfung vor, in der man unter authentischen Testbedingungen diesen Hochschulzugangstest vollständig ausprobieren kann.

So sieht die Eingangsseite dazu aus. Im Modul *uni-deutsch TestDaFtraining* muss man auf der Bausteinleiste nur den Eintrag **Testsatz** anklicken.

Eine genaue Beschreibung der Prüfung befindet sich im Einleitungstext, den man über einen Link erreichen kann.

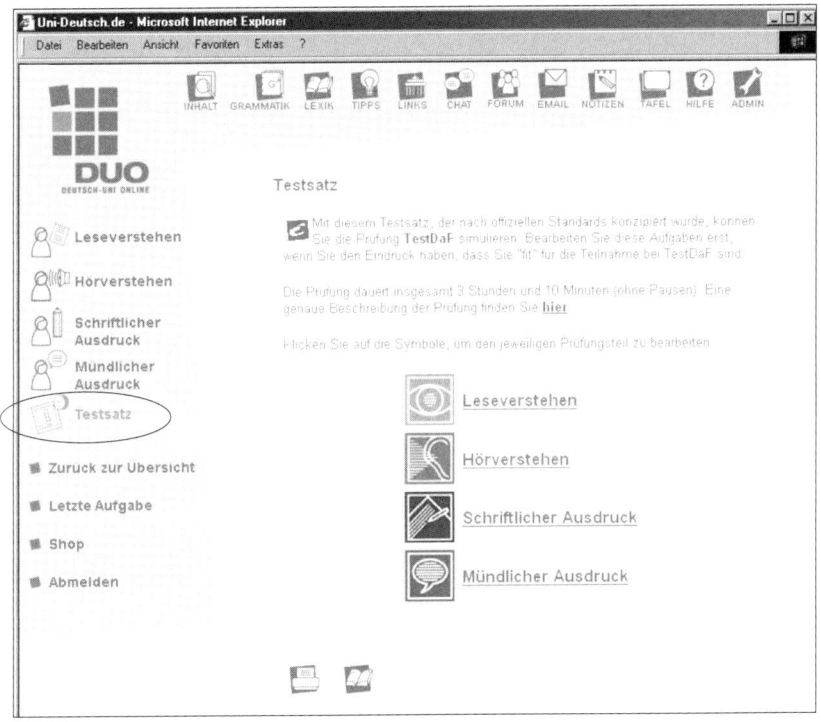

3.4.1 Bearbeiten und Versenden der Prüfungsteile Leseverstehen und Hörverstehen

Die Aufgaben der Prüfungsteile **Leseverstehen** und **Hörverstehen** werden nicht in Übungsfenstern dargestellt.

Stattdessen bestehen Links zu WORD-Dokumenten, die die Aufgaben und Antwortblätter enthalten. Durch Klicken auf die Links gelangt man zu den Dokumenten (Herunterladen/Download).

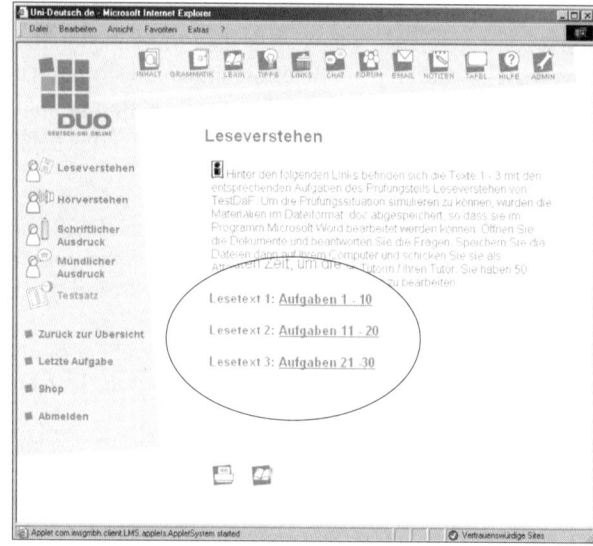

Die Dokumente können am Computer bearbeitet und bei Bedarf ausgedruckt werden. Dafür ist ein bestimmter Zeitrahmen gesetzt.

Die Lösungen kann man in dem Dokument abspeichern und als E-Mail-Anhang an die Tutorin zur Korrektur schicken.

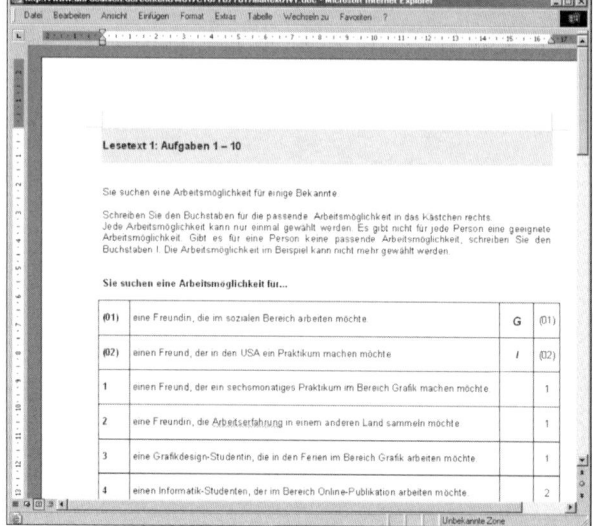

Durch Klicken auf das **Brief**-Symbol in der Konstantenleiste erscheint eine Liste mit allen Teilnehmern der Klasse(n). Der Name der Tutorin steht oberhalb der Liste.

Durch Klicken auf das **Brief**-Symbol neben dem Namen der Tutorin öffnet sich automatisch ein E-Mail-Fenster, bei dem die E-Mail-Adresse der Tutorin bereits eingegeben ist. Dies geschieht automatisch bei der erstmaligen Einrichtung eines Klassenverbandes.

3.4.2 Bearbeiten und Versenden des Prüfungsteils Schriftlicher Ausdruck und des Prüfungsteils Mündlicher Ausdruck

Beide Prüfungsteile werden durchgeführt, wie im Übungstyp *Textfeld – Freie Texteingabe mit Korrektur durch eine Online-Tutorin* beziehungsweise im Übungstyp *Sprachaufnahmen* beschrieben (siehe S. 132).

Der Unterschied zu den anderen Sprachaufnahmen ist, dass die Aufnahme im Testmodus nicht gestoppt oder neu begonnen werden kann. Man kann die Aufnahme **nur ein Mal** bearbeiten.

Dazu muss man im mittleren Feld auf **Start** klicken.

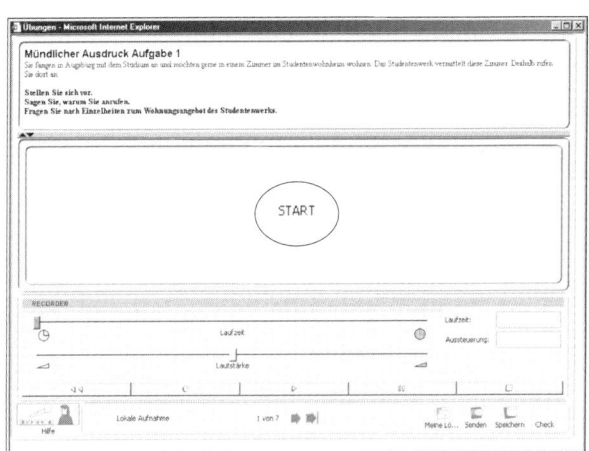

Daraufhin wird die Aufgabe **automatisch** gestartet. Nacheinander laufen folgende Schritte automatisch ab.

• Die Arbeitsanweisung wird als Hörtext abgespielt. Man kann sie im oberen Feld mitlesen.
• Die Vorbereitungs-/Denkzeit läuft automatisch ab.
• Der Stimulus (die Stimme des Gesprächspartners) wird als Hörtext abgespielt.

- Die Aufnahme wird automatisch gestartet und läuft in einem vorgegebenen Zeitrahmen.
- Nach Beenden der Aufnahme wird diese automatisch an die Tutorin zur Korrektur gesendet.

4. Klassenverwaltung, Lernerverwaltung, Aufgabenverwaltung

4.1 Verwaltungsfunktionen für Teilnehmer

Innerhalb einer Lernplattform, die auf gemeinsamen Standards aufbaut, muss es für den individuellen Nutzer Möglichkeiten geben, Einstellungen nach eigenem Ermessen zu definieren. Diese individualisierbaren Einstellungen sollen es dem Nutzer leichter machen, seine Lernwege selbst zu organisieren, Hausaufgaben übersichtlich zu archivieren, die Bedingungen für bestimmte Lernmodi zu schaffen, kurzum, den Lernprozess möglichst autonom zu gestalten. In der dargestellten Lernplattform gibt es hierfür im Bereich der Administration eigens einen Bereich für Teilnehmer. Durch einen Klick auf das Werkzeug-Symbol Admin 🖊 in der Konstantenleiste erscheinen die Symbole der jeweils verfügbaren Verwaltungsfunktionen in der linken Leiste.

Hier ein Überblick über die Verwaltungsfunktionen:

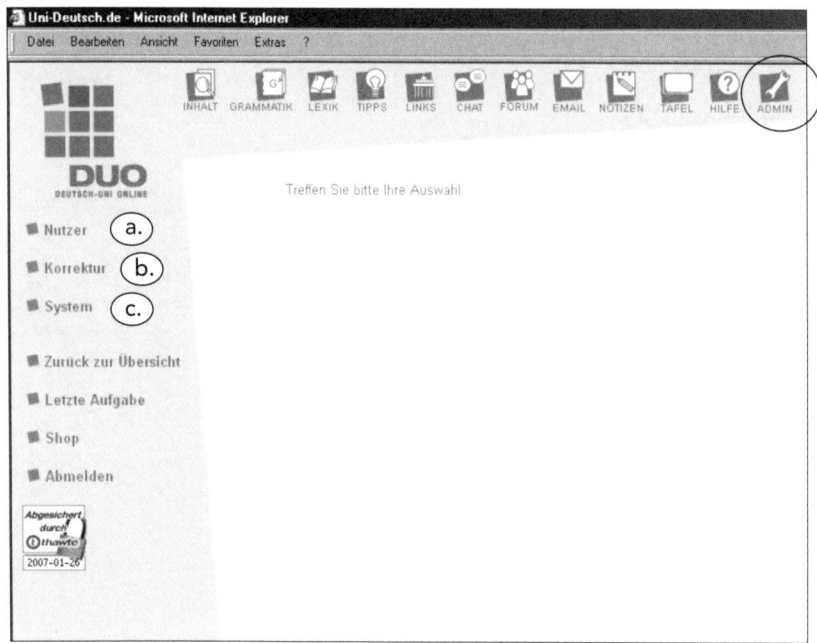

a. **Nutzer:** Die eigenen Daten sehen und ändern (zum Beispiel das Passwort, die Adresse).

b. **Korrektur:** Verwaltung der von der Tutorin oder e-Assistenten erhaltenen Korrekturen.

c. **System:** Einstellungen am Computer (Größe der Übungsfenster, Eingang von Nachrichten ...) und gegebenenfalls Klassenwechsel vornehmen.

4.1.1 Nutzer – Verwaltung

In die Verwaltungsübersicht gelangt man durch Klicken auf den Eintrag **Nutzer** und dann auf den Eintrag **Verwaltung** in der linken Leiste.

Hier erscheinen alle persönlichen Angaben (Name, E-Mail und so weiter), die außer dem Benutzernamen auch geändert werden können.

Änderungen vornehmen und speichern ist in diesem Menü denkbar einfach.

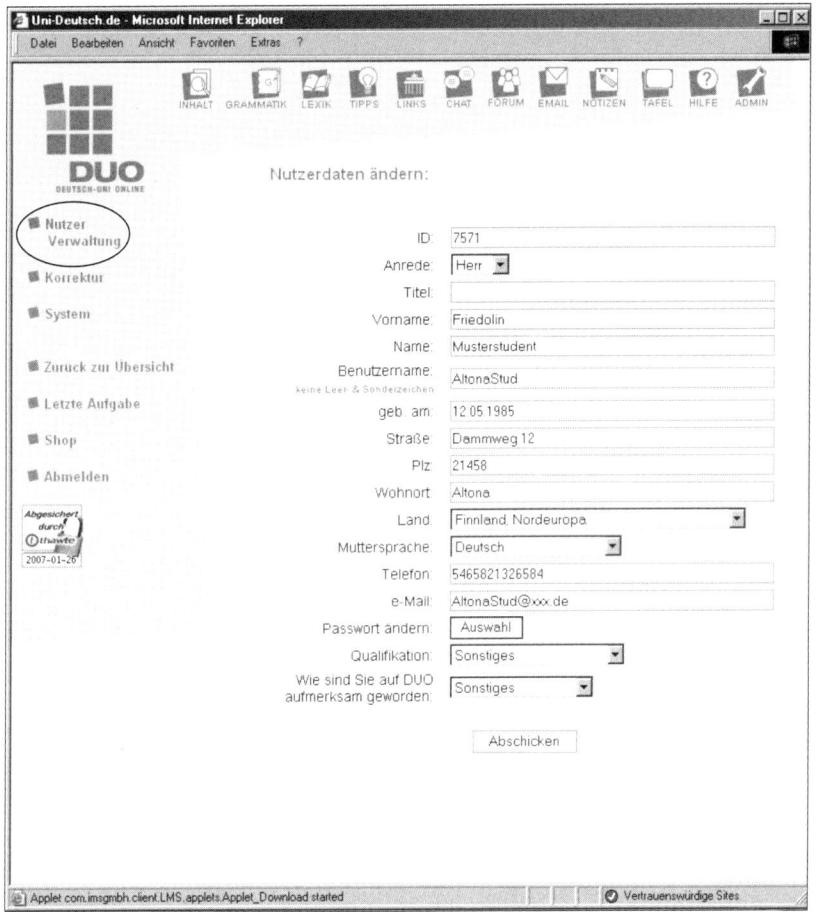

4.1.2 Korrektur – Neu

Wenn der e-Assistent oder die Tutorin eine Aufgabe zurücksenden, öffnet sich automatisch ein Benachrichtigungsfenster, aus dem heraus man die Korrekturen gleich öffnen kann.

Man kann zu den Korrekturen auch über die Verwaltungsübersicht gelangen.

Klickt man auf den Eintrag **Neu**, dann sieht man alle neu eingegangenen Aufgaben.

Um den Text sofort anzusehen, muss man unter **Aktionen** auf das **rote Check**-Symbol klicken.

Das Übungsfenster mit Text und Korrektur öffnet sich.

Der Text befindet sich im mittleren Feld. Die Fehler, die die Tutorin korrigiert hat, sind unterstrichen.

In der linken Spalte in der Mitte stehen Kurz-Korrekturzeichen zu den Fehlern.

Die Korrekturzeichen werden in der linken Spalte unten noch einmal vollständig ausgeschrieben dargestellt.

Wenn man einen markierten Fehler anklickt, wird im unteren Feld die Erklärung der Tutorin beziehungsweise die Korrektur des Programms angezeigt.

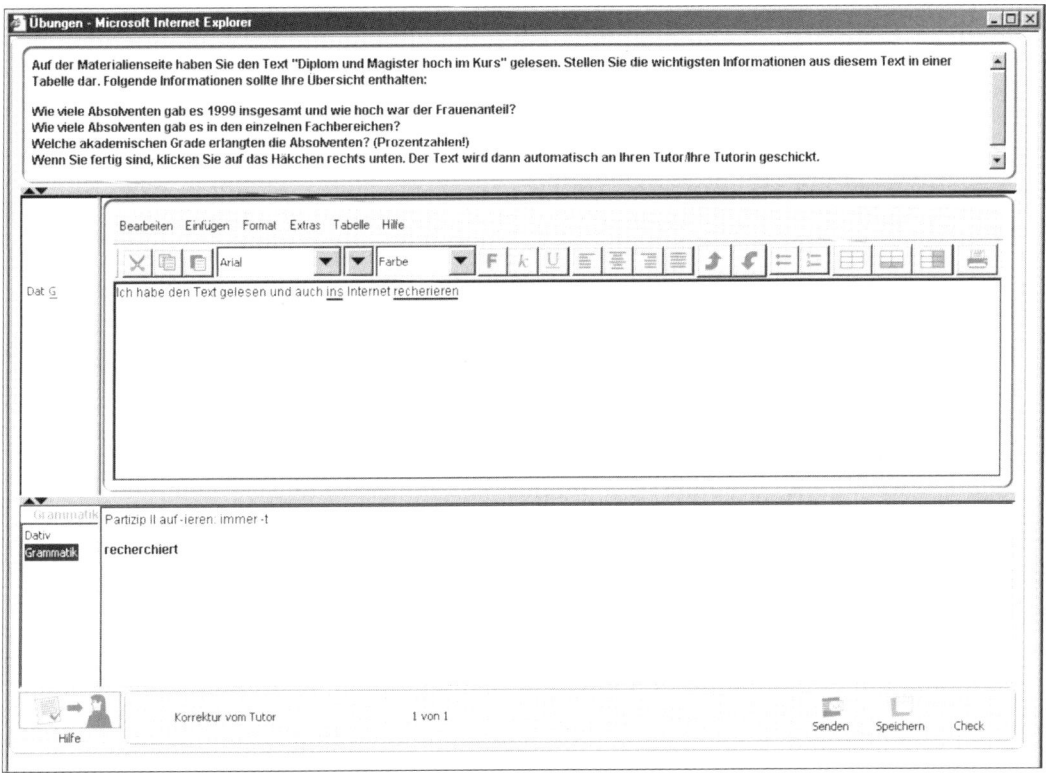

Durch Klicken auf **OK** übernimmt man die Korrektur in den Text.

Die Korrekturzeichen in der linken Spalte und die Korrektur im unteren Feld verschwinden dann automatisch.

Durch Klicken auf das **Speichern**-Symbol rechts unten werden die Korrekturen gesichert.

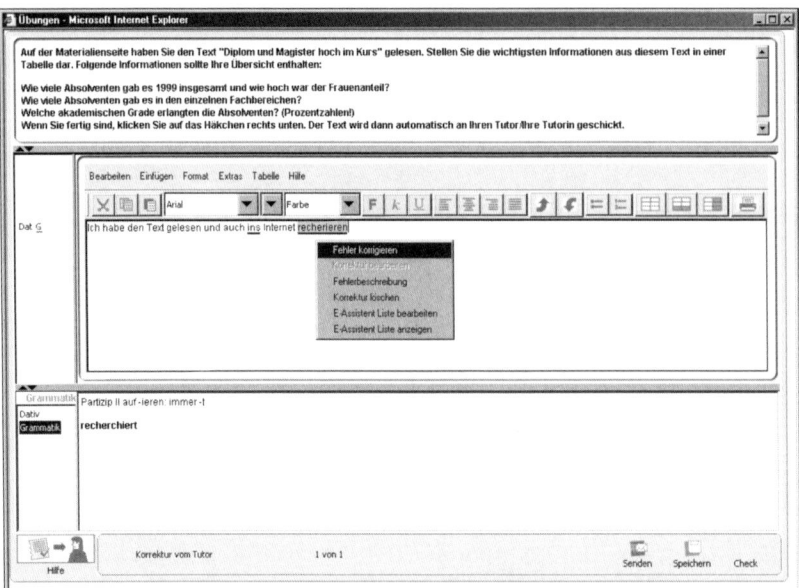

Um einen Fehler zu korrigieren, muss man mit der rechten Maustaste auf den Fehler klicken. Die entsprechende Textstelle wird in einem kleinen Fenster angezeigt. In dieses Fenster kann man hineinschreiben und den Fehler korrigieren.

4.1.3 Korrektur – Erledigt

Wenn unter **Korrektur – Neu** eine Aufgabe
als erledigt gespeichert werden soll, muss
man nur auf *das Feld neben der Korrektur*
klicken. Sie wird dadurch markiert. Durch
Klicken auf das *graue Feld* über dem Kästchen wird die Korrektur in den Ordner **Erledigt** verschoben.

4.1.4 System

Durch Klicken auf den Eintrag **System** und dann auf den Eintrag **Einstellung**
erhält man eine Auswahl an Einstellungen für die Benutzeroberfläche: Bei dieser Lernplattform betrifft das unter anderem die Größe der Aufgabenfenster,
den Arbeitsmodus (ungestörtes Arbeiten, Tutorbenachrichtigungen akzeptieren, alle Benachrichtigungen akzeptieren) und die Einstellung der System-
sprache. Die Einstellungen können im Eingabefeld rechts geändert und
gespeichert werden.

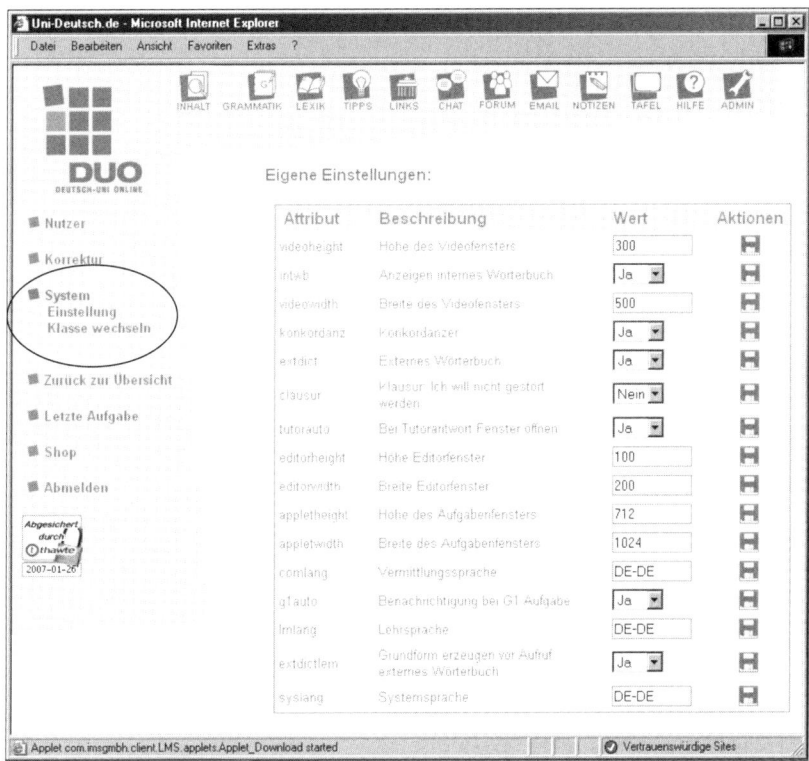

Über die Menüwahl **Klasse wechseln** gelangt man zu einer Übersicht über alle
Klassen, in denen man registriert ist.

Die aktive Klasse wird in der obersten Zeile
angezeigt.

Um die aktive Klasse zu wechseln, muss
man auf das **Diskettensymbol** neben der
Klasse klicken, die aktiv werden soll.

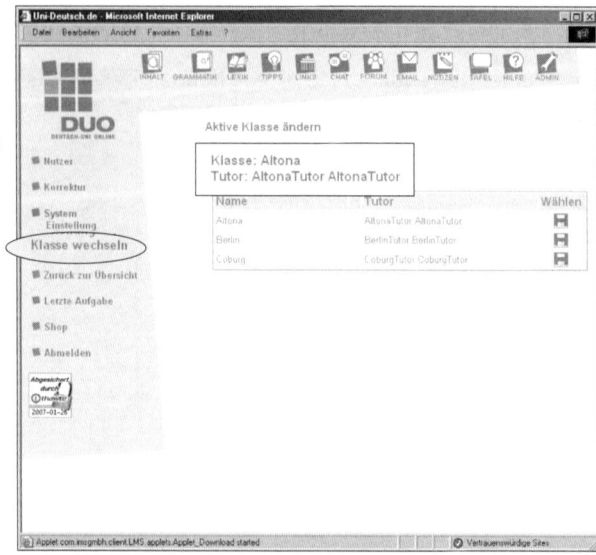

4.1.5 Administrationsbereich verlassen

Über **Zurück zur Übersicht** in der linken
Leiste verlässt man den Admin-Bereich
und gelangt zur Kapitelübersicht.

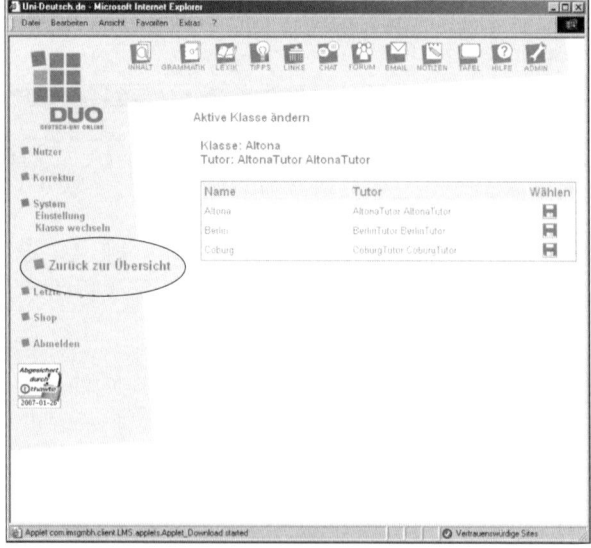

146

4.2. Verwaltungsfunktionen für Tutorinnen

Durch einen Klick auf das **Werkzeug**-Symbol in der oberen Funktionsleiste bekommt man Zugang zur Administratoransicht.

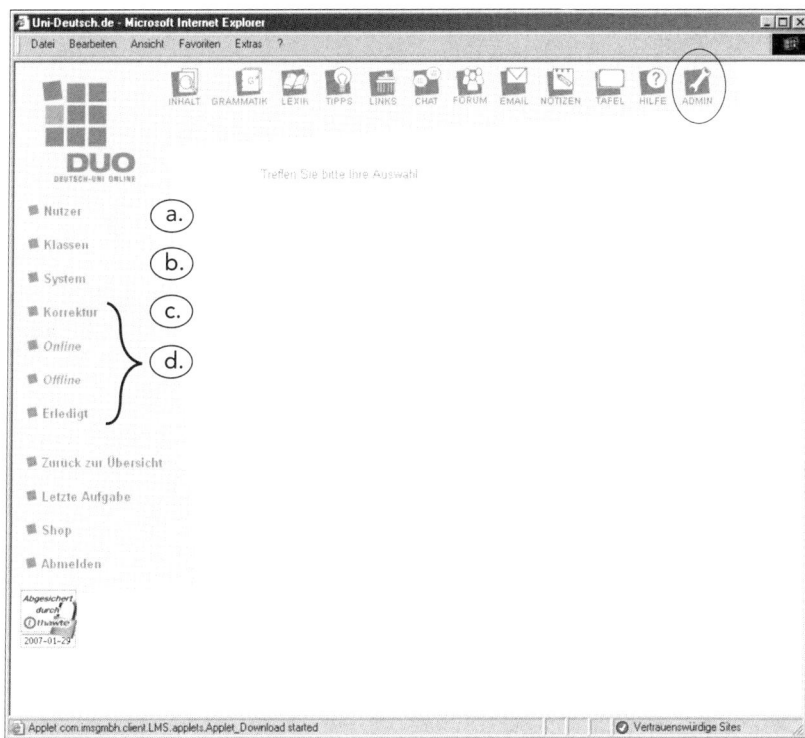

Die Einträge in der linken Funktionsleiste entsprechen folgenden Verwaltungsfunktionen:

a. **Nutzer:** Alle Teilnehmer aus den Kursen, für die eine Tutorin Verwaltungsrechte bekommen hat, sind hier aufgeführt. Diesen Teilnehmern kann man E-Mails oder Kurznachrichten schicken sowie deren persönliche Daten ändern. Eine Tutorin kann über diesen Eintrag auch erkennen, welche Teilnehmer aus ihren Kursen gerade online sind.

b. **Klassen:** Hier kann man Klassen ändern und neu anlegen, Nachrichten verschicken und Teilnehmerlisten der Klassen einsehen.

c. **System:** Hier kann man Einstellungen am Computer (Größe der Übungsfenster, Arbeitsmodus, Sprachen etc.) ändern und die aktuelle Klasse wechseln.

d. **Korrektur:** Hier werden die Einsendeaufgaben der Teilnehmer und die Korrekturen verwaltet.

4.2.1 Nutzerverwaltung

Hier gibt es zwei Einträge: **Verwaltung** und **Aktive**.

• Nutzerverwaltung: Übersicht

Über die Menüoption **Verwaltung** gelangt man zur Option **Nutzer**. Es erscheint zunächst ein leeres Eingabefeld.

Wenn man in dieses Eingabefeld ein %-Zeichen eingibt und es abschickt, werden alle Teilnehmer der Klasse(n) angezeigt.
In der Nutzerverwaltung stehen folgende Funktionen zur Verfügung:

a. ✉ E-Mail an Teilnehmer schicken

b. ⇄ Nutzerdaten der Teilnehmer einsehen und ändern

c. ✉ Kurznachricht senden

• Nutzerdaten ändern

Hier erscheinen die Angaben des Teilnehmers (Name, E-Mail-Adresse und so weiter). Außer dem Benutzernamen kann man alle Angaben ändern (inklusive des Passwortes).

Zur Speicherung der neuen Einstellungen muss man nur auf **Abschicken** klicken.

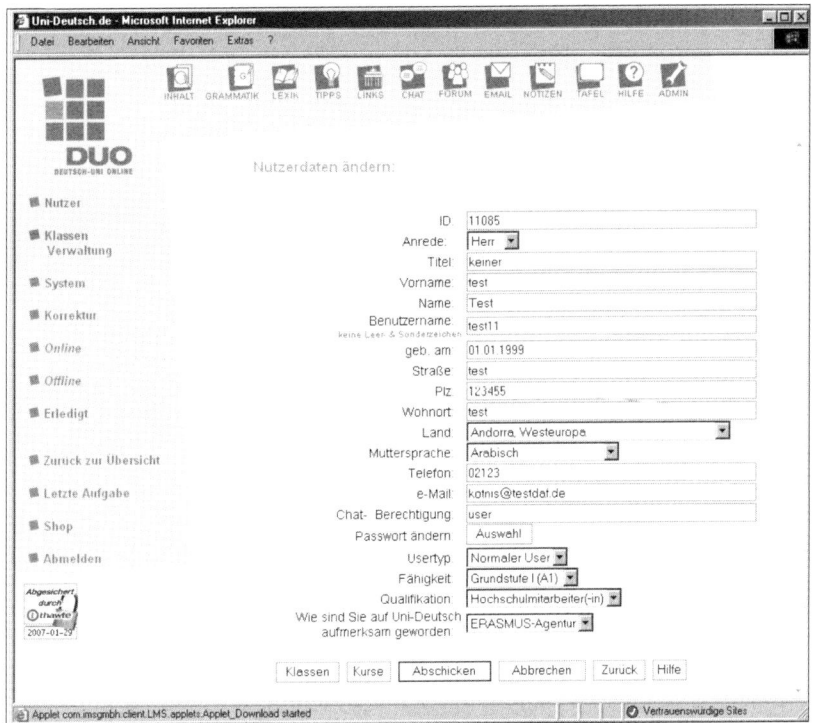

• Nutzer – Aktive

Unter **Nutzer – Aktive** kann man alle Kursteilnehmer sehen, die zum Zeitpunkt in der Plattform online sind. Diesen Teilnehmern kann man über diese
Funktion direkt eine **E-Mail** oder eine **Kurzmitteilung** senden.

4.2.2 Die Klassenverwaltung

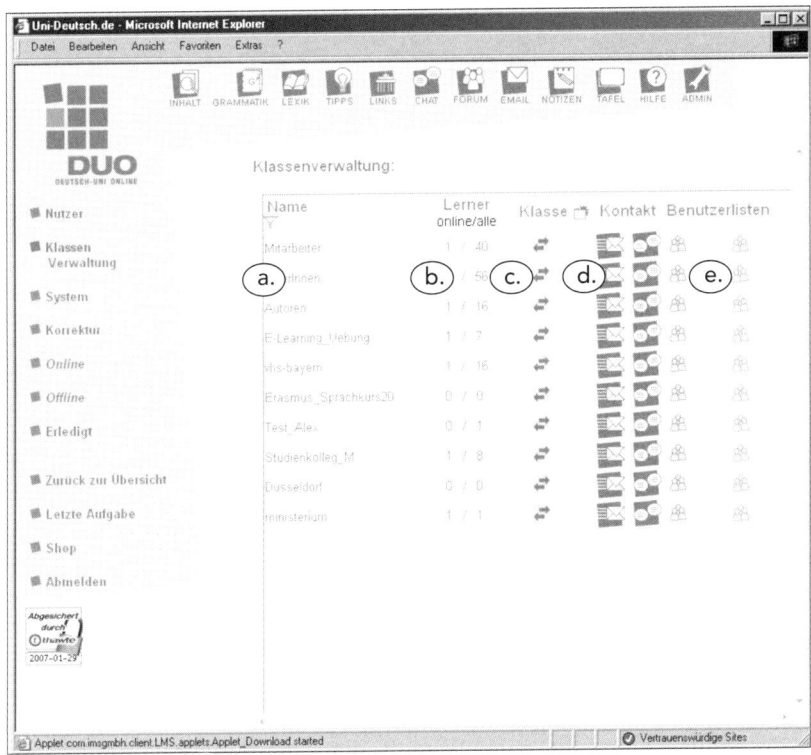

In der **Klassenverwaltung** stehen folgende Funktionen zur Verfügung:

a. **Name:** Namen der Klasse oder Klassen.

b. **Lerner:** Gesamtanzahl der Teilnehmer einer Klasse und ihr **Online-Status**.

c. **Klasse:** Mit einem Klick auf das Symbol mit dem Doppelpfeil ⇄ kann der Name der Klasse geändert werden.

d. **Kontakt:** Kurznachricht an alle ▨. Mit einem Klick auf das **Chat**-Symbol ▨ werden alle Teilnehmer der Klasse zum Chat aufgefordert. Es öffnet sich dann bei allen Teilnehmern der Klasse automatisch das Chatfenster.

e. **Benutzerlisten:**
   Alle Benutzer: ⏏ Zugang zu den Aufgaben der Lerner
   Online-Benutzer: ⏏ Aktive Lerner

4.2.3 Aufgabenbearbeitungsstatus der Teilnehmer einsehen
(unter Klassenverwaltung, Benutzerlisten)

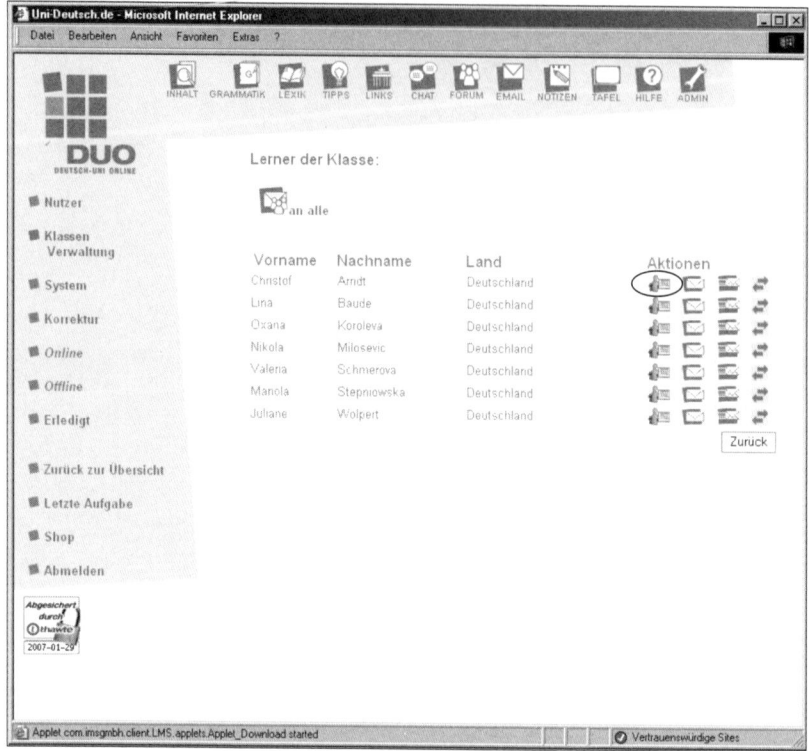

Über diese Funktion kann die Tutorin zum Teilnehmer Kontakt aufnehmen oder seine Nutzerdaten verändern.

Wenn man den Namen eines Teilnehmers anklickt ⊞ erscheint eine Übersicht über alle Aufgaben, die dieser Teilnehmer bereits bearbeitet hat. In der Überschriftenzeile sieht man den Benutzernamen des ausgewählten Teilnehmers. Unter **Kurse** kann man die Aufgaben des Teilnehmers für einen bestimmten Kurs einsehen. Nach Klicken der **Auswahl** erscheint folgende Übersicht:

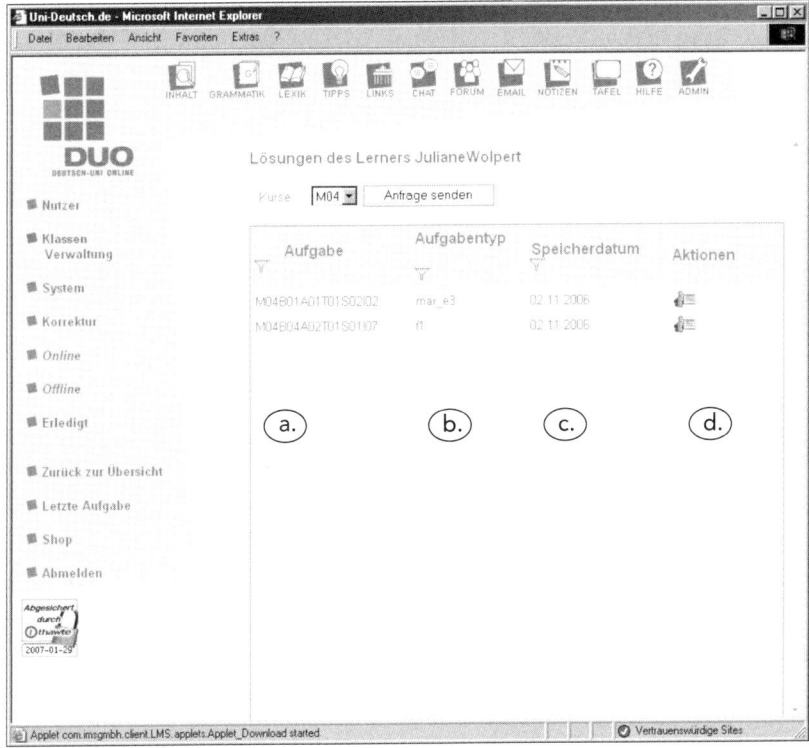

a. Unter **Aufgabe** erscheint der Code der bearbeiteten Übung.

b. Unter **Aufgabentyp** erkennt man, welcher Übungstyp bearbeitet wurde.

c. Unter **Speicherdatum** kann man sehen, wann der Teilnehmer die jeweiligen Übungen zuletzt gespeichert (beziehungsweise versendet) hat.

d. **Aktionen:** Das Anklicken des Symbols ![icon] neben der entsprechenden Übung öffnet das Übungsfenster mit den Lösungen des Teilnehmers.

4.2.4 Übersicht über die Funktion Korrektur

Hier laufen die Einsendeaufgaben der Teilnehmer ein. Sie werden von der Tutorin korrigiert und an den entsprechenden Teilnehmer wieder zurückgesendet.

Um die Aufgaben zu korrigieren, muss man zuerst auf den Eintrag **Korrektur** und dann auf den Eintrag **Neu** klicken. Dadurch ergeben sich folgende Informationen und Funktionen:

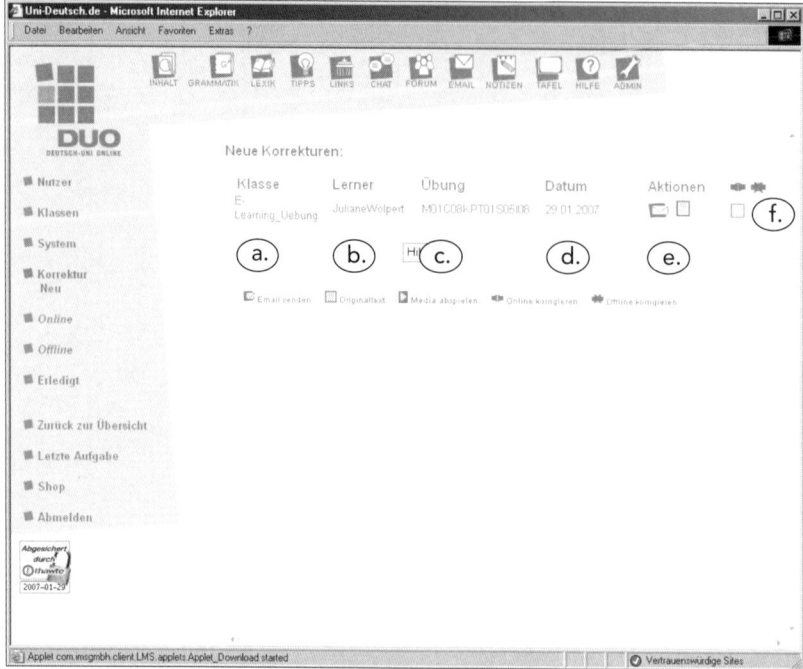

a. **Klasse:** Klasse des Teilnehmers

b. **Lerner:** Benutzername des Teilnehmers

c. **Übung:** Code der Einsendeaufgabe

d. **Datum:** Datum der Einsendeaufgabe

e. **Aktionen:** Mail schreiben oder bei einer schriftlichen Einsendeaufgabe den Originaltext ▤ des Teilnehmers hier ansehen. Bei einer mündlichen Einsendeaufgabe die Sprachaufnahme ▶ des Teilnehmers hier anhören.

f. **Graues Feld** ☐ : Markieren einer Einsendeaufgabe zum Verschieben in einen anderen Ordner und zur weiteren Bearbeitung über **Online-Korrektur** ◀■ oder **Offline-Korrektur** ◀▶ . Mit einem Klick auf dieses Symbol ◀▶ verschiebt man eine markierte Einsendeaufgabe in den Ordner **Offline**. Dort kann die Aufgabe auf die Festplatte des Computers heruntergeladen werden.

4.2.5 Aufgaben zum Korrigieren vorbereiten und zurücksenden: Online

Um eine Einsendeaufgabe eines Teilnehmers online korrigieren zu können, muss sie zuvor vom Ordner **Korrektur – Neu** in den Ordner **Korrektur – Online** verschoben werden.

Um den Ordner **Korrektur – Online** zu öffnen, muss man auf den Eintrag **Online** klicken. Dadurch ergeben sich folgende Funktionen:

Online Korrekturen:

Klasse	Lerner	Übung	Letzte Änderung	Aktionen		
DUO-Schulung8	duo8	M01C08KPT01S03I05	04.12.2007			

(a.) (b.) (c.) (d.) (e.) (f.)

a. **Klasse:** Klasse des Teilnehmers

b. **Lerner:** Benutzername des Teilnehmers

c. **Übung:** Code der Einsendeaufgabe

d. **Letzte Änderung:** Datum der letzten Änderung. Eine Korrektur kann jederzeit geschlossen und zu einem späteren Zeitpunkt weiter bearbeitet werden. Die Korrektur bleibt dabei gespeichert.

e. **Aktionen:** Hier gibt es mehrere Möglichkeiten:
   - E-Mail schreiben
   - Aufgabenstellung einsehen
   - Originaltext des Teilnehmers ansehen
   - Sprachaufnahme anhören (aber ohne Bearbeitungsmöglichkeit)
   - Korrektur

f. **Markieren** einer Einsendeaufgabe zum Verschieben in einen anderen Ordner und zur weiteren Bearbeitung:
   - Zurücksetzen der Korrektur der markierten Aufgabe
   - Korrektur Offline stellen
   - Aufgabe hier an den Teilnehmer zurücksenden

4.2.6 Verwaltung von erledigten Korrekturen

Sobald eine korrigierte Aufgabe an einen Teilnehmer zurückgeschickt worden ist, wandert sie in den Ordner **Korrektur – Erledigt**. Dort stehen dann wieder ähnliche Informationen und Funktionen wie oben dargestellt zur Verfügung.

Löschen / Freigeben einer Korrektur zur Wiederbearbeitung durch den Teilnehmer: Die Korrektur kann durch Klicken auf das X-Symbol ✕ (rechte Leiste) gelöscht werden. Die Aufgabe ist dadurch zur erneuten Bearbeitung durch den Teilnehmer wieder freigegeben. Dies hat keinen Einfluss auf die Ansicht, die dem Teilnehmer vorliegt. Er sieht nach wie vor die korrigierte erste Fassung, kann aber die Aufgabe neu bearbeiten und an die Tutorin zur Korrektur verschicken.

Wiederherstellen: Durch Klicken auf das Symbol kann die markierte Aufgabe erneut korrigiert werden.

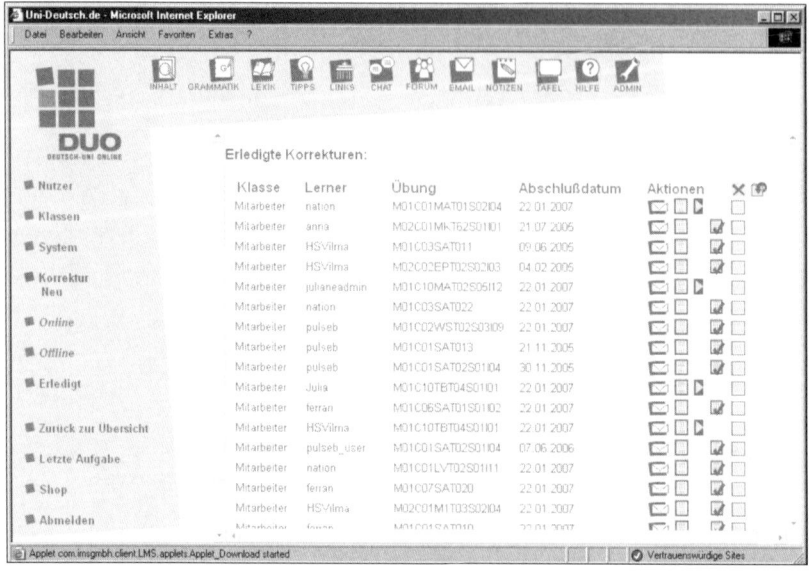

4.3 Korrektur Schriftlicher Ausdruck –
Technische Durchführung

Die Übungstypen mit freier Texteingabe verlangen in den meisten Fällen eine Korrektur durch die Online-Tutorin. Im Folgenden wird die Vorgehensweise einer Korrektur **online** (direkt über die Plattform) und **offline** (lokal auf dem Computer der Tutorin) beschrieben.

4.3.1 Online-Korrektur: Korrektur einer Aufgabe im Online-Editor

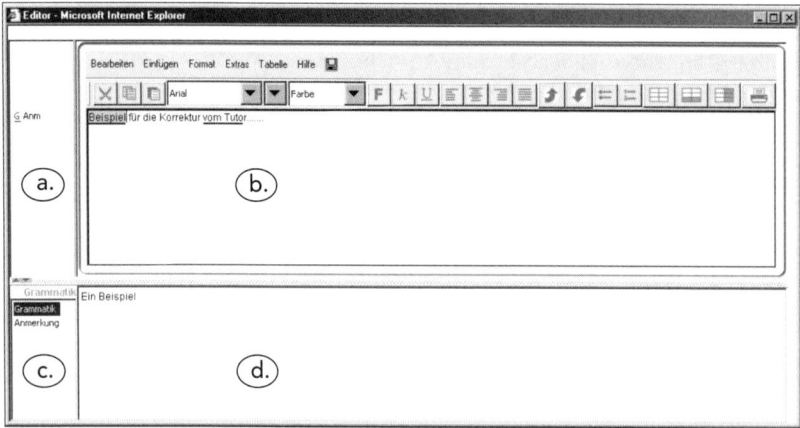

Das Editorfenster besteht aus vier Feldern:

a. Feld für (abgekürzte) **Korrekturzeichen**. Das Inventar ist vom System vorgegeben.

b. Textfeld mit dem Text des Teilnehmers. Unter dem Text ist außerdem Platz
für Mitteilungen oder einen längeren Kommentar der Tutorin.

c. Feld für (ausgeschriebene) **Korrekturzeichen**. Das Inventar ist vom System
vorgegeben.

d. Feld für **Fehlerbeschreibungen** der Tutorin.

Und so wird es gemacht:

• Die Wörter, Satzteile oder Sätze aus dem Textfeld markieren, die korrigiert
werden sollen (einzelne Wörter durch Doppelklick, mehrere Wörter durch
Ziehen mit der Maus).

• Mit der **rechten** Maustaste auf den markierten Teil klicken und Menü auswählen (**Fehler korrigieren**).

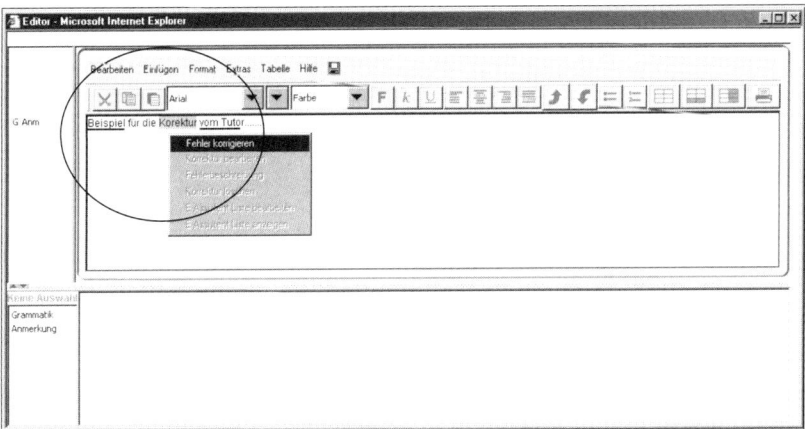

• Im Fenster **Fehlerbeschreibung** ein Korrekturzeichen aus dem Menü auswählen. Wenn es kein passendes Korrekturzeichen für die Korrektur gibt,
kann man den Eintrag **Anmerkung** auswählen. In das Textfeld dieses Fensters kann man dann eine Fehlerbeschreibung eingeben. Die Schrift kann
durch den Editor beliebig formatiert werden (fett, kursiv, farbig, ...). Durch
OK bestätigen. Daraufhin ist der Fehler im Text unterstrichen, links erscheint
das Korrekturzeichen und unten die Fehlerbeschreibung.

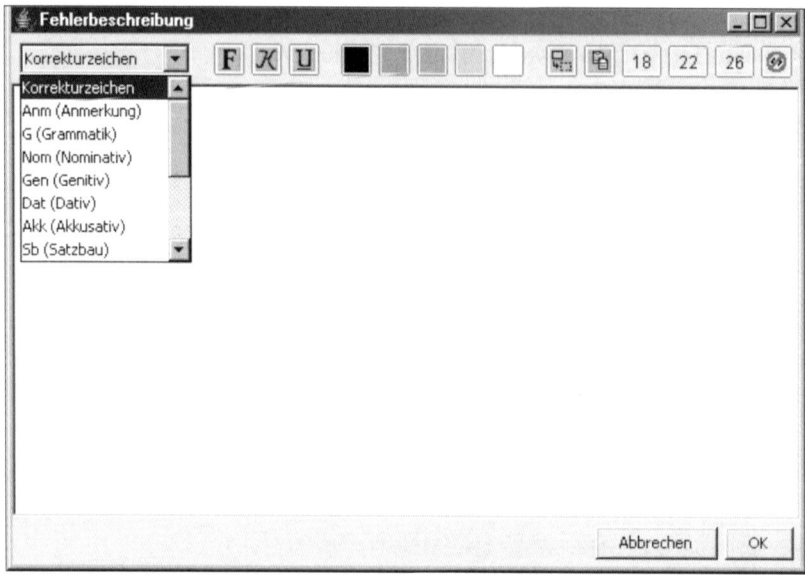

Durch Anklicken der korrigierten Fehler im Text werden jeweils die dazu gehörenden Korrekturzeichen (Spalte links) und Fehlerbeschreibungen (Feld unten) angezeigt.

Mithilfe des Editors kann man ähnlich auch direkt in das Textfeld des Teilnehmers schreiben oder dort Wörter formatieren.

Danach erfolgt die Speicherung mit einer entsprechenden Rückmeldung an den Lerner.

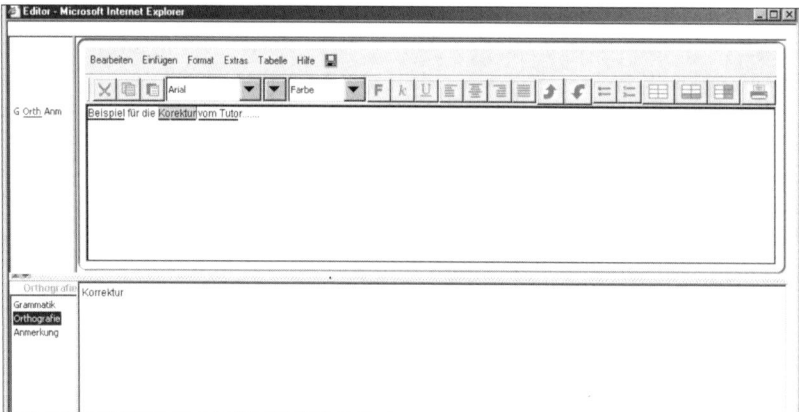

4.3.2 Korrektur einer Aufgabe im Offline-Editor

Längere Texte und Aufgaben korrigieren viele Tutorinnen und Tutoren lieber offline statt online. Dafür sprechen technische und gelegentlich auch finanzielle Gründe (Online-Gebühren), aber auch Gewohnheitsaspekte und die Möglichkeiten der Speicherung. Die hier vorgestellte Lernplattform enthält daher einen Offline-Editor, der beim ersten Herunterladen einer Aufgabe beim Nutzer automatisch installiert wird und das folgende Symbol auf dessen Desktop erstellt.

Offline-Korrektor.bat

Durch Doppelklick kann er vom Desktop aus geöffnet werden. Die verschiedenen Korrekturoptionen machen die Verwaltung von eingesendeten Aufgaben denkbar einfach. Und so kann man damit arbeiten:

4.3.3 Aufgabe korrigieren

Mit der linken Maustaste auf **Datei** klicken und mit **Öffnen** die gewünschte Korrekturart auswählen. Es gibt vier Möglichkeiten:

- **Neue Korrekturen:** Aufgaben, die zuvor von **Korrektur – Neu** in **Offline** verschoben wurden.

- **Laufende Korrekturen:** Aufgaben, die noch nicht vollständig korrigiert wurden.

- **Erledigte Korrekturen:** Fertig korrigierte Aufgaben. Diese befinden sich in der Administrationsebene im Ordner **Online** (siehe auch *Aufgaben zum Korrigieren vorbereiten und zurücksenden: Online*, S.154).

- **Abgeschickte Korrekturen:** Fertig korrigierte Aufgaben, die an den Teilnehmer zurückgeschickt worden sind. Diese befinden sich in der Administrationsebene im Ordner „**Erledigt**" (siehe auch *Verwaltung von erledigten Korrekturen S. 155*).

Unbearbeitete Aufgaben kann man sich zur Korrektur durch **Öffnen** ⇨ **neue Korrekturen** vorlegen.

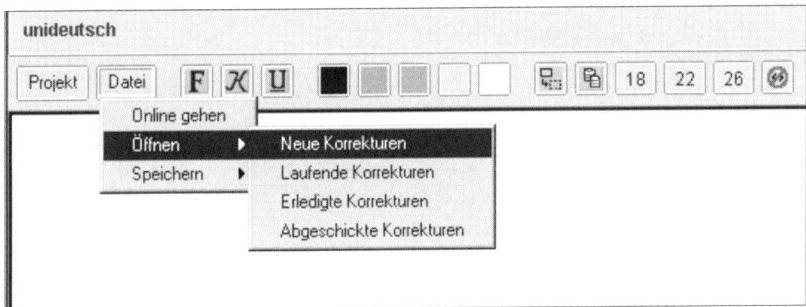

Dadurch öffnet sich ein neues Fenster mit allen unkorrigierten Aufgaben, die man anschließend auswählen und bearbeiten kann. Der Text des Lerners erscheint wieder im Editor. Die einzelnen Schritte der Korrektur erfolgen wie bei der Online-Korrektur.

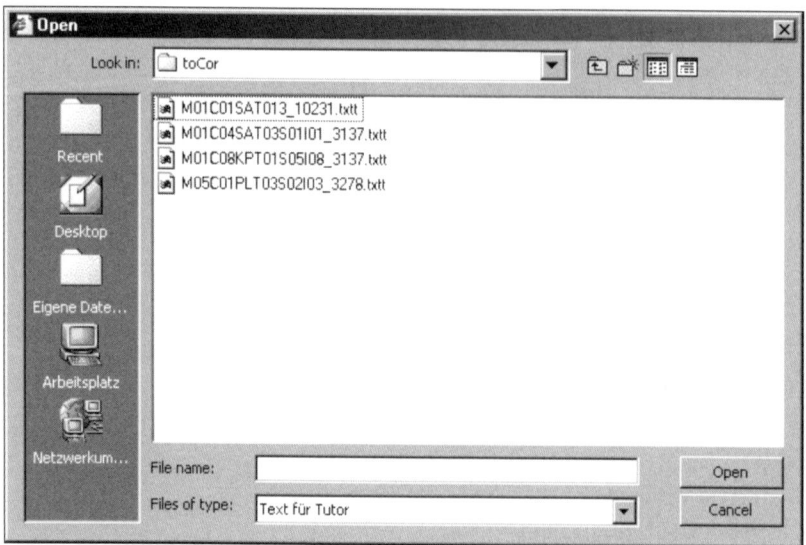

4.3.4 Korrektur speichern

Unter **Datei** und **Speichern** kann man die gewünschte Art der Speicherung auswählen:

• Speichern ⇨ Laufende Korrekturen

Die Korrektur wird lokal auf dem Computer der Tutorin unter **Laufende Korrekturen** abgelegt. Sie kann weiterhin offline auf der Festplatte bearbeitet, jedoch noch nicht an den Teilnehmer zurückgeschickt werden (siehe auch *Aufgabe korrigieren, s. 159*).

• Speichern ⇨ Erledigte Korrekturen

Die Korrektur wird in der Administrationsansicht im Ordner **Online** abgelegt. Sie wird also beim nächsten Einloggen wieder auf die Lernplattform ins Internet hochgeladen. Eine Weiterbearbeitung ist nun im Ordner **Online** möglich (siehe auch *Aufgaben zum Korrigieren vorbereiten und zurücksenden: Online, s. 154*).

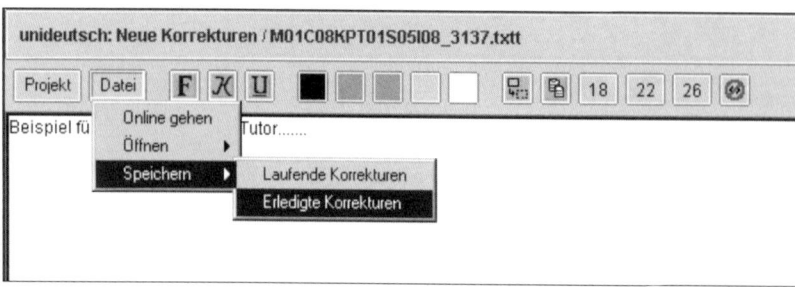

4.3.5 Korrekturen abschicken und ablegen

Das Versenden der Aufgaben an den Lerner kann natürlich nur online funktionieren:

Wenn die Korrektur unter **Laufende Korrekturen** abgespeichert ist, befindet sie sich in der Administrationsansicht im Ordner **Offline**.

Durch Klicken auf die **Onlinefreigabe** werden alle Aufgaben zum Versenden online freigegeben.

Durch Markierung in den Feldern rechts erfolgt die Auswahl.

Durch Klicken auf das Symbol erfolgt die Ablage im Ordner **Online** und anschließend der weitere Versand wie oben beschrieben.

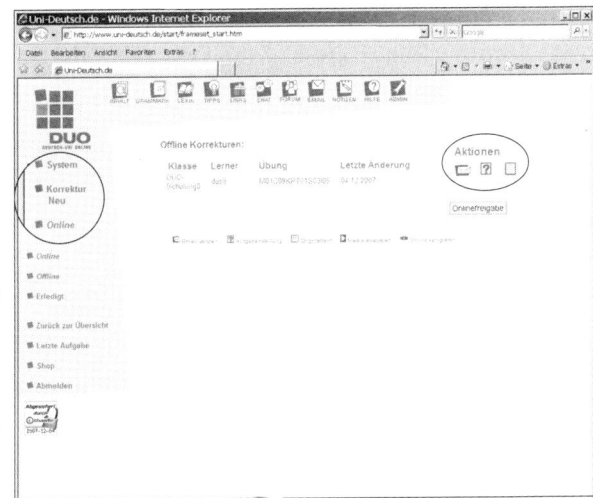

Ist die Korrektur unter **Erledigte Korrekturen** abgespeichert, befindet sie sich in der Plattform in der Administrationsansicht im Ordner **Online**.

Das weitere Vorgehen ist oben bereits beschrieben unter *Aufgaben zum Korrigieren vorbereiten und zurücksenden: Online.* Die Korrektur wird dadurch automatisch in die Administrationsebene in den Ordner **Erledigt** verschoben.

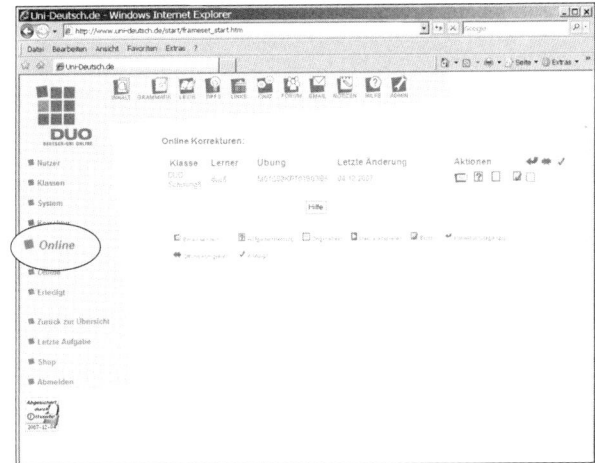

4.4 Korrektur Mündlicher Ausdruck –
Technische Durchführung

4.4.1 Öffnen und Abhören einer Sprachaufnahme

Die Übungstypen, bei denen die Teilnehmer eine Sprachaufnahme machen, sehen in den meisten Fällen eine Korrektur durch die Online-Tutorin vor (siehe auch *Sprachaufnahmen, S. 132*).

Die Sprachaufnahmen der Teilnehmer befinden sich in der Administrationsansicht im Ordner **Korrektur – Neu** (siehe auch das Kapitel *Korrektur – Neu*, S. 142).

Zunächst sollen die Sprachaufnahmen, die korrigiert werden sollen, in den Ordner **Online** verschoben werden (siehe auch *Aufgaben zum Korrigieren vorbereiten und zurücksenden: Online*, S.154).

Das Pfeil-Symbol ▷ markiert Sprachaufnahmen.

Klicken des Symbols öffnet die Sprachaufnahme in einem neuen Fenster.

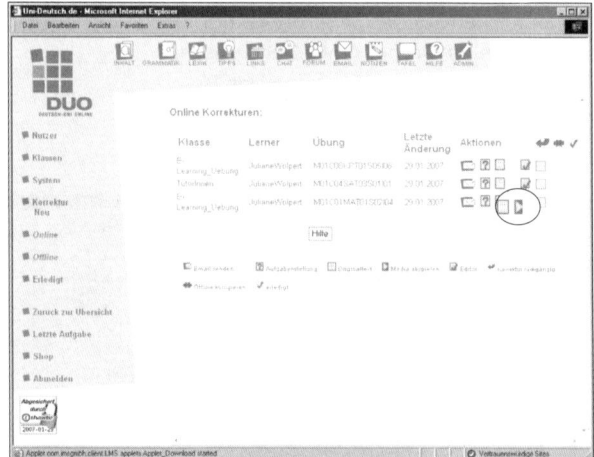

In der unteren Leiste des Fensters befindet sich ein **Rekorder**. Man benutzt ihn folgendermaßen:
Zum Abspielen der Aufnahme **Start** klicken ▷
Zum Beenden der Aufnahme **Stopp** klicken ❙❙
Vor- und Zurückspulen mit den Pfeilen ◁ ▷. Auch der Regler kann an die gewünschte Position geschoben werden. Wenn man das Fenster mit der Sprachaufnahme schließt, zeigt sich die Administrationsansicht.

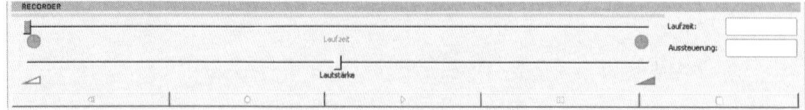

Die Rückmeldungen an den Teilnehmer erfolgen handschriftlich oder in einem Textverarbeitungsprogramm und werden nicht in der Administrationsansicht gespeichert.

4.4.2 Sprachaufnahme ablegen

Mit einem Klick auf das graue Feld rechts **markiert** man eine Einsendeaufgabe.

Das Klicken auf den **Check-Haken** rechts verschiebt die Sprachaufnahme in den Ordner **Erledigt** (siehe auch *Verwaltung von erledigten Korrekturen*).

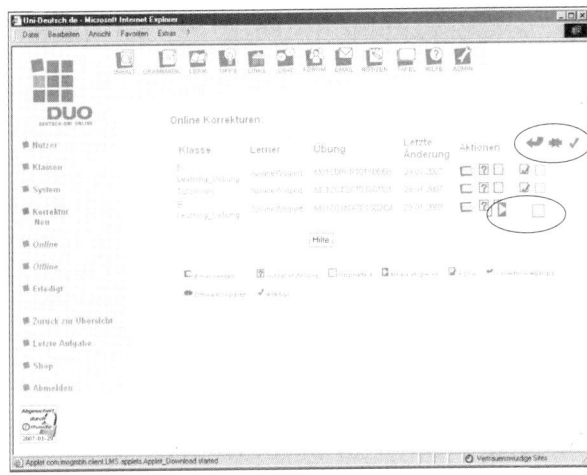

5. Erstellen von Lernprogrammen – Die Bedienung von Autoren-Werkzeugen

5.1 Content-Management-Systeme (CMS) und Autorenwerkzeuge

Ein Content-Management-System (CMS) ist eine Software, die zur gemeinschaftlichen Erstellung, Bearbeitung und Verwaltung von Inhalten ('Content') dient. Dabei liegt der Fokus auf der Einfachheit der Eingabe, sodass eine Bedienung des Systems auch ohne tiefere technische Kenntnis erfolgen kann. Um eine möglichst große Wiederverwendbarkeit der Inhalte zu gewährleisten, werden diese in modernen Content-Management-Systemen unabhängig vom Ausgabemedium gespeichert. Das Speichern der Daten erfolgt oftmals in einer Datenbank. Des Weiteren unterscheidet man zwischen client- und serverseitigen Systemen: Bei den serverseitigen Systemen wird der Inhalt vollständig auf einem zentralen Server erstellt und verwaltet, wohingegen der Inhalt bei den clientseitigen Systemen mit einer lokal installierten Software erstellt und anschließend von einem Server zur Distribution bereitgestellt wird. Auch bei einem Autorenwerkzeug handelt es sich meist um lokal installierte Software. Diese dient zur Erstellung von E-Learning-Inhalten sowie von E-Learning-Software und ist ebenfalls auf leichte Bedienbarkeit ausgelegt. Diese Werkzeuge bieten die Möglichkeit, Kurse zu strukturieren, Medien einzubinden und Übungsaufgaben sowie Prüfungen zu erstellen.

Didaktisch ausgefeilte Kurskonzepte, wie die der *DUO*-Programme, erfordern bei der technischen Abbildung oftmals eine hohe Flexibilität des Autorenwerkzeugs für komplexe und verzweigte Strukturen. Da der *basiX-Designer* auf das Dateisystem des Host-Rechners bei der Abbildung der Kursstruktur zurückgreift, wird die Komplexität der Struktur nur durch das vom Betriebssystem bereitgestellte Dateisystem limitiert.

Die Eingabe der Kursinhalte wird durch die Verwendung eines integrierten HTML-Editors stark vereinfacht, sodass die Kursautoren sich nicht mit technischen Details beschäftigen müssen, sondern sich auf die Autorentätigkeit konzentrieren können. Nach Fertigstellung des Kurses wird dieser auf eine Entwicklungsplattform transferiert, redaktionell sowie technisch überprüft und gegebenenfalls korrigiert. Nach Durchlaufen dieser Qualitätssicherungsstufe wird der Kurs auf der endgültigen Distributionsplattform bereitgestellt und somit den Lernenden zugänglich gemacht.

5.2 Ordnerstruktur und Ebenen

Bevor die Inhalte eines Kurses mithilfe des Autorentools *basiX-Designer* eingegeben werden können, ist es notwendig, sich über die hierarchische Struktur des Projektes Gedanken zu machen. Es muss eine der Kursstruktur analoge Verzeichnisstruktur angelegt werden, in der die einzelnen Ebenen (Kapitel, Unterkapitel, Aufgaben und Übungen) definiert werden. Aus Gründen der Übersichtlichkeit und Einheitlichkeit sollte darauf geachtet werden, die Benennung der Ebenen kurz und prägnant, aber dennoch aussagekräftig zu gestalten (zum Beispiel Kap_1 = Kapitel 1, B01 = Baustein 1, A01 = Aufgabe 1, etc.). Zur Veranschaulichung hier ein Ausschnitt aus der Ordnerstruktur des Programms *Français des Affaires:*

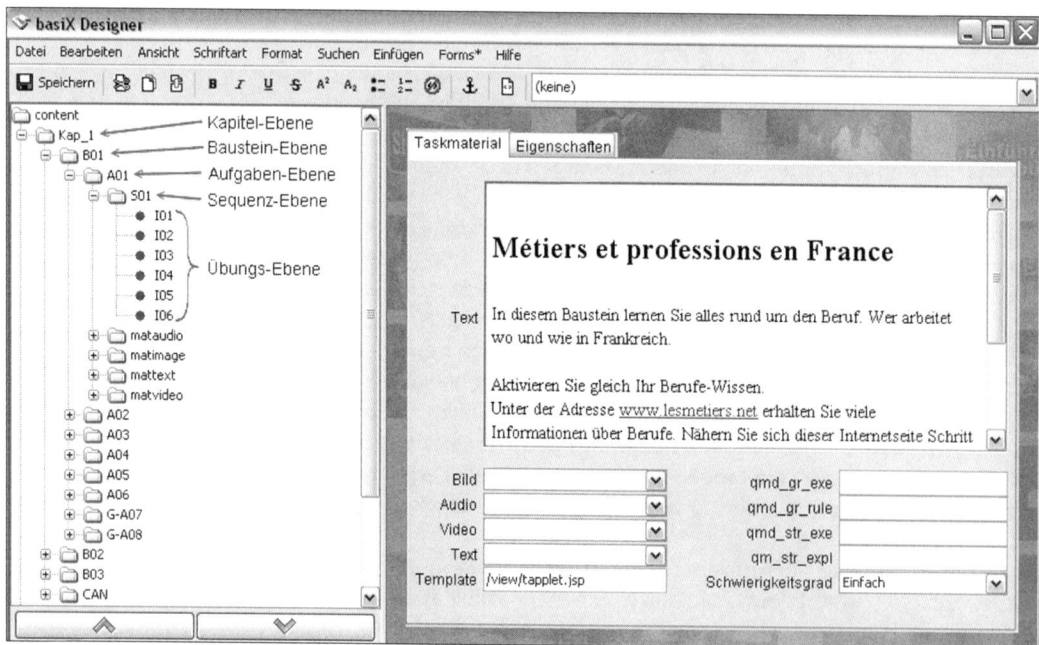

Ordnerstruktur des Kurses Français des Affaires: Kapitel-Ebene, Baustein-Ebene, Aufgaben-Ebene, Sequenz-Ebene und Übungs-Ebene

Das Erstellen einer solchen Ordnerstruktur bereitet in der Regel keine großen Schwierigkeiten, da derartige Baumstrukturen den meisten Computernutzern aus der Dateiverwaltung bekannt sind. Wie man in der Abbildung sehen kann, ist das Arbeitsfenster des Autorentools *basiX-Designer* zweigeteilt. Auf der linken Seite des Fensters wird die Ordnerstruktur des Projekts angezeigt, während auf der rechten Seite die jeweiligen Eingabefenster für die Inhalte zu sehen sind. Dies hat den Vorteil, dass sehr leicht zwischen den einzelnen Ebenen hin- und hergewechselt werden kann.

5.2.1 Task- und Übungsebene

Die Task- oder Aufgabenebene (hier: Aufgaben A01, A02, A03, etc.) ist diejenige Ebene, in der die Materialien gespeichert und eingebunden werden. Mithilfe eines integrierten HTML-Editors kann Text eingegeben und beliebig formatiert, können Bilder und Animationen eingebunden und Verlinkungen zu internen beziehungsweise externen Seiten erstellt werden (zum Beispiel HTML-Dokumente, PDF-Dateien). Auf dieser Ebene können darüber hinaus Audiodateien und Videos integriert und - falls gewünscht - mit Transkripten versehen werden. Je nach Art des einzubindenden Mediums (Audio, Bild, Text, Video) müssen die entsprechenden Dateien in den vom *basiX-Designer* automatisch angelegten Materialienordnern (mataudio, matimage, mattext, matvideo) hinterlegt werden. Die Taskebene ist zudem der Ort, von dem aus die Übungssequenzen der Aufgaben (zum Beispiel S01) erstellt und verlinkt werden. Man spricht hier von Übungssequenzen, da jeder Aufgabe nicht nur eine Übung, sondern eine aus mehreren Übungen bestehende Übungskette zugeordnet werden kann. Diese unterste Ebene wird als Übungsebene bezeichnet.

5.3 Die Erstellung von Übungen mit dem Autorentool basiX-Designer (Beispiel: Übungstyp Linien ziehen)

Bei der im Folgenden dargestellten Übung handelt es sich um eine Zuordnungsübung, bei der zusammengehörige Elemente durch Ziehen einer Linie miteinander verbunden werden müssen. Dieser Übungstyp wird ‚Linien ziehen' genannt.

5.3.1 Schritt 1: Wahl des Übungstyps

Ausgangspunkt für die Erstellung von Übungen ist immer die übergeordnete Sequenz (zum Beispiel S01). Durch einen Klick auf den Sequenzordner (in der folgenden Abbildung Nr. 1) und die Wahl der Registerkarte ‚Neue Übung' (2) öffnet sich eine Registerkarte mit allen verfügbaren Übungstypen und deren Variationen. In unserem Beispiel wird der Übungstyp ‚Linien ziehen' (3) ausgewählt und durch Klicken auf die Schaltfläche ‚Erstellen' (4) der Sequenz S01 hinzugefügt.

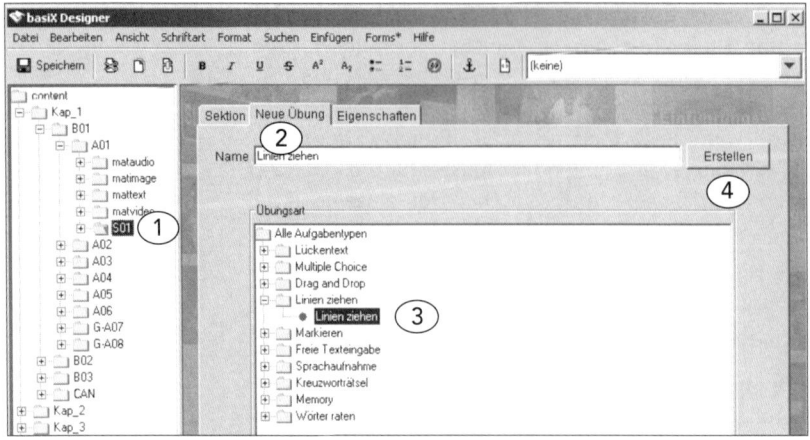

Wahl des Übungstyps: (1) Sequenz auswählen, (2) Registerkarte ‚Neue Übung' anklicken, (3) Übungstyp ‚Linien ziehen' wählen, (4) Aktion ausführen

5.3.2 Schritt 2: Parameter der Übung eingeben

Wenn man nun in der Ordnerstruktur die neu angelegte Übung (in der folgenden Abbildung ‚I02') anklickt, erhält man auf der rechten Seite ein Fenster, das in mehrere Registerkarten unterteilt ist. Die Registerkarte ‚Aufgabenstellung' ist sicherlich am wichtigsten, denn hier werden der Text der Aufgabenstellung (1) eingegeben und – je nach Übungstyp – weitere notwendige Parameter festgelegt (Datenquelle, Schwierigkeitsgrad, Bewertung). Im Falle des Übungstyps ‚Linien ziehen' muss bestimmt werden, welche Elemente A zu welchen Elementen B gehören. Durch einen Klick auf das Feld ‚Bedingung Hinzufügen' (2) wird jeweils eine neue Zeile mit zwei leeren Feldern für die Begriffspaare (zum Beispiel *les transports / le chauffeur de taxi*) eingefügt. Dieser Vorgang wird so lange wiederholt, bis alle zusammengehörigen Elemente eingegeben wurden.

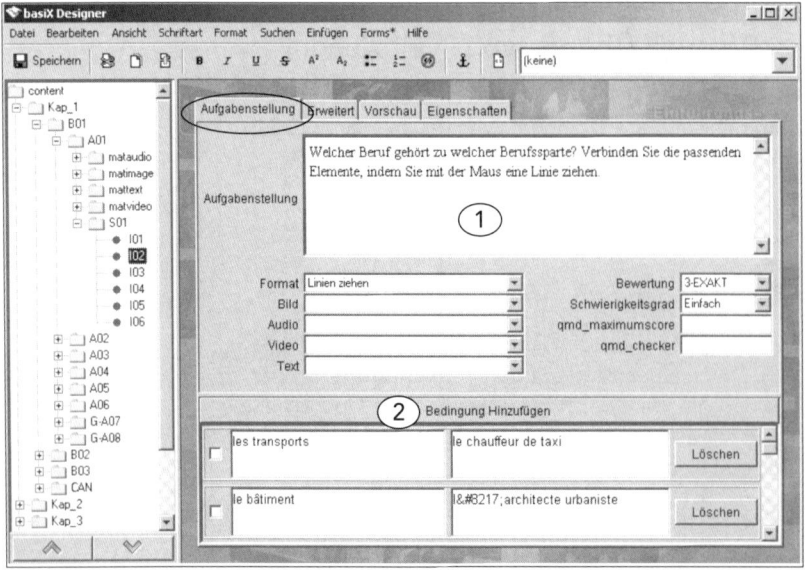

Eingabe der Parameter der Übung: (1) Aufgabenstellung eingeben, (2) Hinzufügen neuer Felder zur Eingabe von Begriffspaaren

5.3.3 Schritt 3: Vorschau der Übung

Nachdem die wichtigsten Parameter der Übung eingegeben wurden, besteht die Möglichkeit, eine Vorschau zu erhalten. Durch einen Klick auf die Registerkarte ‚Vorschau' wird diese Funktion aktiviert.

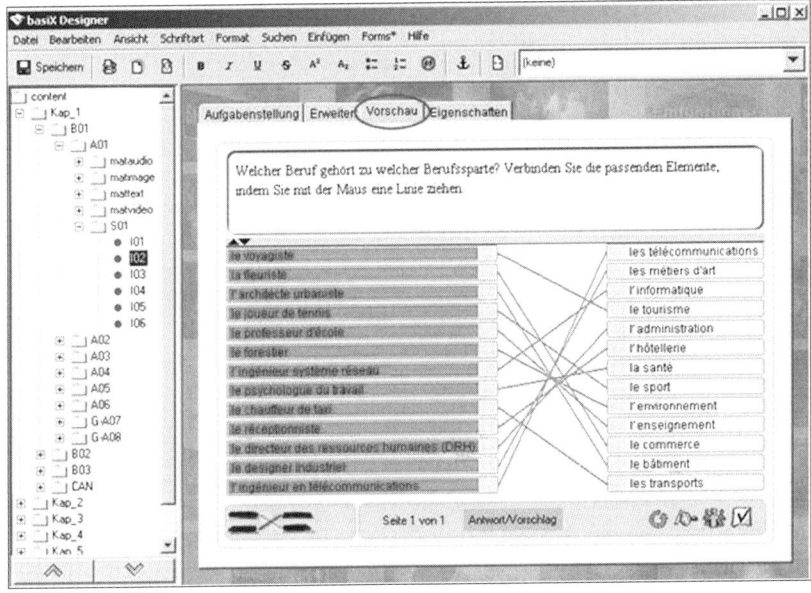

Vorschau der Übung

In der Vorschau kann beispielsweise überprüft werden, ob alle Elemente korrekt angezeigt werden und ob die Korrektur einwandfrei funktioniert. Diese Vorschaufunktion eignet sich hervorragend, um grundlegende Eingabefehler schnell aufzudecken und sofort zu beheben. Auf diese Weise können die Übungen bereits vor dem Hochladen auf eine Testplattform einer ersten Überprüfung unterzogen werden.

5.3.4 Schritt 4: Dateien hochladen und Übung testen

Wenn die Eingabe im Autorentool *basiX-Designer* abgeschlossen ist, muss das Projekt auf eine Lernplattform hochgeladen und getestet werden. Die hochgeladene Version der Übung ‚Linien ziehen' sieht in unserem Beispiel folgendermaßen aus:

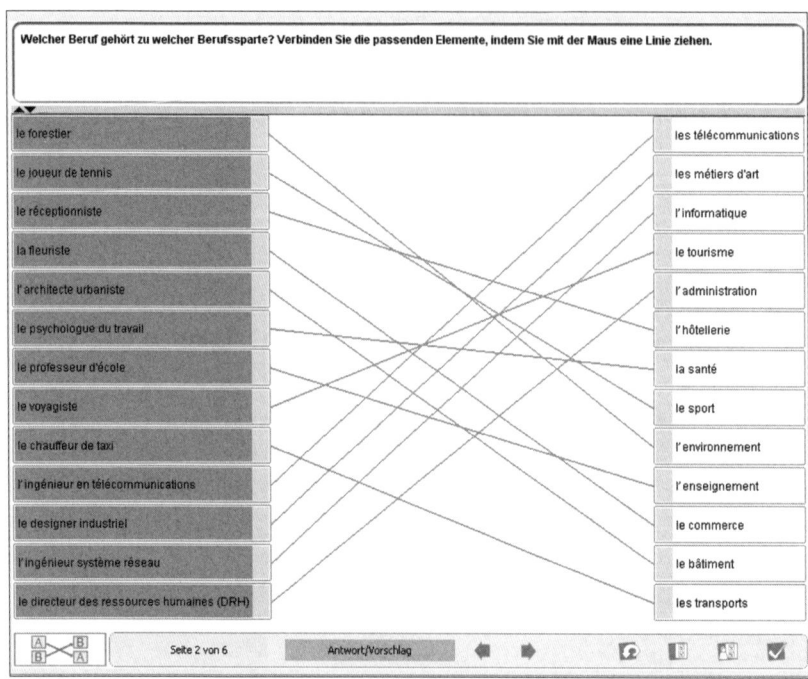

Endversion der Übung ‚Linien ziehen'

In dieser Phase können alle beim Testen aufgetretenen Fehler im *basiX*-Designer behoben und die Dateien erneut hochgeladen und einem Test unterzogen werden. Sobald keine funktionalen und inhaltlichen Fehler mehr auftreten, kann der Kurs zur Benutzung freigegeben werden. Spätere Erweiterungen, Korrekturen und Wartungsarbeiten lassen sich dementsprechend ähnlich schnell vornehmen und den Lernern zur Verfügung stellen. So können nicht nur lebendige, sondern auch lebende Lehrwerke entstehen.

Derartige Autorenwerkzeuge eignen sich ideal zur Erstellung von Online-Sprachkursen, da sie aus technischer Sicht die Portabilität der Inhalte durch die Standardkonformität gewährleisten und die Schnittstelle zu einem CMS bereitstellen. Der Umgang mit dem Autorenwerkzeug kann leicht erlernt werden. Dadurch können Autoren ohne tiefergehendes technisches Wissen die Kontrollmöglichkeiten des Werkzeugs ausschöpfen. Das um die CMS-Funktionalität erweiterte Autorenwerkzeug kann somit in allen Phasen der Programmentwicklung – von der technischen Abbildung des didaktischen Konzepts bis hin zum Transfer auf den Distributionsserver – sinnvoll genutzt werden. Die so produzierten Rohdaten können darüber hinaus in weiteren Programmen ganz oder teilweise verwertet und auch in anderen Medien weiterverarbeitet werden, zum Beispiel bei der Herstellung von CD-ROMs oder auch Printmaterialien.

Literatur

Absalom, Matthew/Marden, Mariolina Pais (2004). „Email Communication and language learning at university – an Australian case study". In: *Computer Assisted Language Learning* 17, 34-4, 403-440.

Adamzik, Kirsten (2004). *Textlinguistik*. Tübingen: Niemeyer.

Ahrens, Rüdiger (2006). „Kognitive Lernziele der Literaturbehandlung als Beitrag für einen aufgabengesteuerten Englischunterricht". In: Bausch, Karl-Richard/Burwitz-Melzer, Eva/Königs, Frank/Krumm, Hans-Jürgen. *„Aufgaben-orientierung" als Aufgabe*. Tübingen: Narr, 9-17.

Anderson, Jon (1995). „Cybarites, Knowledge Workers and New Creoles on the Superhighway," In: *Anthropology Today,* volume 11, number 4 (August), 13-15.

Arnold, Patricia/Kilian, Lars/Thillosen, Anne/Zimmer, Gerhard (2004). *E-Learning. Handbuch für Hochschulen und Bildungszentren*. Nürnberg: BW Bildung und Wissen.

Barkowski, Hans et al. (1980). *Deutsch für ausländische Arbeiter. Gutachten zu ausgewählten Lehrwerken*. Mainz: Werkmeister.

Bauer, Wolfgang (2007). „Interaktivität, Flexibilität, Kompatibilität und internationale Standards in komplexen Sprachlernplattformen: Das Beispiel *basiX*-Lernmanagementsystem". In: Roche, Jörg (Hg.). *Fremdsprachenlernen medial – Entwicklungen, Forschungen, Perspektiven*. Berlin: LIT Verlag, 17-31.

Baumgartner, Peter/Häfele, Hartmut/Maier-Häfele, Kornelia (2002). *E-Learning Praxishandbuch: Auswahl von Lernplattformen, Marktübersicht – Funktionen – Fachbegriffe*. Innsbruck u. a.: Studienverlag.

Baumgartner, Peter/Häfele, Hartmut/Maier-Häfele, Kornelia (2004). *Content Management Systeme in e-Education. Auswahl, Potenziale und Einsatzmöglichkeiten*. Innsbruck u. a.: Studienverlag.

Baumgartner, Peter (1997). „Didaktische Anforderungen an (multimediale) Lernsoftware". In: Issing, Ludwig/Klimsa, Paul (Hg.). *Information und Lernen mit Multimedia*. Weilheim: Psychologie Verlags Union, 241-252.

Beers, Maggie (2001). „A Media-Based Approach to Developing Ethnographic Skills for Second Language Teaching and Learning". In: *Zeitschrift für Interkulturellen Fremdsprachenunterricht* [Online] 6(2), 26 pp. (http://www.spz.tu-darmstadt.de/projekt_ejournal/jg_06_2/beitrag/beers2.htm).

Bredella, Lothar (2002). *Literarisches und interkulturelles Verstehen*. Tübingen: Gunter Narr.

Bromme, Rainer/Stahl, Elmar (2002). *Writing Hypertext and Learning*. Amsterdam: Pergamon.

Buhlmann, Rosemarie/Fearns, Anneliese (2000). *Handbuch des Fachsprachenunterrichts*. Tübingen: Narr.

Caplan, Elisabeth A. (2002). *The Effects Of Animated Textual Instruction On Learners' Written Production Of German Modal Verb Sentences*. Online: http://webgerman.com/caplan/ (15.04.2007).

Chase, Mackie/Macfadyen, Leah/Reeder, Kenneth/Roche, Jörg (2002). „Intercultural challenges in networked learning: Hard technologies meet soft skills". In: *First Monday*, 7(8). Retrieved April 1, 2004, from http://firstmonday.org/issues/issue7_8/chase/.

Cognition and Technology Group at Vanderbilt (1992). „The Jasper Experiment: An Exploration of Issues in Learning and Instructional Design". In: *Educational Technology Research and Development* 40 (1), 65-80.

Collins, Allan/Brown, John Seely/Newman, Susan E. (1989). „Cognitive Apprenticeship: Teaching the Crafts of Reading, Writing and Mathematics". In: Resnick, Lauren B. (Hg.). *Knowing, Learning, and Instruction*. Hillsdale, N.J.: Erlbaum, 453-494.

Comenius, Jan Amos (1981). *Orbis sensualium pictus*. London: Bodley Head. (Zuerst 1658.)

Doll, Carol A. (1987). *Evaluating Educational Software*. Chicago/London: American Library.

Engel, Ulrich et al. (1979). *Mannheimer Gutachten zu ausgewählten Lehrwerken Deutsch als Fremdsprache*. Heidelberg: Groos.

Eßer, Ruth (1997). *Etwas ist mir geheim geblieben am deutschen Referat. Kulturelle Geprägtheit wissenschaftlicher Textproduktion und ihre Konsequenzen für den universitären Unterricht von Deutsch als Fremdsprache*. München: iudicium.

Fischhaber, Kathrin (2002). „Digitale Ethnographie: Eine Methode zum Erlernen interkultureller Kompetenz im Fremdsprachenunterricht". In: *Zeitschrift für Interkulturellen Fremdsprachenunterricht* [Online] 7(1), 23 pp. (http://www.spz.tu-darmstadt.de/projekt_ejournal/jg_07_1/beitrag/fischhaber1.htm).

Fix, Ulla/Habscheid, Stephan/Klein, Josef (Hg.) (2001). *Zur Kulturspezifik von Textsorten*. Tübingen: Stauffenburg.

Goethe-Institut (Hg.) (1990). *Lehrwerkanalyse. Handbuch für die Spracharbeit*. München.

Goldman-Segall, Ricky (1998): *Points of viewing children's thinking: A digital ethnographer's journey*. Mahwah, New Jersey: Lawrence Erlbaum Associates.

Gudykunst, William B. (1995). „Anxiety/uncertainty management theory: Current status". In: Wiseman, Richard L. (Ed.). *Intercultural communication theory*. Thousand Oaks, CA: Sage Publications, 8-58.

Haller, Hans (2007). „Elektronischer Tutor: Intelligente Werkzeuge für computerunterstütztes Fremdsprachen-Lernen". In: Roche, Jörg (Hg.). *Fremdsprachenlernen medial – Entwicklungen, Forschungen, Perspektiven*. Berlin: LIT Verlag, 72-88.

Hallet, Wolfgang (2002). *Fremdsprachenunterricht als Spiel der Texte und Kulturen. Intertextualität als Paradigma einer kulturwissenschaftlichen Didaktik*. Trier: WVT.

Hampel, Thorsten (2007). „Zukunft des E-Learning un der Wissensorganisation – Interoperabilität durch serviceorientierte Architekturen". In: Roche, Jörg (Hg.). *Fremdsprachen lernen medial- Entwicklungen, Forschungen, Perspektiven*. Berlin: LIT Verlag, 32-60.

Harrington, Jonathan (in Vorbereitung). *The Phonetic Analysis of Speech Corpora*. Blackwell.

Hartwig, Ronald/Triebe, Johannes/Herczeg, Michael (2002). „Usability Engineering as an Important Part of Quality Management for a Virtual University". In: *Proceedings, World Congress Networked Learning in a Global Environment, Challenges and Solutions for Virtual Education*. Berlin. TU May, 1 – 4. ICSC-NAISO.

Hendrich, Andreas (2003). *Spurenlesen. Hyperlinks als kohärenzbildendes Element im Hypertext*. München: LMU. Dissertation.

Hölscher, Petra/Piepho, Hans-Eberhard/Roche, Jörg (2006). *Handlungsorientierter Unterricht mit Lernszenarien. Kernfragen zum Spracherwerb*. Oberursel: Finken.

Hölscher, Petra et al. (2003/2004/2005). *Lernszenarien. Ein neuer Weg, der Lust auf Schule macht. Teil 1: Vorkurs; Teil 2: Sprachhandeln in den Klassen 1 bis 4 interkulturell – integrativ – interaktiv; Teil 3 Sprachhandeln in den Klassen 5 bis 9 interkulturell – integrativ – interaktiv.* Oberursel: Finken.

Hölscher, Petra/Hunfeld, Hans (2001). *LIFE – Bilder der Kulturen.* München: LIFE (BMW Group).

Hof, Martina (2008). *Entwicklung der kritisch-strategischen (Sprach-)Kompetenz durch Online-Lerneinheiten für den Unterricht Deutsch als Fremdsprache am Beispiel des Themas ‚Auslandsstudium in Deutschland - Studienvorbereitung'.* München: LMU. Dissertation.

HRK (2003). *Zum Stand der neuen Medien in der Hochschullehre. Entwurf einer Entschließung.* Bonn.

Hubbard, Philip (1992). „A methodological framework for CALL courseware development". In: Sharp, D. (Series Ed.) Pennington; Martha C./Stevens, Vance (Vol. Eds.). *Computers in applied linguistics: An international perspective.* Clevedon: Avon, 39-65.

Hufeisen, Britta (2002). *Ein deutsches Referat ist kein englischsprachiges Essay. Theoretische und praktische Überlegungen zu einem verbesserten textsortenbezogenen Schreibunterricht in der Fremdsprache Deutsch an der Universität.* Innsbruck und Wien: Studienverlag (Reihe Theorie und Praxis – Österreichische Beiträge zu Deutsch als Fremdsprache Bd. 5).

Hufeisen, Britta/Leitner, Peter/Seminarteilnehmer (2007). *Zur Entwicklung und Anwendung eines Analyserasters zur Analyse von Sprachlernsoftware.* Darmstadt: Sprachenzentrum der Technischen Universität. (http://www.daf.tu-darmstadt.de/forschung/wfs/wfs.sktm#lehrermaterialanalyse).

Hunfeld, Hans (2004). *Fremdheit als Lernimpuls – Skeptische Hermeneutik – Normalität des Fremden – Fremdsprache Literatur.* Meran: Drava Verlag.

Issing, Ludwig (1997). „Instruktionsdesign für Multimedia". In: Issing, Ludwig J./Klimsa, Paul (Hg.). *Information und Lernen mit Multimedia.* Weinheim: Psychologie Verlagsunion, 195-220.

Kast, Bernd/Neuner, Gerhard (Hg.) (1994). *Zur Analyse, Begutachtung und Entwicklung von Lehrwerken für den fremdsprachlichen Deutschunterricht.* Berlin/München: Langenscheidt.

Kerres, Michael (2001, 2. Auflage). *Multimediale und telemediale Lernumgebungen.* München/Wien: Oldenbourg.

Kohn, Kurt (2007). „Computer assisted foreign language learning". In: Knapp, Karlfried/Seidlhofer, Barbara (Hg.). *Foreign Language Communication and Learning. Handbooks of Applied Linguistics.* Volume 6. Berlin/New York: Mouton de Gruyter (im Erscheinen).

Kuhlen, Rainer (1991). *Hypertext: ein nicht-lineares Medium zwischen Buch und Wissensbank.* Berlin: Springer.

Kühn, Peter (2006). *Interkulturelle Semantik.* Nordhausen: Bautz.

Langacker, Ronald W. (1999). *Grammar and Conceptualization.* Berlin/New York: de Gruyter.

Launer, Rebecca (2007). „Blended Learning für den Fremdsprachenunterricht. Zur Konzeption und Implementierung von Blended Learning in den Fremdsprachenunterricht". In: Roche, Jörg (Hg.). *Fremdsprachenlernen medial – Entwicklungen, Forschungen, Perspektiven.* Berlin: LIT Verlag, 124-143.

Leahy, Christine (2004). „Researching language learning processes in open CALL settings for advanced learners." In: *Computer Assisted Language Learning* 17, 3-4, 289-313.

Loewen, Shawn/Erlam, Rosemary (2006). „Corrective feedback in the chatroom: an experimental study." In: *Computer Assisted Language Learning* 19, 1, 1-14.

Mayer, Richard (1997). „Multimedia Learning: Are We Asking the Right Questions?" In: *Educational Psychologist* 32(4), 1-19.

McClelland, James L./Rumelhart, David E. (Eds.) (1996). *Parallel Distributed Processing. Explorations in the Microstructure of Cognition. Vol. 2: Psychological and Biological Models.* Cambridge/London: MIT Press.

Meißner, Franz-Joseph/Burk, Heike (2001): „Hörverstehen in einer unbekannten romanischen Fremdsprache und methodische Implikationen für den Tertiärspracherwerb". In: *Zeitschrift für Fremdsprachenforschung* 12(1), 63-102.

Mehlhorn, Grit (unter Mitarbeit von Karl-Richard Bausch, Tina Claußen, Beate Helbig-Reuter, Karin Kleppin) (2005). *Studienbegleitung für ausländische Studierende. Teil I: Handreichungen für Kursleiter zum Studierstrategien-Kurs. Teil II: Individuelle Lernberatung – Ein Leitfaden für die Beratungspraxis.* München: iudicium.

Müller-Hartmann, Andreas (1999): „Auf der Suche nach dem dritten Ort: Das Eigene und das Fremde im virtuellen Austausch über literarische Texte". In: Bredella, Lothar/Delanoy, Werner (Hrsg.). *Interkultureller Fremdsprachenunterricht.* Tübingen: Narr, 121-159.

Murray, Garold L. (1999). „Exploring learners' CALL experiences. A reflection on method". In: *Computer Assisted Language* Learning 12, 179-195.

Nelson, Ted H. (1987). *Literary Machines.* South Bend: The Distributors.

Nolden, Thomas/Kramsch, Claire (1996). „Foreign Language Literacy as (Op)Positional Practice". In: Roche, Jörg et al. (Hg.). *Germanics under Construction – Intercultural and Interdisciplinary Prospects.* München: iudicium, 61-76.

Paivio, Allan (1986). *Mental representations: A dual-coding approach.* New York: Oxford University Press.

Papert, Seymour (1980). *Mindstorms: Children, computers, and powerful ideas.* New York: Basic Books (Harper Collins).

Plass, Jan (1998). „Design and Evaluation of the User Interface of Foreign Language Multimedia Software: A Cognitive Approach". In: *Language Learning & Technology* 2(1). 35-45.

Piepho, Hans-Eberhard (2003). *Lerneraktivierung im Fremdsprachenunterricht. ,Szenarien' in Theorie und Praxis.* Bad Heilbrunn: Julius Klinkhardt.

Plieger, Petra (2006). *Struktur und Erwerb des bilingualen Lexikons. Konzepte für die mediengestützte Wortschatzarbeit.* Berlin: LIT Verlag.

Reeder, Kenneth/Macfadyen, Leah P./Roche, Jörg/Chase, Mackie (2004). „Negotiating Cultures in Cyberspace: Participation Patterns and Problematics". In: *Language Learning & Technology* 8(2), 88-105.

Reeder, Kenneth/Heift, Trude/Roche, Jörg/Tabyanian, Shahbaz/Schlickau, Stephan/Gölz, Peter (2001). „E/Valuating New Media in Language Development". In: *Zeitschrift für Interkulturellen Fremdsprachenunterricht [Online]*, 6(2) 18 pp. (http://www.spz.tu-darmstadt.de/projekt_ejournal/jg_06_2/beitrag/reeder1.htm).

Reeder, Ken/Early, Margaret/Kendrick, Maureen/Shapiro, Jon (2007). „A Computer-based Reading Tutor for Young Language Learners". In: Zhang, Felicia/Barber, Beth (Hg.). *Handbook of Research on Computer-Enhanced Language Acquisition and Learning.* Hershey. (Im Druck.)

Reeg, Ulrike (Hg.) (2006). *Interkultureller Fremdsprachenunterricht – Grundlagen und Perspektiven.* Bari: Edizione di pagina.

Reinfried, Marcus (1999). „Der radikale Konstruktivismus. Eine sinnvolle Basistheorie für die Fremdsprachendidaktik?" In: *Fremdsprachen Lehren und Lernen* 28, 162-180.

Richards, Jack C./Rodgers, Theodore S. (1986). *Approaches and Methods in Language Teaching.* Cambridge: Cambridge University Press.

Rieder, Nicole (2007). „Animationen als Lernhilfen". In: Roche, Jörg (Hg.). *Fremdsprachenlernen medial – Entwicklungen, Forschungen, Perspektiven.* Berlin: LIT Verlag, 99-100.

Roche, Jörg (2005/2008). *Fremdsprachenerwerb – Fremdsprachendidaktik.* Tübingen: UTB.

Roche, Jörg (2003). „Plädoyer für ein theoriebasiertes Verfahren von Software-Design und Software-Evaluation". In: *Deutsch als Fremdsprache* 2, 94-103.

Roche, Jörg (2001). *Interkulturelle Sprachdidaktik.* Tübingen: Narr.

Roche, Jörg (2000). *Reading German,* CD-ROMs zu den Bereichen *Introduction, Business German, Humanities, Chemistry und Music.* Toronto: Canadian Scholars Press.

Roche, Jörg/Macfadyen, Leah (Hg.) (2004). *Communicating in Cyberspace.* Hamburg: LIT Verlag.

Roche, Jörg/Scheller, Julia (2004). „Zur Effizienz von Grammatikanimationen im Spracherwerb". In: *Zeitschrift für den Interkulturellen Fremdsprachenunterricht.* [Online] 9(1),15 pp. (http://zif.spz.tu-darmstadt.de/jg09_1_4/beitrag/roche-scheller2.htm).

Rösler, Dietmar (2004). *E-Learning Fremdsprachen – eine kritische Einführung.* Tübingen: Stauffenburg.

Rösler, Dietmar/Tschirner, Erwin (2002). „Neue Medien und Deutsch als Fremdsprache. Viele Fragen und ein Aufruf zur Diskussion". In: *Deutsch als Fremdsprache* 3, 144-155.

Rüschoff, Bernd (1999). „Wissenskonstruktion als Grundlage fremdsprachlichen Lernens". In: *Fremdsprachen Lehren und Lernen* 28, 32-43.

Sauer, Christoph L. A. (2004). „Der Stoff, aus dem die Texte sind. Vorläufige Betrachtungen zu Erscheinung und Materie von Texten". In: Röller, Dirk (Hg.). *Dinge – Zeichen – Gestalten. Tagungsdokumentation Internationale Semiotische Herbstakademie.* Lüneburg: Jansen-Verlag. (CD-rom publication.)

Scheller, Julija (2007). „Grammatikanimationen und die kognitive Theorie des multimedialen Spracherwerbs am Beispiel der Wechselpräpositionen". In: Roche, Jörg (Hg.). *Fremdsprachenlernen medial – Entwicklungen, Forschungen, Perspektiven.* Berlin: LIT Verlag, 89-98.

Schlickau, Stephan (2001). „Praxis und Analyse interkultureller Kommunikation durch Video und Videokonferenz. Lernpotenziale und Anforderungen". In: *Zeitschrift für interkulturellen Fremdsprachenunterricht* [Online] 6(2), 15 pp. (http://www.spz.tu-darmstadt.de/projekt_ejournal/jg_06_2/beitrag/schlickau1.htm).

Schlickau, Stephan (2007, im Druck). *Neue Medien in der Sprach- und Kulturvermittlung: Pragmatik – Interkulturelle Kommunikation - Didaktik.* (Erscheint als Bd. I der Hildesheimer Schriften zur Interkulturellen Kommunikation)

Schulmeister, Rolf (2001). *Virtuelle Universität – Virtuelles Lernen.* München: Oldenbourg.

Schulmeister, Rolf (2002). *Grundlagen hypermedialer Lernsysteme.* München: Oldenbourg.

Schulmeister, Rolf (2005). *Lernplattformen für das virtuelle Lernen. Evaluation und Didaktik*. München: Olden-bourg.

Schwienhorst, Klaus (2004). „Native-speaker / non-native-speaker discourse in the MOO: topic negotiation and initiation in a synchronous text-based environment". In: *Computer Assisted Language Learning* 17, 1, 35-50.

Simpson, James (2005). „Conversational floors in synchronous text-based CMC discourse". In: *Discourse studies* 7, 3, 337-361.

Spiro, Rand J./Feltovich, Paul J./Jacobson, Michael J./Coulson, Richard L. (1991). „Cognitive Flexibility, Constructivism, and Hypertext. Random Access Instruction for Advanced Knowledge Acquisition in Ill-structured Domains". In: *Educational Technology* 31, 24-33.

Spiro, Rand J./Jehng, Jihn-Chang (1990). „Cognitive Flexibility and Hypertext: Technology for the Nonlinear and Multidimensional Traversal of Complex Subject Matter". In: Nix, Don/Spiro, Rand J. (Hg.). *Cognition, Education, and Multimedia. Exploring Ideas in High Technology*. Hillsdale, NJ: Lawrence Erlbaum, 162-205.

Sprachverband (1994). „Beurteilung von Lehrwerken in Kursen, die für ausländische Arbeitnehmer durchgeführt werden". In: Kast, Bernd/Neuner, Gerhard (Hg.). *Zur Analyse, Begutachtung und Entwicklung von Lehrwerken für den fremdsprachlichen Deutschunterricht*. Berlin/München.

Strittmatter, Peter/Mauel, Dirk (1997). „Einzelmedium, Medienverbund und Multimedia". In: Issing, Ludwig J./Klimsa, Paul (Hg.). *Information und Lernen mit Multimedia*. Weinheim: Psychologie Verlags Union, 48-61.

Tennyson, Robert D./Christensen, Dean. L. (1988). „MAIS: An Intelligent Learning System". In: Jonassen, David. H. (Ed..). *Instructional Designs for Microcomputer Courseware*. Hillsdale, N.J.: Erlbaum, 247-274.

Thomé, Dorothea (1989). *Kriterien zur Bewertung von Lernsoftware*. Heidelberg: Hüthig.

Thoms, Joshua/Liao, lianling/Szustak Anja (2005). „The use of L1 in an L2 online chat activity". In: *Canadian modern language review* 62, 1, 161-182.

Todorova, Dessislava (2007). „Wissenschaftliche Evaluation des Einsatzes des Online-Lernprogramms *www.uni-deutsch.de* in Bulgarien und Litauen". In: Roche, Jörg (Hg.). *Fremdsprachenlernen medial – Entwicklungen, Forschungen, Perspektiven*. Berlin: LIT Verlag, 201-204.

Tschirner, Erwin (1997). „Deutsch als Fremdsprache im Medienzeitalter". In: *Fremdsprache Deutsch*. Sondernummer II, 55-58.

Uhl, Volker (2003). *Virtuelle Hochschulen auf dem Bildungsmarkt. Strategische Positionierung unter besonderer Berücksichtigung der Situation in Deutschland, Österreich und England*. Wiesbaden: Deutscher Universitäts-Verlag.

Veddern, Michael (2004). *Multimediarecht für die Hochschulpraxis. Ratgeber zum Urheberrecht, Patentrecht und Onlinerecht mit Verträgen, Verwertungsmodellen und Rechtemanagement*. Hagen: Centrum für eCompetence in Hochschulen NRW.

Viëtor, Wilhelm (1882). *Der Sprachunterricht muß umkehren*. Heilbronn: Gebr. Henninger.

Weinrich, Harald (2005). *Textgrammatik der deutschen Sprache*. Hildesheim: Olms.

Wendt, Michael (1996). *Konstruktivistische Fremdsprachendidaktik. Lerner- und handlungsorientierter Fremdsprachenunterricht aus neuer Sicht*. Tübingen: Narr.

Wolff, Dieter (1996). „Kognitionspsychologische Grundlagen neuer Ansätze in der Fremdsprachendidaktik". In: *Info DaF* 23(5), 541-560.

Wolff, Dieter (1994)."Der Konstruktivismus: Ein neues Paradigma in der Fremdsprachendidaktik?" In: *Die Neueren Sprachen* 93, 407-429.

Würffel, Nicola (2004). „Und wenn die Wellenlänge nicht stimmt? – Zum Einfluss affektiver Faktoren auf Verstehensprozesse in elektronischen Lehr-Lernsituationen (Elektronisches Praktikum)". In: *Fremdsprachen und Hochschulen*, 72, 7-25.

Zhang, Felicia/Barber, Beth (Hgg.) (Im Druck). *Handbook of Research on Computer-Enhanced Language Acquisition and Learning*. Hershey.

Quellen

Zitierte Lernsoftware, wichtige Lernprogramme und digitale Ressourcen (siehe auch 1.2.4)

A la Rencontre de Philippe (von Gilberte Furstenberg et al., Yale University Press, 1993)
Berliner sehen (von Ellen Crocker und Kurt Fendt, Yale University Press, New Haven, 1999).
Dans un Quartier de Paris (von Gilberte Furstenberg / Sabine Levet, Massachusets Institute of Technologies, 1997)
Deutsch-Uni Online (http://www.uni-deutsch.de und www.deutsch-uni.com) (herausgegeben von Jörg Roche):
DUO-Fremdsprachen
  Towards International Business English (http://www.tutor-wirtschaftsenglisch.de)
  Lesetraining Wirtschafts-Englisch (http://www.lesen-wirtschaftsenglisch.de)
  Lesetraining Politik-Englisch (http://www.politikenglisch.de)
  Lesetraining Jura-Englisch (http://www.juraenglisch.de)
  Français des affaires (http://www.tutor-wirtschaftsfranzoesisch.de)
  Lesetraining Wirtschafts-Französisch (http://lesen.wirtschafts-franzoesisch.de).
  Japanisch multimedial – Für Alltag und Beruf (http://www.wirtschaftsjapanisch.de)
  Japanisch multimedial - Geschäftsjapanisch (http://www.geschaefts-japanisch.de)
  Português comercial (http://www.tutor-geschaeftsportugiesisch.de)
  Chinesisch für Wirtschaft und Beruf (http://www.wirtschafts-chinesisch.de)
Edubba – Pilotfassung (von K. Reeder/J. Roche/P. Shaddock et al., Lunny Corp., Vancouver, 2000)
eTeaching@Uni-Tübingen (http://www.e-teaching.org/hochschule/uni_tuebingen)
Grenzenlos CD-ROMs (BMW) (www.grenzenlos-life.de)
Hollywood Theatrix (Theatrix Interactive, Emeryville, 1996).
Reading German. A Multimedia Self-Study Course on German for Special Puposes (fünf Bände und CD-ROMs, von Jörg Roche. Toronto Canadian Scholars Press International, Toronto, 2000).
reading german neu (www.reading-german.de)
Redaktion D (www.redaktion-d.de, Goethe-Institut, 2002)
WebConstellations (von Ricki Goldmann-Segall, University of British Columbia, Vancouver, 1998).

Test- und Einstufungsprogramme:

dialang (www.dialang.org) – verschiedene Sprachen
ondaf (www.ondaf.de) – Deutsch
TestDaF (www.testdaf.de) – Deutsch

Autorenprogramme:

Basix-Designer (www.deutsch-uni.com)

Hot Potatoes (http://hotpot.uvic.ca/ und die deutsche Version http://www.hotpotatoes.de) Abbildungen auf S.46 und 47 mit freundlicher Genehmigung von Half-Baked Software, Inc. © 2003-2007.

Nach einem ähnlichen Prinzip verfahren auch das Autorenprogramm CALL4U und andere, allerdings nur für wenige Übungstypen.

http://www.eurokey.de/prod/prodcall.htm#present

Lernplattformen:

Blackboard, WebCT, Ilias, Moodle und andere